·部级领导干部历史文化讲座·

良法善治

建制史鉴与吏治得失

LIANGFA SHANZHI

Jianzhi Shijian yu Lizhi Deshi

国家图书馆 编

国家图书馆出版社
東方出版社

图书在版编目（CIP）数据

良法善治：建制史鉴与吏治得失 / 国家图书馆编 .—北京：国家图书馆出版社：东方出版社，2022.2

（“部级领导干部历史文化讲座”20 周年纪念版）

ISBN 978-7-5013-7403-8

Ⅰ.①良… Ⅱ.①国… Ⅲ.①政治制度史－中国－古代－文集 Ⅳ.① D691.2-53

中国版本图书馆CIP数据核字（2021）第253955号

书　　名 良法善治：建制史鉴与吏治得失
著　　者 国家图书馆　编
责任编辑 王燕来　景　晶　王　雷　赵　嫄
助理编辑 闫　悦
责任校对 宋丹丹
装帧设计 奇文云海

出版发行 国家图书馆出版社（北京市西城区文津街 7 号　100034）
（原书目文献出版社　北京图书馆出版社）
010-66114536　63802249　nlcpress@nlc.cn（邮购）
网　　址 http://www.nlcpress.com
排　　版 阳光盛嘉
印　　装 三河市龙大印装有限公司
版次印次 2022 年 2 月第 1 版　2022 年 2 月第 1 次印刷

开　　本 710×1000　1/16
印　　张 18
字　　数 270 千字
书　　号 ISBN 978-7-5013-7403-8
定　　价 69.80 元

良法善治

目录

宁　可

中国古代吏治的得失与借鉴

宁　可

宁可

宁可（1928—2014），湖南浏阳人。毕业于北京大学历史学系。首都师范大学历史系教授、博士生导师。

著有《宁可史学论集》、《敦煌社邑文书辑校》（合作）、《敦煌的历史和文化》（合作）等。主编或参编有：《中国经济发展史》《中国经济通史·隋唐五代经济卷》《中华五千年纪事本末》《敦煌学大辞典》《英藏敦煌文献（汉文佛经以外部分）》等。

吏治，指古代官吏特别是地方官吏管理和统治民众的方式和治绩。放宽一些，它涉及官吏的教育、选拔、任免、考核、监察和奖惩等诸多方面。从这样的意义上说，吏治也就是治吏，或者叫吏政。

官吏、官或吏，是各级官员的通称。但古代官和吏亦各有专门的含义。官，一般指有品级的、地位较高的官员，低的无品级的如书办等则称为吏。吏在中国古代官僚体制中是很重要的一部分，人多而杂，问题也多。官多是读书人出身，读的是儒家的经书，很多实用的东西没有学，也不大清楚。官是个特权阶层，高高在上，不熟悉下情，具体的政务不大会管，也不怎么想管，具体的事都由吏去办；官又往往有一定的任期和升降调动，而吏则在本部门常年办事，熟悉事务和各种关系。所以，吏在官僚体制中很重要，甚至可以操纵政事，问题最多，也最难管理，吏治的败坏，他们往往起着很大的作用。在这里，我们把官和吏共同的问题放在一起讲，至于属于吏的一些特殊问题，先不涉及。

官分文武，这里只讲到文官，武官的一些特殊问题也先不涉及。

一、中国古代吏治的概况

中国古代统治者十分重视吏治，乃至“治吏”重于“治民”（韩非子甚至主张“治吏不治民”），这是中国古代政治的一个特点，是专制主义中央集权的官僚制度所决定的。专制主义中央集权政治是中国古代历史的一大特点。战国秦汉以来，中国封建社会的基础是地主经济，地主占有土地，分租给农民，收取地租，主要是一种经济上的剥削关系。地主比较分散，作为单个的地主，在政治上直接统治农民是比较困难的，不够强的。不像欧洲中世纪的领主那样，他们有自己的行政权、财政权、司法权、军事权等。因此，地主阶级的政治权力集中到他们的总代表皇帝那里。皇权是最高的、唯一的、绝对的。但皇帝不可能直接统治和管理民众，而是要靠各级官吏来管理和统治。就像一个金字塔式的网络，顶尖上是皇帝，下边是各级政府和官吏，底层是民众。官僚的权力是皇帝给的，官僚对皇帝负责。这种权力很大，几乎是事无不统，如户籍制度之严密是世界历史上仅见的，强制性极强。君主专制、中央集权其他国家也有，像古代埃及、波斯、拜占庭，后来的奥斯曼帝国、俄罗斯帝国等，但这些国家没有中国这样完备而严整的官僚制度。17—18 世纪以来的欧洲，曾经出现过专制王权和官僚体制，它的基础同中国的君主专制不同，它的君主专制是贵族、平民、僧侣等力量制衡的产物，也是近代民主制度下文官制度的前身，跟中国古代的情况是不一样的。

（一）中国古代吏治的完备与严整性

中国古代吏治的完备与严整性表现在：

1. 有明确的指导思想

中国古代吏治重视官员的“德”，也就是官员的教育。教育从小抓起，包括学校，主要是教授儒家经书中的政治思想和德行操守，选官要依此标准，考试也依此。而且，官员负有“教化”百姓的职责。这是中国古代吏治的一个重要特点。

2. 有为官的具体规范和标准

先秦典籍《左传》里就讲到相传为舜制定法律的皋陶在法律中规定：“昏、墨、贼，杀。”即为官者不明、贪赃、滥施刑法的杀头。反过来，清明廉洁、公正执法，就是做官的基本要求。以后也一直如此。“清官”的标准也就是“公正廉明”，当然还有其他一些。此后，做官的具体规范、要求越来越多。出土的云梦秦简有官书《为吏之道》，此后皇帝的诏诰圣训、律法等也有不少这方面的内容。唐宋以来私家著述多了起来，托名东汉大儒马融的《忠经》，主要是针对做官的和要做官的人讲的。还有各式各样的“官箴”，从宋到清，数量不少。具体到如何断案，对付上级、下级、猾吏，连对付仆役、长随的办法都有。

3. 有法令的详细规定

中国法律，主要是刑法，这是中华法系的一个特点，其中相当大的一部分是官员执法和犯法的处罚规定。

4. 对吏治有专门机构负责

其中尤其是相对独立的强有力的御史制度，这也是中国古代政治制度的一个特点。

中国历史悠久，专制主义中央集权的官僚制度从秦汉至清末延续了两千多年，关于吏治的记录非常丰富，是中国的特点。从这里总结出来的经验教训非常多，可资借鉴的不少。我们以唐朝为例，约略勾画一下古代吏治的方方面面。之所以选择唐朝，是因为它处在中国封建社会的一个承上启下的时期，各种制度由秦汉时的粗疏多变而趋于定型完备，并为后世所继承，当然后世也有变化和趋于严密。就吏治败坏的材料而论，唐朝不如以后各朝那么多而具体。晚清吏治败坏，有李宝嘉的《官场现形记》和吴趼人的《二十年目睹之怪现状》两部小说可看。虽是小说，却真实反映了当时官场腐败的情况，而且多以真人真事为基础，通过这两部小说可以增加一些感性认识。

（二）唐朝吏治的情况

1. 指导思想

唐继隋而建。隋建立时局面很好，但被第二个皇帝隋炀帝的暴政搞垮了。凭借农民大起义浪潮而起的唐朝，以唐太宗为代表的统治者有一个很明确的思想，那就是吸取前朝覆亡的教训，处理好统治者与民众的关系，这和西汉初年的统治者是一样的。不同的是，西汉初年统治者崇尚黄老的“清静无为”，而唐朝初年的统治者则采取儒家的“仁义为治”“简静务本”的治道方法。具体做法都是去奢省费，轻徭薄赋，减省刑法，以求恢复和发展生产，稳定社会秩序。突出的是，唐太宗清楚地认识到，“官吏贪求”是导致隋末农民起义的重要原因，而清明的吏治则是实施上述种种政策的重要环节和保证。为此，针对“民少吏多”的弊端，大力省并州县，裁减内外官吏，节省政府开支，减轻人民赋役负担。重视选用廉吏，特别是地方长官人选。唐太宗曾把各地都督、刺史的名字写在屏风上，“得其在官善恶之迹，皆注于名下，以备黜陟”，并曾派大员巡行全国，升迁廉吏，惩治贪官。他“深恶官吏贪浊，有枉法受财者，必无赦

唐太宗李世民画像

免……随其所犯，置以重法”。再就是广开言路，虚心纳谏。这样，隋末混乱残败的局面很快改观，几年之内就出现了农业丰收、逃户归乡、四夷降附、人口繁息、牛马被野、物价下落、商旅野次、无复盗贼、囹圄常空的太平繁荣景象，这就是历史上有名的“贞观之治”。而唐太宗的重视吏治及其种种措施的作用，是显而易见的。

2. 对官吏的选拔任用

西汉立国，官员的选拔任用尚没有具体的制度。以后实行察举制和征辟制，主要由地方官吏推荐人才，标准是德和才，尤其是德。这样的标准太抽象又不固定，加上地方官是自行了解推荐，缺乏衡量的规范，结果弊端丛生，冒滥作假，东汉后期弄到“举秀才，不知书；察孝廉，父别居”的地步。魏晋南北朝，随门阀政治而行九品中正制，以门第高下取得不同的任官资格，结果是“上品无寒门，下品无势族”。隋朝起，行科举制，唐朝大行，一直延续到晚清，靠考试选官，考试内容主要是儒家经典。标准具体、方法公平，更多的人可以凭自己的本事经过考试去做官，做官的途径扩大了，这是一大进步。问题是儒家经典的理念和现实政治生活及做官治事的能力有相当大的距离。考试的方法，唐代是“帖经”，即填空，纯属知识的记忆。最煊赫的考试是进士科，重视诗赋，但那也只是显示考试者的文才，而非经世之道。到了明清，考试是具有严格框架程式的八股文，内容又限制为“代圣贤立言”，不许有独立见解，更是脱离实际。唐代科举，请托走后门是公开的；宋代以后，有糊名誊录之制，但仍然难以杜绝作弊；清代几次科场大案，处死的考官不少，获罪发配的官员更多。唐代科举考试合格，只是取得任官资格，中者还需经吏部试“身、言、书、判”，考核其做官能力，才能任命。此后，这样的做法淡化了。总之，科举考试是一种比察举征辟和九品中正进步的制度，但仍难于很好地选择行政人才。

科举只是唐以后选官制度的主流，察举征辟、九品中正的遗风一直不断，荐举、私人任命、门荫仍是重要门径。至于花钱买官，从西汉开始就一直不断，晚清捐纳之滥，更是到了空前绝后的地步。此外，地方官直接任免属吏的办法一直延续下来，不属于正式品官的属吏、差役直接行使权力，又最冗滥难治，这也是吏治最难办的一个方面。科举之外的非正途出身的官员是吏治败坏的一个原因，而科举出身的官员又因其并不见得胜任，往往要依靠属吏，包括清代的“师爷”。在当时条件下，科举考试并不可能真正做到优选人才，为政清明，遏制腐败。

3. 对官吏的考核

唐代官员一年一小考，四年一大考，由吏部考功司负责日常材料，考核时大臣主持。有统一的考课内容和评定标准（很复杂，不备举），分为九等，其中居官谄诈、贪浊有状的为下下等（可以注意，古代吏治历来重视贪污受贿问题），以考核确定官阶俸禄的升降。如果认真执行，那是很好的办法，但如敷衍塞责、官官相护、徇私受贿，那就只能是具文，而且是腐败的表现。

4. 对官吏的监察

监察制度是中国封建专制主义中央集权官僚体制的一大特点。

封建专制主义中央集权制度最高权力集中在皇帝，运作则靠庞大的各级官僚体系。皇帝对这个机构和官员的控制、防范与监察是必然的。监察机构一般直属皇帝，在官僚系统中具有相对的独立性，地位很高，权柄很大，有直接检查、接受投诉、弹劾官吏、处置案件等权，甚至可以“风闻奏事”。不仅有对官员的监察权，而且有行政权和司法权，并有保障这些权力不受干扰阻碍的种种规定（当然也有限制这些权力被滥用的种种规定）。秦和西汉，中央政府中司监察的御史大夫地位很高，是副丞相，地方上也有相应职司监察的官吏。但御史大夫职掌很多，管事很杂，以后御史大夫才专司监察。西汉中期，又设司隶校尉纠察京畿，十三部刺史分巡各地。刺史以六条问事，其中五条针对地方官员。唐代监察有多种渠道，许多政府机构内部及彼此间都有互相监察的职能。专门的监察机构分台、谏两部分，谏官对皇帝提意见，议论政务得失，常是不痛不痒之议，作用不大。御史台则专门为皇帝监督官员，非常重要。御史是皇帝的耳目，直接对皇帝负责，甚至称可“代天子巡狩”。唐朝御史台分三院：台院专门纠弹中央百官，殿院巡视宫禁京城，察院的监察御史分道巡按州县。明清御史台称都察院，长官为都御史。地方的总督、巡抚也带佥（副）都御史衔，有监察属下各级官员的权力。御史特别是分巡各地的巡按权柄很大：第一，可以直接受理投诉，甚至越衙上告。第二，可以独立办案，不受地方官员的干扰，可以会同司法机关审案，也可直接处置案件，包括抓人、搜集罪证、审问、定罪、施刑（有时死刑也可先斩后奏）。第三，监察范围很广，举凡行政、军事、财政、司法乃至官员生活作风都可以管。宋朝以后，御史特别是巡按御史更集中在接受上告、清查案件、平反冤狱这几方面，即官员的执法与枉法问题。宋以后，人们称道歌颂的清官，往往是侧重这个方面。第四，沟通民情，中国封建社会，民告官属于以下犯上，限制很多，唐代越衙上告，多半可不受理，还要受笞刑，先治你个以下犯上之罪。后来到御史那里告状，限制要少一些，甚至御史巡按一地，出牌“放告”，放开来受理。第五，正因为这样，对监察官的要求、任用、处罚也就特别严格。

5. 对官吏犯罪的处罚与防范，法令有明确的规定，特别是涉及贪污受贿的处罚

中国古代特别重视官吏的贪赃问题，贪赃必定枉法。前述皋陶为舜制定法律时就强调“昏、墨、贼，杀”。唐太宗注重选用廉吏，深恶官吏贪浊。明太祖朱元璋讲过，“吏治之弊，莫过于贪墨”。唐代法律对“主守盗”（贪污）、“以财行求”（行贿）、“因事受财”（受贿）、“受所监临财物”（侵吞公物，收受属下财物，包括送礼）、“请求”（请托）、“乞索”（勒索）、非法役使属下和百姓、侵夺百姓私人田产等，都有具体的量刑规定。还规定官员不许经商放贷，不许通过代理人经商，家属也不能在其辖区内经商放贷，不许利用职权参加外贸活动。另外，还有官吏任职的回避制度，地方官避本籍，中央高官近亲避京畿，中央高官子弟避监谏官，亲戚避同署联事。官吏犯罪，还要追究其上级和同僚的连带责任。

关于提高行政效率，法令也有明确规定。例如公文的收授周转均有时日限制，超出要处分，延缓、扣压有罪。

“贞观之治”给唐朝吏治开了一个好头，但到唐太宗晚年，他所奉行的“治道”原则已经不大能讲求了，他个人奢侈逸乐的毛病也开始出现。到了高宗至

唐代张萱绘《武后行从图》（局部，摹本）

武则天时期，政局有几次变化，这期间武则天大量非制度化除授官吏，告密酷刑之风四起。武则天打击的主要是上层反对她的政治势力，唐太宗奠定的开明吏治的基础还在，制度化的运作还能大体遵行，保证了唐朝在这 80 年间维持着上升的局面。武则天以后，中宗、韦后、睿宗、太平公主操纵朝政，吏治松弛。玄宗即位，励精图治，整饬吏治，任用贤臣，淘汰冗官，加强制度化运作，以保障经济繁荣和社会稳定，唐朝在玄宗开元年间达到它兴盛繁荣的顶点，但社会矛盾也在兴盛外衣下逐渐孕集。到了天宝年间，玄宗从励精图治走向怠惰逸乐，政事不修，大肆奢靡。各种制度开始败坏，“钱谷之司，务为刻剥，向下苛索，名目万端”，吏治由松弛走向败坏。杨贵妃兄、宰相杨国忠一身兼 40 多个使职，“军国之务，决于私家，事务责成胥吏，贿赂公行”。这些促成了安史之乱。安史之乱以后，唐朝开始走下坡路，吏治情况也越来越糟，其间虽有几个皇帝和大臣想改变这种局面，但无法扭转这一趋势。文宗时的改革因政变而失败，宣宗时稍有起色，不久后就更糟。社会危机增长与吏治败坏是同步的。晚唐懿宗时的刘允章上直谏书，举出“官有八入，国有九破，民有八苦、五去”，其中多数属于吏治的问题。

“官有八入（收入）”：节度使奏改、用钱买官、诸色功优、从武入文、虚衔入仕、改伪为真、媚道求进、无功受赏。收入主要是来自官员的贪污受贿。以用钱买官而言，史不绝书。大官王锷在河东，用钱数千万赂遗权幸，求兼宰相。就连完全没有做官资格的白丁富商郭七郎，花几百万钱也能买到一个刺史。上述的贪污受贿的钱主要来自官员，来自其他方面贪污受贿的更不知有多少。

“国有九破”：其中贿赂公行、长吏残暴、赋役不等、食禄人多输税人少等四条属于吏治，其他五条属于社会问题及自然灾害。

“民有八苦”：官吏苛刻、赋税繁多、所由乞敛、替逃人差科、冤不得申屈不得理等五条属于吏治。

“民有五去（逃亡）”：土地兼并为首，其次就是猾吏侵夺、破丁作兵。而土地兼并最厉害的则是官员。像懿宗时一个县令罢职，在家置良田万顷及华宅园子；官僚韦宙在江陵就有积谷7000堆，被称为“足谷翁”，这还不是靠任上贪污受贿的钱得来的吗？

结果是，民有五去而无一归，有八苦而无一乐，国有九破而无一成，独独官有八入而无一出。皇帝高高在上，地主是分散的，直接管制老百姓的是官，老百姓受害也直接来自官。败坏的吏治，促成了社会危机，引发了农民大起义，导致了唐朝的灭亡。“天高皇帝远，民少相公多，一日三遍打，不反待如何”（元朝民谚）。官逼民反，不仅唐朝如是，历朝大体也都如此。

总的来说，唐朝的吏治开头是比较好的，逐渐趋于败坏，其中有几次起伏，最后不可收拾，它与王朝的兴衰是同步的。这种情况，中国历史上几个比较长久的王朝如汉、唐、明、清，大体上都是这样，其中似乎有种规律性存在。从制度上看，从秦汉到明清，大体上从粗略到完备再到严密。各朝在吏治方面的情况和出现的问题大略近似，但也各有一些自己的特点。例如，西汉的内外朝，任用酷吏（包括治吏与打击地方豪强）；东汉时的外戚、宦官的擅权与斗争；魏晋南北朝时期的门阀政治；唐朝后期的藩镇、宦官、朋党的相互争斗又互相勾结；宋朝吏治一开始就松弛疲软；元朝蒙古人、色目人当官，治理不行，又不用汉族读书人，以致政事全由属吏把持，是吏在历史上起作用（多半是坏作用）最大的时代；明朝中期以后皇帝昏庸荒淫不理政事，宦官乱政；清朝满汉官员共治及胥吏和师爷的作用；等等。其中，三个朝代宦官在吏治上起了特别坏的作用，那就是东汉、唐和明。在这些比较长久的王朝中，宋的情况有点不同。宋朝是由割据而走向统一的，没有经过强大的全国性的农民战争，因此宋朝最高统治者首先和着重考虑的是怎样不致削弱专制主义皇权，怎样不再出现分裂割据的局面。这里，第一要控制的是军队，第二要控制的是官吏。统治者考虑的不是通过“治吏”而去“治民”，而是只着眼于“治吏”，防止和限制官吏权力过大，因此采取各种“内重外轻”“内外相维”的办法限制、牵制官吏的权力，加强对官吏的监察。另一方面则多让他们得到做官的好处，甚至养起来，不让他们捣乱和造反。宋朝的冗兵、冗官、冗费是很突出的，官僚机制从一开始就那么松弛疲软，也是少见的。这样，宋朝从一开始吏治就不怎么样，以后越来越坏。岳飞有段有名的话，有人问他，天下如何能致太平，他说，文官不爱钱、武官不怕死，天下就太平了。那时正是金人入侵的危急时刻，天下不太平，可见，文官总爱钱，武官多怕死，正是当时的普遍现象。过去官吏有所谓良吏、循吏、能吏、干吏、廉吏、酷吏等称呼，“清官”这个词正是在宋朝从民间兴起的。第一号清官包拯就是出现在宋朝，号为“包青天”，他的事迹有些是真实的，更多的是民间传说。当时人称“关节不到，有阎罗包老”。金人元好问诗曰：“能吏寻常见，公廉第一难。只从明府到，人信有清官。”把执法公正和廉洁不贪赃受贿结合在一起，称之为清官，甚至是青天大老爷。那青天之外，就是一片黑暗了。人们那么企盼清官，清官又那么少，贪官、赃官、昏官之多之普遍，也就可想而知了。

二、影响古代吏治的因素

在一个比较长久的朝代中，吏治的好坏起伏，呈现了上述的现象，其所以如此，有体制性的因素，也有时势性的因素。

（一）体制性的因素

1. 专制主义中央集权官僚制度追求事无不统，政事必然由开始的清简走向繁苛

专制主义中央集权官僚制度追求事无不统，机构的重叠、职责的不清、效率的低下是必然的。这里有事务的增加，也是官僚制度本身带来的。英国人帕金森写过一本有名的小书《官场病——帕金森定律》，其中讲到官僚制度如何会不断地增设机构、增加人员，弄得机构越来越庞大，人员越来越冗滥，而精简则难于收效。中国古代各朝就是这样。唐太宗时，中央机构有品级的官员600多人，到了唐朝后期，至少是2800人，大量体制外的正式机构外的单位和人员就更多了。唐太宗时，军队主要是不脱离生产的府兵，其后成了募来的职业兵。唐朝后期，禁军、藩镇兵等曾达到100万，养了这么多兵，要多大的费用！这些兵又主要是用来打内战，即中央对藩镇、藩镇对藩镇的战争。再加上贵族、僧道等，以致当时人感慨“以三分劳筋苦骨之人，奉七分坐待衣食之辈”。官员的冗滥、军队的庞大、开支的增加，为官吏的贪赃枉法大开了方便之门。前引的“官有八入”，主要就是靠买官及在官员的任免、升调、奖励上捞钱。

中国古代政府职能中的经济职能是很强大的，不仅实行统治，而且直接经营农业、手工业和商业及放高利贷。唐朝官员有职分田作为自己任职的收入，有公廨田和公廨钱用作办公费用，其中公廨钱更是用来放债取息。像赈贷、专卖、治水、营建、盐政、漕运、税关等，都是捞钱的好差使。唐朝法律禁止官员经商，实际上形同具文，以后也不大禁了。在官营商，官商勾结，官也就是商了。英国剑桥大学经济学家罗伯特·尼尔德近来曾把公职腐败定为“公职人员为捞取个人好处而违反公共事务的行为准则”。据说，美、英、德、法过去两个世纪中已经远离腐败，现在腐败现象卷土重来，是因为政府与私人企业互动，而非保持一定距离，即政府插手经济交易事务，他的话可供参考。

2. 官僚是一个特权阶层

士农工商，士为四民之首，介乎统治者与被统治者之间，士的出路就是做官，进入统治者的行列。士人做官，称为“入仕”，在“士”边上加一个“人”字旁，士仕相通。士人是有文化的，读书才能做官，这是封建社会读书人最好的出路。宋朝汪洙作的儿童读本《神童诗》就说：“天子重英豪，文章教尔曹。万般皆下品，惟有读书高。”读书就是为了做官，做了官，什么都有了。据说是宋真宗作的《劝学文》说“书中自有黄金屋，书中自有千钟粟，书中自有颜如玉”。民谚“千里求官只为财”。发财靠官俸是不行的，靠的是手里的权，以权谋财，权财交易，贪赃枉法几乎是必然的，虽然与圣人的教诲大相径庭，但那是面子，这是里子。贪污受贿有些是公开的，甚至是合法的，如送礼受礼，清朝中央官员收受地方官员的“冰敬”“炭敬”，以及诸如陋规、折色、火耗等，但这不仅不能消灭非法的、私下的贪污受贿，反而助长了后者。做了官，无本万利，民谚中说，就是“三年清知府”，也有“十万雪花银”。这样，几乎无官不贪，而贪赃必然枉法。法律虽严禁贪污，但制度默认、准许乃至助长贪污受贿。法律成了具文，吏治必然腐败。

3. 专制主义中央集权制度是封闭式操作的，本身缺乏激励的机制，更缺乏外来的激励，特别是自下而上的民众的激励与监督

仅靠自我教育、自我约束与自我监督，不论制度是多么完善与严密，也是难于解决根本问题的。最强烈的、最大的、自下而上的外来激励来自人民群众的起义，它往往推翻了一个王朝或者瓦解了一个王朝。这样，新建立的王朝在初期吏治多少好一些，制度的运作和法律的执行也好一些，可是不能持久，不管自我激励、自我监督的机制多么完善严密。从根本上说，官官相护、结党营私是必有的现象，也是无法克服的问题，吏治还是要坏下去。

4. 制度在当时应当算是严密和完备的，但是专制主义中央集权制度无法保证这个制度圆满地运作并且坚持下去，人为的因素是很大的

人为因素有时促成了这个制度较好地运作，但多数时期是对之进行了阻碍、干扰和破坏。前者较难，后者则因专制主义体制的根本性质，是很容易而且很严重的。法治与人治的矛盾，在专制主义中央集权制度下是无法解决的。

（二）时势性的因素

1. 封建政治权力最后集中在皇帝

皇帝个人的明、贤、庸、愚、昏、暴，对政治包括吏治的作用非常之大。皇帝的个人特点、个人色彩给封建政治抹上了重重的一笔。唐太宗在初唐政治中的作用、唐太宗个人前后的不同表现就是一例。康熙、乾隆也是这样。朱元璋“严明以驭吏，宽裕以待民”的思想使他对官吏贪污的处置十分严酷。御史具有抓官审问定罪然后上报的大权，不仅小犯即斩，而且杀了还要剥皮塞草，放在公座旁警示后来的官员。雍正在吏治上的严苛也是很出名的。至于皇帝本人淫逸放纵，助长吏治的败坏，更是史不绝书。

2. 官僚集团之间的倾轧斗争是历史上常见的

官僚集团之间的斗争往往不是政见不同，而是权势利害之争。即使有政见不同，也会夹杂着或演化为权势利害之争。这个集团所坚持的，对立集团就必定全盘反对，往往脱离了是非。为此，援引、支持、拉拢、排斥、打击不遗余力，自然带来政局的败坏，像唐朝后期宦官、藩镇、朋党之争就是这样。藩镇割据地盘，自搞一套；宦官自成系统，所谓南衙（政府机构）与北司（宫廷机构）相水火；藩镇、宦官、官僚内部又互相争斗，个个又援引其他势力，这对吏治的败坏当然有很大影响，像东汉、宋朝、明朝，这种情况都是相当突出的。

3. 时势性因素中最根本的一条，一个封建王朝在建立的初期，为了保持自己的统治，比较重视与民众的矛盾，多少约束自己贪残的阶级本性，吏治也就比较清严

随着统治的稳定，力量的增长，封建统治阶级贪残的本性也就日益暴露、膨胀，与百姓的矛盾日益尖锐，社会危机日趋严重，吏治也就从清严而走向松弛、败坏，终于导致王朝的覆亡。这个问题，在封建社会是不能根本解决的。这就像做蛋糕，王朝初年蛋糕小，统治者那一块切多了但多不到哪里去，民众那块少了，还不能专心地做，倒不如统治者不要切多了，让蛋糕做得大些。民众可以享受一点做蛋糕的好处，专心把蛋糕做大，做蛋糕的人也多了起来。这样，自己切的那一块比例上不算太大，而实际分量则大大增加了。可是再做下去，蛋糕大了，贪心也大了，就不免在比例上大大加大，最后弄得几乎独吃，做蛋糕的人吃不到了，不干了、散伙了、造反了，统治者也就吃不成了、垮台了。

中国历史上有一个现象，一个王朝建立之初的十几年、几十年之后，往往会出现一次危机，过得去，王朝就延续下去，过不去就完了。这个现象，抗战时黄炎培访问延安时向毛泽东同志提过，章士钊在《柳文指要》里指出过，台湾的柏杨在《中国人史纲》里把它称为瓶颈现象。这个危机，如果只是统治阶级内部的冲突或者是对外战争，那一般还是过得去的。但如果涉及对人民的暴政，不管这个王朝看起来多么强大，那也过不去了。像秦、隋，就是如此。这些王朝，往往是结束分裂割据局面之后建立的，他们还没有吃过农民起义的苦头，没有接受这方面的教训，不免恣意妄为，弄得民不聊生，民怨沸腾，揭竿而起，他们也就垮台了。汉奸汪精卫在早年还是个革命青年的时候，翻译过雨果的一首诗："此辈封狼从瘈狗，生平猎人如猎兽，万人一怒不可回，会看太白悬其首。"就是这些统治者的写照，当然后来也成了汪精卫自己的写照。在这里，吏治的成败与人民的斗争和统治者是否接受教训是有很大关系的。

三、古代吏治可资借鉴之处

关于中国历史上的吏治，可借鉴的地方很多，姑且列出三条来：

（一）对吏治的重视

中国历史上对吏治的重视程度，在世界历史上似乎绝无仅有。道路、纲领、政策制定之后，“干部决定一切”，吏治的成败涉及王朝的兴亡，古代中国似乎早就认识到了。问题在于官吏的定位。中国古代的官吏是“行君之令而致之民者也”，即奉皇帝之命管理和统治民众，对皇帝负责而不是对民众负责。管理是为了统治，统治是第一位的。统治和管理根本上是为了让民众能很好地奉养统治者，所谓“无君子，莫治野人；无野人，莫养君子”。韩愈甚至说过这样杀气腾腾的话：“民者，出粟米麻丝，作器皿，通货财，以事其上者也……民不出粟米麻丝，作器皿，通货财，以事其上，则诛！”做官的对皇帝负责而不是对人民负责，是牧民之官，把民众当畜群一样牧养，而不是公务员、公仆，甚至也不是美国人口头上常说的，官员是用纳税人的钱雇的，就得为纳税人办事的那种雇佣关系。

也因此，中国古代吏治最高最好的指导思想是儒家的“民本”（而非近代的“民主”）、“仁政”。唐太宗对此的理解应该是最深刻的，并且努力地去付诸实施，他反复讲：“君者，舟也；庶人者，水也。水则载舟，水则覆舟。”（语出《荀子·王制》，《吕氏春秋》亦有记载）“君依于国，国依于民，刻民以奉君，犹割肉以充腹，腹饱而身毙，君富而国亡。”（《资治通鉴》武德九年）就是基于这种儒家的“民本”思想，也是中国封建统治者进步思想的极限和局限。“贞观之治”是它的成果，也是中国古代吏治的一个高峰。这是封建政治所能达到的极限，也是当时人们所企盼的“国泰民安”的太平盛世，然而这要在种种条件凑合下才能出现，是一种特殊情况。绝大多数的皇帝和官僚是做不到的或者是反其道而行之的。

（二）重视对官吏的培养和教育

中国古代重视对官吏的培养和教育，特别是政治思想和道德操守的教育。问题在于教育的内容，因为官吏的定位而有根本的局限。缺乏能力的培养训练也是它的很大弱点。由考试而做官，但明清的八股文完全脱离政治实际，被当成做官的“敲门砖”。官做上了，砖头也丢到一边去了，一个重要的原因是它对具体当官没有用处。

（三）有相当完备、严密的制度和运作的程序、方法

这里可供借鉴的东西很多，值得汲取，特别是监察制度。问题是它在一个封闭的体系中运作，是一种自控机制，官任官，官管官，自己管自己，这就必然会出现问题，而这些问题又是不能从根本上解决的。

以监察制度而论，其严密、权威在世界古代历史上是绝无仅有的。但西方古代对官吏的监察走的路子同中国不很一样，这条路子不完备，但它是一种趋向于和行政分开的机制，位于政府的外部。像罗马法，规定平民和官到法院打官司，官民地位是平等的。官员贪污，要受严惩，由独立于皇帝之外的审判官审理。英国中世纪有普通法庭和王室法庭，有关官员的案子王室法庭审，普通法庭也可以审。王室法庭维护王室利益，不公平，人们都到普通法庭去告官。英国中世纪国会立法，监察由国会进行，它是代表“民意”（领主、骑士、市民）的机关，其作用是抑制君权，防止独裁，而中国的监察机关是皇权的延伸。欧洲行政、司法多少分开，中国的行政、司法合一。虽然中国的监察制度应该说是古代世界最完备严密的制度，但终究是专制主义中央集权制度中的一环。

总体来说，中国的吏治是中国古代封建政治和中国专制主义中央集权制度下的产物，它的成败从根本上说不是这个制度自身所能决定的，而它的根本改革，也只能在这个制度根本变革的条件下才能做到。日本明治维新、君主立宪是在 19 世纪 60 年代。清朝宪政，经过戊戌维新的挫折，直到 20 世纪初年才开始进行，可是步子很慢，窒碍甚多，不仅晚了，而且做不到了。没有几年，辛亥革命爆发，清廷被推翻了。这里原因很多，但不能不考虑到，日本历来专制不强，又是从 300 年的幕府制进行改革，是以加强天皇的作用和权威相号召来实行立宪的，而中国的宪政则是要削弱君主专制，要改变中国几千年来的专制主义中央集权体制。靠这个政权自己来变革，不仅是个步子慢的问题，恐怕是根本做不到的，这也是没几年后就爆发了辛亥革命的原因。

（讲座时间　2002 年）

阎步克

品位分等与职位分等

阎步克

阎步克，1954 年生，辽宁沈阳人。1978 年考入北京大学历史学系，1988 年获博士学位。现为北京大学历史学系教授、博士生导师。承担中国古代政治制度史、魏晋南北朝史的教学和研究。

主要研究方向：秦汉魏晋南北朝察举制研究、士大夫政治研究、秦汉魏晋南北朝官阶制度研究。出版专著《察举制度变迁史稿》《士

阎步克

大夫政治演生史稿》《品位与职位：秦汉魏晋南北朝官阶制度研究》等。此外还出版了论文集两种、译著两种，发表论文70余篇。

中国传统官阶制度里，蕴藏着传统社会很多的政治奥秘。我在古代官僚品位制研究上形成了一些新的认识，从“品位分等和职位分等”的角度出发，对3000年官阶制的发展提出了一个五段的分析模式。

一、中国古代的官阶制度

大家可能都知道，中国古代出现过各种不同类型的官阶，最粗略地说来，在帝国开端，也就是秦汉，实行的是禄秩制度，用若干石的禄秩来标志官僚的等级，比如刺史是六百石，郡守是二千石。在汉代史料中，二千石长吏几乎成了郡守的代称。曹魏末年出现了九品官品。在南北朝时九品官品变得更细致了，一品到九品都分为正、从 18 级，四品以下又有上下阶之分，有正四品上、正四品下，正五品上、正五品下，从六品上、从六品下。而且在南北朝出现了“流内”和“流外”之分，这也是一个品位性的区分。在唐代，流内的九品就是官，流外的九品就是胥吏。宋、明、清一般就使用九品十八等，上下阶就废除了。

历代的官品情况大致就是这样，看上去也不怎么复杂。以往研究中国古代官阶，大致的思路主要有两个，一个是从行政规律的角度。比如汉代实行刺史监察制度，刺史的重要责任就是监察地方郡守，郡守是二千石长官，刺史是六百石的监察官，这种等级安排相当合理。因为假如刺史的官阶高于郡守，他就成了郡守的长官了，就不再是监察官员。所以顾炎武对这个制度有一个评价，叫“小大相制，内外相维”。“小大相制”，以一个比较小的刺史去制约比较高的郡守；“内外相维”，刺史居内，他代表朝廷监督地方。但如政治现实发生了变化，等级制也会因此而变。到了汉末和曹魏时，州逐渐由监察区变成了行政区，这样刺史逐渐变成郡守的行政长官，双方的关系由监察关系变成了行政统属关系，等级安排就必然也发生变化：曹魏的刺史是四品官，郡守是五品官，双方的等级调了个个儿。从这样的角度去观察传统官阶制的，就属于行政规律的角度。还有一个，我称为等级特权角度，就是传统社会如何按等级向官僚分配特权的。在这方面也可以举一些例子。汉代官僚的特权，例如对六百石以上的官，有个制度叫“有罪先请”。什么是有罪先请呢？就是说六百石以上的官僚犯了罪，司法部门不能立刻立案，而要先向皇帝请示，由他特批。这就是一种法律特权，中高级官员的一种法律特权。又如，二千石以上的官可任子弟一人出任郎官，这是一种选官上的特权，做官的优先权。再如，隋唐法律有“官当”制度，就是拿官来抵罪，五品以上的官，一个官可以当徒刑 2 年，九品以上的官可以当徒刑1年。本来文官的职位是一种行政服务工作，但在传统中国变成了个人特权的来源，由此显示了官僚在传统中国是一个特权阶级。

最近几年的研究中我提出了一个新的视角，就是品位和职位的视角，从品位、职位的角度，重新解析3000年中国官阶体系。下面，我就简单谈谈这个观察方法。

我去年出版了《品位与职位：秦汉魏晋南北朝官阶制度研究》，采用新方法来分析官僚等级制，这是受了现代文官制度的一些启发。现代文官制把文官的等级制分成两种：一种等级制是品位分类的，还有一种等级制是职位分类的。在品位分类下，等级就是官员的个人的品级，标志的是个人的地位、资格、报酬，在这种情况下，官阶和职位是分离的，就会有官大职小，职大官小，甚至有官无职、有职无官这种情况。但职位分类就不存在跟人走的等级。我曾举过两种等级的例子，有一种等级是跟人走的，有一种等级是不跟人走的。在职位分类下，这个职位是什么级，个人就是什么级，等级是随职而定的。下面我举一个例子：军衔制——虽然军衔不是文官制度，但可以暂时用来说明品位分类的例子。比如少将、中校、大尉，这些都是军衔，它是跟人走的，是个人的品级；而像军长、师长、团长、营长却是军职。同样当团长，军衔高低可能就不同，某个人职位调动了，职务变化了，他的军衔可能并不随之变化，那么官大职小、职大官小的情况就会出现了；假如这个人暂时没有职务，但有军衔，这就是有官无职。我国在很多年中实行的行政级别制，也是一种品位分类的制度。在这种情况下，存在着跟人走的位阶，这个级别不是职务的等级而是个人的等级。

这两种等级在性质和倾向性上可以说是各有优劣，品位分类的特点是“以人为中心”，因为他是针对人来分等，就是说针对官员的资位，他的资格地位来分等。它的优点是什么呢？是能够灵活地根据能力和资格来安排，处理能力、功绩、资格这几个要素。比如有这么一位老同志，他能力不是太强，可他兢兢业业工作了好多年，这时候给他较高的个人级别，但让他做比较低的职位，这样就比较好地解决了资历、能力之间的矛盾。而且，品位分类可以赋予官员稳定感和安全感，不会因为职位变动就丧失了原先的级别，他调到另一个地方去，级别不变，待遇不变，他就不会感到为难。职位分类就不同了。职位分类是“以事为中心”的，根据行政事务、行政责任和行政权力把各个职位分成等级高下。职位分类的特点是注重科学和效率，保证同工同酬，任何人担任这个职位都给这么多钱。但是品位分类就不是这样了，比如刚才我提到了，同样是做县长，可能有 13 级干部、15 级干部、16 级干部，做同样的工作给的报酬不一样，这就是同工不同酬。

而且学者的研究显示，品位分类比较简单，在人类历史上出现得比较早；职位分类是一种很现代化的文官等级制，20 世纪初在美国最先出现，逐渐为世界各国所效仿，因为它富于现代性，注重科学，注重效率。美国的 GS18 级文官等级制，就是职位分类的典型。

学者的研究显示，实行哪一种等级制和这个社会的政治文化背景有密切关系。美国率先实行的职位分类制度，被认为与美国注重平等、注重科学、注重效率的政治文化精神有密切关系。作为一个对比，英国文官制度是比较早的，它就是一种品位制度。有的学者把英国文官等级制称为“绅治型”或“贵族型”。欧洲大陆和美洲大陆不同，欧洲大陆有过封建贵族的时代，所以它的历史包袱相对比较沉重，旧东西也多一些，所以学者就认为英国的文官等级制出身和考选都不相同，低等级的人员很难晋升到高等级去，身份不能流通，男女的待遇也不平等，有点像封建时代的贵族制。这个问题很好理解，越是传统的社会越重视身份。身份是什么呢？身份是一种以人为中心的地位。当然从 20 世纪 60 年代开始，英国的文官制度开始向职位分类靠拢。我国现在的人事改革，从 20 世纪 80 年代末一直到现在，包括定岗定编等工作，事实上也是在由品位分类向职位分类转型。但我们也都知道，中国传统社会是一个等级社会，也留下了很多历史包袱，所以在很多地方形式上是职位分类，事实上品位的意味还是非常之强的。

刚才谈的是现代文官制，如果用品位和职位这一新鲜视角观察中国古代，我想就能看到很多前所未知的东西。我采用了品位分等和职位分等这样两个说法，这两种等级制有什么区别呢？就是是否存在跟人走的位阶。比如，我刚才谈到了汉代禄秩，“若干石”的禄秩可能就具有职位分等的特点，级别从属于职位。后面我会谈到唐代有一种散阶，就是独立于职位而从属于个人的品位。所以历代官阶制的变化，看起来好像只是等级和名称的变化而已，最初叫若干石，后来叫九品，好像只是称呼变了，或者是级数变了，其实并不仅仅是这样。传统官阶变迁中存在着更多的曲折、更多的奥秘。而且，刚才谈到品位分类和职位分类分别和不同的政治文化背景相关，有不同的倾向性，在中国历史上也是这样。为什么有些王朝给官僚提供了很优厚的品位待遇，存在着非常复杂的品位序列，可是另一些王朝就不是这样，品位序列不怎么发达，皇帝对官僚主要按职位给待遇，干活才给钱？为什么会有这种区别呢？由此，我们就可以通过官阶制这个角度，观察 3000 年中国政治在性格上的变迁。

官僚可能有两种倾向，一种我们可以称为服务倾向，另一种可以称为自利倾向。就是官僚在服务倾向之下，一般存在着一个比较强硬的皇权，它对官僚施加很严厉的管理，在这种情况下，官僚就成为一个富有效能的行政工具了，而朝廷对官僚的个人权益在这时往往漠不关心，比较倾向按职位给待遇，实行职位分等的官阶制。可是有的时候，我们看到官僚日益地牟取私利，贪赃枉法，朝廷越来越管不了他们，他们的自主性越来越大，特权越来越多，官僚阶层开始封闭化、世袭化了，甚至采取世卿制度，或者父死子继，或者门荫、恩荫，等等。这样的制度如果发展到极点，官僚就会贵族化，在欧洲历史上也有过贵族化的官僚。在这种情况下，品位性的官阶安排就会发达起来，出现非常优厚的品位待遇，出现各种各样的品位序列，用来保护官僚的权益。

换句话说，假如某个朝代的官阶制呈现品位分等，我觉得它和官僚的特权化与贵族化倾向有密切关系；如果某个朝代的官阶制呈现职位分等，这和官僚的服务倾向，并且存在着一个铁腕皇权、存在着充分贯彻的法制，有某种关系。我们就可以从这个角度出发，全面地审视中国古代 3000 年的官阶制变迁，看一看从中能发现什么东西。

二、历代官阶制的变迁

首先来看先秦的爵级。中国的官员等级制，在周王朝初具规模。当然周王朝实行贵族政治，世卿世禄，大小贵族在政治上占据最高位置。当时使用公、卿、大夫、士这些爵称，来标志官员等级高低。为什么说爵级公、卿、大夫、士是一种品位呢？爵级是独立于职位的，它是个人的社会身份。在《周礼》中就能看到这种情况，这部古书对某个官职要由什么爵级的人来担任都是有规定的，如大冢宰这种官，由卿一级的贵族来担任，小冢宰和司会由中大夫一级的贵族来担任，烹人由下士担任。这意味着什么呢？官职构成了一个序列，爵级构成了一个序列——爵位之外还有一个个人品位的序列。所以我们说，周代爵级就是一种品位性的官阶。

刚才谈到，人类历史上较早的官阶制一般都是品位分等，因为品位分等比较简单。中国历史没有例外，也是从品位分等开始的。在周代，公、卿、大夫、士之下还有一些无爵的胥吏，被称为府、史、胥、徒，皂、舆、隶、僚，或官师小吏。本来，低级文官和高级文官只是等级上的区别，但在周代，低级胥吏和有爵的公、卿、大夫、士成了一种身份性的差别，二者间有一道身份性的鸿沟，这就变成品位性的制度。

周代的爵级是一种品位性的安排，还体现在下面这点：大量待遇都和爵级挂钩，而不是和职位挂钩。比如说卿、大夫、士到庶人乘坐的车子是不一样的，使用的礼品也是不一样的，卿执羔，大夫用雁，士用野鸡，庶人用野鸭子，工商就拿鸡作礼品，都是有等级区别的。甚至人死了的叫法都不一样，天子死了叫崩，诸侯叫薨，大夫叫卒，士称为不禄，庶人才叫死，都是有等级区别的。祭祀祖先，天子七庙，诸侯五庙，大夫三庙，士一庙。古人吃饭时候用的餐具——鼎和簋，也是按照爵级来区分的，在墓葬中我们可以看到这种列鼎制度。按照古代礼书的规定，天子吃饭用九鼎八簋，诸侯用七鼎六簋，大夫用五鼎四簋，士用三鼎二簋。1990 年河南三门峡虢国墓出土了一套列鼎，是七鼎六簋，这是一个国君的墓葬，和诸侯七鼎六簋正好相合。另外，1974—1975 年在陕西宝鸡茹家庄 M1 号墓出土的五鼎四簋，根据列鼎的数量，我们可以判断这是一个大夫的墓。我们可以看到，吃饭用的餐具是严格按照身份高低来区分的。大量的礼遇不是和职位挂钩，而是和爵级挂钩，这也说明爵级是一

虢国墓出土的附耳列鼎之一

种品位。

刚才我们判断，某个朝代的官阶制呈现品位分等，我们推断这和官员的贵族化倾向有关，那么看了周代，这个说法就得到了第一次印证：周代实行贵族政治，而当时的官员等级制确实就是一种品位制度。战国发生了剧烈的政治转型，官僚政治开始取代贵族政治，一种新式官僚开始逐渐崛起，秦汉时他们被称为“文法吏”。周代贵族一般是直接占有土地和人民，大夫有封邑，《孟子》中提到的百乘之家、千乘之家，说的是有的大夫出得起一百辆兵车、一千辆兵车，所以大夫拥有的土地、人民是非常之多的，简直跟国中之国似的。但战国就不一样了，出现了用粮食作俸禄的情况，俸禄来自国家税收。实行了俸禄制度之后，官员就不再直接支配封邑中的土地、人民了。换句话说，以前他对土地、人民有领主之权，现在他只是国家的文官了。

尤其是在燕国和秦国，出现了一个很有趣的现象，就是直接拿俸禄的额度——比如说百石、二百石、千石——来作官阶的尺度，这是一个非常特别的现象。

秦汉也是这样，用俸禄的多少直接作等级的名称。汉代的禄秩大约有十八九个等级，丞相号称是万石之官，下面有中二千石、二千石、千石，最后一直到百石，百石之下还有斗石、佐史，俸禄就更低了。汉代禄秩有个突出特点，禄秩是从属于职位的，它标志的是职位高低，而不是个人的品位高低，假如你没有官职，个人就没有品级。所以有一位叫陈梦家的现代学者，他说禄秩决定什么呢？决定哪一种官职属于哪一个品级，而不是哪一个人是多少级。某人做了刺史，刺史是六百石，不做刺史本人就没有级别；假如他做了郡守，他就是二千石，假如他不做郡守，他本人无级别可言。所以我们觉得汉代禄秩和周代相比较，走到另一个方向去了，它呈现出了职位分等的特征。

为了说明汉代禄秩的特点，我设想了一个角度去论证它：官员因病、因丧而离开职位，再做官时朝廷如何安排他的等级。汉代官员病假最长三个月，过了三个月必须辞职。同时汉代的官员如遇亲人去世，按习惯应该辞职去为父母服丧，服三年丧，实际是25个月。在官员因病、因丧离职之后，他还得再做官。他以前干到了什么级，朝廷怎么考虑呢？因病、因丧是不可抗拒的自然因素所导致的，它和奖励、惩罚没关系，不是因为犯了过错，完全出于自然因素的离职后再做官，他以前达到的官阶，朝廷管不管呢？大量的事例可以证明，朝廷原则上不必照顾官员以往的级别。

有位官员李咸做了河南尹，河南尹是洛阳最高长官，是中二千石，后来他母亲病逝了，只好辞官为母亲服丧。桓帝时缺一个尚书，很多人推荐李咸，于是就任命他为尚书。尚书是千石之官，他以前是中二千石，降了好几级。再看王骏，他做赵国内史，是二千石，后来生了病免官，病好了重新做官，做幽州刺史，是六百石的官。原来他做到二千石，这个朝廷不管了。还有个鲜于璜原来做到了县令，是六百石官，后来他辞官为父服丧，丧满后只做了百石之官。这样的事例说明什么呢？说明汉代的官僚能上能下，官可大可小，一切以行政为重。甚至连三公都是如此，东汉三公相当于宰相。宰相再次做官，有中二千石的少府、太常，有二千石的永乐少府，还有比二千石、千石更小的官，还有六百石的尚书仆射。六百石是什么概念呢？大县的县令是千石，稍低一点的是六百石。

可见禄秩和后来的官品的区别，不仅仅是等级和名目的差别，禄秩的职位分等色彩很浓厚。后代官僚特权就比较多了，所以他们看汉代的情况就看不入眼。宋代洪迈的《容斋随笔》说东汉“王梁罢大司空而为中郎将，其后三公去位辄复为大夫、列卿”，“其体貌大臣之礼亦衰矣”。

从品位职位视角来看，汉代禄秩有一个特点：居其职方有其秩，居其职方从其秩。用白话说，就是有职位才有级别，做什么职位就是什么级别。这具有浓厚的职位分等色彩。职位、行政才是统治者的关注所在，至于官僚的个人权益，朝廷照顾得很不周到。比如为父母服丧朝廷应加表彰，至于生病离职朝廷也有些体恤义务。然而，在官员因病因丧一度离职之后，朝廷随即就停发其俸禄，漠视其级别，甚至让他们做官的时候从头再来，以前的级别一律不算数，夸张点说，有点视同路人。它体现了秦汉帝国“以吏治天下”的政治精神。“吏”在周代是卑微等级，而秦汉帝国就是用对待“吏”的态度来对待百官的。在官僚刚刚登上历史舞台时，官僚的特权保障和贵族化程度还是相对较小的。这是历史早期，官僚还没有来得及积累起他们的特权。

下面再看看魏晋南北朝，这是中国官阶制的又一个特殊时期。一些官僚世家经东汉而发展成了魏晋士族门阀，历史进入了士族门阀历史时期。我的老师田余庆先生有一部名著，就是《东晋门阀政治》，是专门研究中古世族政治问题的，这部书曾经被评价为中华人民共和国成立 50 年来最好的历史著作之一。魏晋南北朝时士族世代占据高位，形成了“公门有公，卿门有卿”的历史局面，官僚开始贵族化了，官阶制又开始向“品位”这一方面转了。

我从三个方面简要地介绍一下魏晋官阶制，一个是中正品，一个是散官，一个是军阶。

首先谈谈中正品，曹魏实行九品中正制，由朝中的官僚兼任中正，品评家乡的人才，作为吏部任命的根据。品评为九等：有上上、上中、上下、中上、中中、中下、下上、下中、下下，从一品到九品，所以叫“九品中正制”或

魏晋南北朝上层社会觐见拜会的场面，两人手执写有姓名和官职的名刺，一人提剑

“九品官人法”。最初品评标准是德行和才能，但任何一个制度的意义，要在贯彻后才能真正显示出来。九品中正制在实行中，是按门第和权势来定品的。谁家权势大、门第高，他家孩子就能定为上品。所以当时有句话叫“上品无寒门，下品无势族”。门第比较高，就可得到较高的中正品；中正品高，就可以做比较高的官，那么中正品就成了一种做官资格，实际就成了一种品位，而且它是由士族门阀的门第高低决定的。这在我看来就是一种品位性的制度，因为它决定着做官资格。而且中正品还有升降，比如某个人违反了儒家礼法，中正说他德行有亏，降他的中正品，那么他的官也得跟着降了。

这时期门阀占据高位，尸位素餐的情况非常之多，散官和名号就大量出现了。朝廷出现了很多官职和官称，可这些官没什么实际职事。它们的意义不是职能方面的，而是品位方面的：提供一个起家之位，做了这个官就等于是入仕了，就可以拿一份钱了，但是没什么事可干；还提供升迁之阶，当时士族门阀不怎么为国家效力，国家还要保证他们的官不断向上升，就设置了很多散官，让他们顺着散官往上升；还构成了加官，做了一个什么官，光有一个头衔不够响亮，那么通过加官再加一个官号，就可以提高他的荣耀，增加他的收入。这些官在当时种类很多。读《史记》《汉书》的话，就会有个感觉，就是大多数一人一官；但读《三国志》以后的史书，就会发现经常一个人拥有一大堆头衔，这是很鲜明的对比。南北朝这种繁缛官号，比如“使持节、侍中、都督南徐兖北徐南兖青冀六州诸军事、骠骑大将军、开府仪同三司、录尚书事、南徐州刺史、竟陵郡开国公”，又如“使持节、特进、侍中、太尉公、尚书令、都督冀定沧瀛幽殷并肆云朔十州诸军事、骠骑大将军、左光禄大夫、开府仪同三司、并肆汾大行台仆射、领六州大酋长、大都督、散骑常侍、御史中尉、领领左右、驸马都尉、南赵郡开国公”。官员头衔的复杂和简单，都意味着时代的变迁，官僚政治性质的变迁。

下面看军阶。汉代的将军是军职，将军就是领兵打仗的；南北朝就不同了，将军由军职变成了军阶，增加到100多号。军队中另有一些军职，比如说队主、幢主、军主等。军阶只是标志个人品位的，和今天军衔的性质完全一样。不同的是，当时文官也用将军号来标志等级。再请看李白的《夜泊牛渚怀古》：“牛渚西江夜，青天无片云。登舟望秋月，空忆谢将军。余亦能高咏，斯人不可闻。明朝挂帆席，枫叶落纷纷。”“空忆谢将军”，谁是谢将军？就是东晋的谢尚，他为什么被称为谢将军？他做过历阳太守，这时候他的品级是建武将军；后来都督江夏、益阳、随三郡诸军事、江夏相，品级还是建武将军，没升级；再后来都督扬州六郡诸军事、豫州刺史，变成安西将军，打了败仗后，降号建威将军；因都督江西淮南诸军事、豫州刺史，又升为前将军；最后做了尚书仆射、镇西将军。尚书仆射是文官，可也用将军号来作品级。

魏晋南北朝的官阶制向另一个方向转化了，它充分地品位化了，中正品、散官和军阶制显示，官阶制已经由汉代禄秩的以职位分等为主，转向以品位分等为主了。那么，相应的政治背景是什么呢？我说品位化与贵族化有某种关系，在这个时候，官僚形态由秦汉的文法吏，变成了世族门阀，而世族门阀就是一个拥有重大特权的、相当贵族化的官僚阶层，若干世族门阀世代占据高位，“公门有公，卿门有卿”。

下面再讲讲唐宋散阶制及其在明清的变迁。魏晋南北朝的散官泛滥、将军由军职变成了军阶，这二者被唐代继承下来并制度化了。散官变成了文散阶，军阶变成了唐代的武散阶。唐代的职事官之外，存在着文武散官构成的文散阶和武散阶，他们也被称为散位、本品、本阶。它们的作用是标志个人的名位。入仕时首先要获得散阶，获得了散阶就有了一个官号，证明某人已经是官了，但这时不一定有职位；考课升迁的是人的散阶；做了一任官离职之后，还可以用散阶标志等级。再度做官时，散阶就是一个资格，任官高低得考虑散阶高低。

这和秦汉是相当不同的，秦汉就没有这么一个品位序列。所以有学者说："秦汉以来，文官有职而无阶。"而唐代的散阶制，被学者称为"阶职分立制"。它们都不是职位，跟今天军衔的性质差不多。长孙无忌的《进律疏表》后面的官员题名有"银青光禄大夫、守中书令、上骑都尉柳奭"。这"银青光禄大夫"是散官，它标志柳奭的等级；这个"守中书令"是他的职务；柳奭还有个"上骑都尉"的衔，这是勋官等级。这时存在着好几套品位序列。武散阶就等于今天的军衔了。

散阶如何获得呢？在唐代主要靠门荫。一品官的儿子给正七品上的散阶，二品官的儿子给正七品下的散阶。唐前期科举制还不够繁荣，门荫是入仕的主要途径，通过门荫来获得散阶，然后做官。门荫和散阶的关系，就显示品位制度和官僚的特权化、贵族化，确实存在制度的联系。

宋代的官阶制仍然是品位分等。宋有寄禄官，三省六部官的官称都用作官阶了，被称为寄禄官，也称"本官"。至于行政事务，由国家用"差遣"的方式指令官员承担。所以，"差遣"才是官员的职位。寄禄官有俸禄，差遣有职钱。寄禄官反映人的资历，是按照年资上升的，差遣是承担的任务，也有一份报酬。寄禄官和散阶的性质是一样的，用来计算官员资位，所以唐宋的官阶制都属品位分等。宋代计算官资的制度非常繁密，斤斤计较，一点儿不让官员吃亏，朝廷在这上面要花费大量的精力，这和汉代是不相同的。优厚的品位待遇，体现了唐宋的皇权对士大夫官僚的宽容和优待。

到明清又一个较大转折发生了。明清君主专制高度强化，官僚各种特权惨遭削减。唐宋的官当制度很发达，职事官、散官、勋官都可以拿去当罪，到明清这个制度就被废除了，一个很大的特权就没有了。唐代的门荫，到明清其范围也非常之小。与此相应，官阶制也有些新的变化，明清散阶制大为衰落。形

清代官服上的补子 俄国庆 / 供图

式上还存在着散阶，但在学者仔细分析了其实际功能后，有这么一个感觉：明清的散阶只是官品的一个补充，它和唐代大不相同了。唐代根据门荫来获得散阶，父亲做多大的官、儿子获得几级散阶，都是法律明文规定的。但明清不一样，做官后根据官职再给一个散阶，若干年再升一下散阶。所以这时散阶是官品的补充。官品的作用也已下降了，各种待遇都向职位靠拢。清代养廉银，就是按职位一一规定的，某省巡抚、某地区的总督，和另一地区的差别就很大。所以有些学者有个看法：唐宋是阶职分立制，而“阶职分立制之精神，至明清已破坏殆尽矣”。当然，考虑到官僚 2000 年来已积累了众多等级特权，我们只能说，明清官阶制向职位分等有一定程度的回归。为什么会发生这种变迁呢？就是刚才我们所说的，皇权比较强。在存在一个强硬皇权的时候，官僚的特权、自主性和贵族化倾向就会受到压制。明清君主专制高度强化，官僚多种特权惨遭削减、受到压制，散阶制衰落，和这个历史变迁是一致的。

三、结论

我们是从官权和皇权此消彼长的角度来观察问题的。通过品位—职位视角，就可以把传统官阶制的发展阶段分为五个大的历史阶段。第一个就是先秦，是公、卿、大夫、士的爵级构成官员等级，这是个品位分等的高峰，它是周代贵族政治的一部分。第二个就是秦汉，用禄秩做等级，它具有浓厚的职位分等色彩，它反映了秦汉“以吏治天下”，这时候官僚阶级刚刚登上历史舞台不久，他们的特权还是比较小的。第三个就是魏晋南北朝阶段，这时中正品、散官和军阶出现了，官阶制充分地品位化了，它呈现为一个品位分等的高峰，反映了门阀世族的政治权势。第四个就是唐宋，唐代有散阶，宋代有本官或者寄禄官，因此它们都属于品位分等，这虽和魏晋南北朝有相似之处，但是它已经超越了士族政治而向官僚政治回归了。为什么这么说呢？因为唐代散阶的获得虽然靠门荫，但是散阶的升迁靠考课，这已是官僚政治性质的制度了。第五个是明清时期，这时散阶制衰落了，向职位分等有一定程度的回归，这对应着专制集权的高度强化和官僚特权的相对减少。

这就是说，历代官阶制的变迁不是一条直线行进的过程，从品位—职位角度中能看到更多奥秘。通过对 3000 年官阶制的总结，我们得出一个基本的认识，“品位分等”在中国古代和官僚的特权化和贵族化相关。皇权和官权此起彼伏。如果皇权比较强，官权就比较小，就倾向于根据职位给待遇，这样就会向“职位分等”倾斜。如果皇权比较弱，官权比较大，甚至官僚“贵族化”了，就不得不向官僚奉送更多的品位权益。

还要提示的一点就是，各王朝本身也会存在一个品位变化的周期，大家都知道中国历史上有一个突出现象，就是王朝循环。一个王朝兴起时生机勃勃，几十年以后走向兴盛期，然后就不断积累着腐化、老化因素，政治腐败不可逆转，这个王朝就崩溃了。所以在王朝初年，品位的授予、等级的安排可能比较慎重，但后来官僚的特权越来越多，品位越授越滥。所以一种品位序列开始是有效的，后来越授越滥，这在中国历史上是一个普遍规律。

品位分等和职位分等首先是个技术问题。但品位分等比较发达，官僚特权会比较大。复杂的品位性安排消耗大量的行政资源，行政效率会大大降低。各种各样的头衔，各种各样的官号，官僚在升迁的时候到底干了几年，有的官干了半年，这个零头怎么算，都非常之麻烦。在宋代，国家把大量的精力消耗在处理品位之上了。而汉代官阶倾向于职位分等，官僚能上能下，官可大可小，特权相对较小，给人印象深刻。汉代有封爵，比如封侯、封关内侯，对官僚是一个很大的激励。但封侯不是官阶，它和行政没关系。在唐代通过封爵是可以获得散阶的。在汉代不是这样的，不能根据爵位高低授官，爵级和官职没什么直接联系。这样的制度，就把激励制度和官阶制度二者分得很清楚，我觉得很有特点。而且汉代的职位分等也有它的灵活性，它采取增秩和贬秩之法。如果工作出色的话可以增秩，比如二千石郡守，干得不错，那皇帝下诏将其增秩为中二千石。所增级别不能带到新的职位上去，所以它没有品位化。

前面谈了很多品位分等的负面影响，但是品位分等确实也有优点，这个也不能忽略。它便于处理功绩、能力和资历之间的矛盾。刚才谈到魏晋以下将军号首先变成了品位，为什么呢？三国时狼烟四起，战争频仍，要让将士们在战场上流血杀敌，就得及时加以奖励。那么就会遇到这种情况：某个人担任一个军职，他的能力也适合这个军职，他打了胜仗就应该褒奖，这时升迁他的军阶就非常之方便。宋代的官员收入，一部分来自本官，一部分来自职事，有的学者认为这是很好的制度。

同时品位分等和职位分等，就是分别适合高级文官和低级文官。因为高级的文官一般需要通才，他可能随时进入不同的领域，承担不同的工作，如果实行职位分等的话，工作一变待遇就会发生变化，这就不便于调动。假如存在品位的话，那么他工作调动之后级别不变，就减小了麻烦。我的博士生叶炜的学位论文，对唐代官员收入作了一个比较，研究的结果就是等级越高的官员，收入、待遇越多地来自品位，等级越低的官员，他的待遇就越多地来自职位。这一点其实也有它的合理性，所以在唐代，流外官还有九品，到宋以后，流外官就没有品了，泛称“流外”，他的收入完全就是根据职事来决定的。

以上对中国官僚等级制 3000 年的发展，作了一个大致的叙述，同时介绍了一个新的观察角度——“品位和职位”的角度。

（讲座时间　2003 年）

吴宗国

中国古代政治制度的变化与选官制度的发展

吴宗国

吴宗国，1934 年生，祖籍江苏如皋。1953 年起就读于北京大学历史学系。1958 年本科毕业后留校任教，从事中国古代史的教学和研究工作，任北京大学历史学系助教、讲师、副教授、教授、博士生导师。曾任北京大学历史学系中国古代史教研室副主任、主任，历史学系学术委员会委员。曾兼任中国唐史学会理事、北京历史学会理事、唐研究基金会丛书学术委员会委员。曾赴韩国、日本、新加坡讲学和进行学术交流活动。

长期从事隋唐史和中国古代政治制度史的研究。著有《唐代科举制度研究》、《隋唐五代简史》、《唐玄宗》（合著）。主编《中国封建王朝兴亡史》（隋唐卷）、《盛唐政治制度研究》《中国古代官僚政治制度研究》等著作。任《中国大百科全书》（第二版）中国历史学科隋唐史分支主编。

一、中国古代政治制度的变化

（一）先秦到南北朝的社会发展与政治体制的变化

中国古代政治制度从政治体制上可分成王国和帝国两个时期。夏禹的儿子启继承了王位，开始王位继承制，从此中国进入长达1000多年的王国时期。夏、商、周都属于王国时期。商有分封贵族的制度。西周初年，大封同姓和异姓诸侯。这种封建贵族政治基于宗法和血缘关系之上。通过层层的分封，权力分散在各级贵族手中，并且世袭享有这种特权。高级官吏都是世卿世禄，世世代代传下去。

春秋战国时期是一个转型期。伴随着封建制和世卿世禄制度的衰落，是郡县制的产生和客卿制度等的出现。

秦始皇统一全国，建立皇帝制度，中国的历史进入帝国时期或叫皇帝时期。王国时期跟帝国时期，不是简单的名称上的区别，而是在社会结构、政治体制方面都有很大不同。简单地说，在王国时期，从发展来说，是处在一个比较低的阶段，是处在奴隶制时期，实行分封的政治制度。到了帝国时期，一般认为已经进入封建时代。这两个封建的概念是不一样的，前面的封建是从中国传统的政治体制的概念来说。从战国、秦汉以后，中国已经是封建社会，这是按照社会发展的学说来说的。主要特点就是地主阶级和农民阶级构成社会的两个主要对立阶级。

秦始皇统一全国以后，建立皇帝制度。“天下事无小大皆决于上”，国家的所有事情，不论是大事还是小事都由皇帝决定。皇帝拥有国家最高权力，有对一切政务的最后决定权和否决权。但是皇帝不直接统领百官，百官是由宰相直接统领，政务也是由宰相来负责处理。但是从当时政治体制上讲，宰相没有最后的决定权和否决权，不具备完整的行政权。地方上实行郡县制，国家通过郡县直接控制农民，直接向农民征收赋税、征调徭役。在小农占据多数的情况之下，国家的调发可以达到无以复加的程度。秦朝末年之所以发生陈胜吴广起义，隋朝末年之所以发生农民起义，都是因为国家的赋税、徭役超出了农民的负担能力。

从秦汉开始，从中央到地方建立起了一套政务运行系统，并且形成一整套严密的法律、法规作为政务运行准则。政务运行通过文书进行操作，有严格的文书编制运用和保管制度，从而使政务的操作具有规定性和严格性。国家的官吏，主要是受过法律和文书训练的文法吏。

在政治体制上，秦和汉初在中央政府中，皇家事务和国家事务没有分开。在汉代九卿中间，太常、光禄勋、卫尉、太仆、宗正等都是掌管皇帝或者皇家事务的。在政府机关中，有的是管皇家事务，有的管国家事务，有的则混为一体。国家还保持着古老的家国不分、家国一体的传统和形式。从人们的观念上说，天下就是皇帝的天下。另外一个方面，当时皇权本身，还是要依托当时最有势力的集团或阶层进行统治。西汉初年依托的是功臣集团，西汉末年依托的是外戚集团，东汉到魏晋依托的是世家大族和士族门阀。皇帝总是要依靠他们来进行统治，让他们担任宰相和高级官吏。

在行政的运作上，西汉初年，皇帝主要依靠丞相处理国事。由丞相提出奏请，皇帝批准，下诏实行。随着社会经济的发展，中央需要处理的问题越来越多，而且有许多不是按照原来的制度就能解决的。皇帝需要亲自处理的政务和

明代仇英绘《帝王道统万年图》之《汉武帝事迹》

文书越来越多。汉武帝时，出现所谓中朝官，就是在官员中找一些人做皇帝的顾问，另外，成立相当于皇帝秘书处性质的尚书机构。东汉时尚书权力越来越大，尚书机构称尚书台。到了魏晋，正式成为宰相机构。这是政务范围扩大以及决策、行政逐步合理化的过程。汉朝初年那种家国不分，仅依靠丞相简单处理政务的办法发生了变化。尚书台成为宰相机构以后，社会事务不断地变化，很多事情还是需要皇帝来处理，特别是很多尚书台的奏章需要皇帝批准。为保证质量和效率，出现了更高档次的秘书、咨询机构：门下省和中书省。门下省和中书省主要是帮助皇帝审批决策。政府机构在政务运行和处理过程中，层次增加了。

从东汉至魏晋，官僚政治制度的发展进入一个特殊的阶段。随着社会经济的发展，豪强大族势力有了很大的发展，逐步控制了从中央到地方的大权。他们世代担任地方佐官，在中央四世三公、外戚专权。这些都是豪强大族在发展过程中利用原有制度实现的，并没有形成制度，更没有取得法律上的认可。

西晋时，九品中正制为豪强所利用，形成门阀政治。它跟古代封建贵族政治不一样。封建贵族政治来源于氏族贵族转化为国家贵族，是基于一种宗法血缘关系。而门阀政治则来源于豪强士族形成了稳定的、强大的经济势力和政治势力，逐步控制政治，世世代代做官，成为门阀。门阀政治实际上仍然是官僚政治的变形。尽管门第逐步成了做官的前提条件，但构成门第、门阀等级的最基本因素还是当朝和累世担任高官。

南北朝时期，随着北方的统一和南北政治形势的稳定，社会经济重新走上了恢复和发展的道路。江南士族、山东士族和关陇贵族先后开始衰落。这些变化也反映在国家体制的变化上。这个变化的最后完成是在隋朝。

（二）隋和唐初的政治制度

隋唐处于中国中古社会转型期，也是经济社会大发展时期。盛唐时期，人均粮食年消耗量达到 700 斤。唐朝之所以能够出现那样一个辉煌时期，就是建立在这样一个丰厚的物质基础之上。隋唐以后，土地所有权转移相对加速。农产品商品化在唐朝逐渐有了发展，工商业和城市也有了很大发展，整个社会面貌和社会生活发生许多变化。这种变化在盛唐时期，或者说是开元、天宝时期表现出来，但其起点更早，是南北朝以来社会经济发展的结果。

适应这种发展，隋唐以来在政治制度和选官制度方面，有很多积极的创新的东西。而宋朝以后，有的制度就处在一种维持状态。所以了解隋唐历史，会给我们许多启发。

隋朝摆脱家国一体的国家体制。在整个政府机构中，皇家事务和国家事务已经完全分开。同时原来作为皇帝秘书咨询机构的中书省、门下省移到皇宫外，成为国家政权机关。在皇宫外，形成由中书省、门下省和尚书省组成的决策、审议和行政机关，一般称为“三省制”或“三省体制”。

随着三省体制的建立，皇帝在国家中的地位也发生了变化，成为国家最高领导人。隋炀帝在修建东都洛阳的诏令中说：“是知非天下以奉一人，乃一人以主天下也。”这和西汉初年的“天下者，高祖天下”，“夫朝廷者，高皇帝之朝廷也”有很大不同，从观念上讲是一个很大的变化。

中国历史上有两个皇帝最辛苦：秦始皇和隋文帝。秦始皇不管大事小事，都要亲自决定。秦朝时文书写在竹简或木简上，秦始皇给自己规定，每天一定要读120斤的竹简或木简的公文，不达到这个数字，就不休息。隋文帝时期，社会事务更多，尚书省和各部门向皇帝的报告大量增加，甚至营造细小之事，出给轻微之物，也要向他报告。他只好早起晚睡。儒生侯生、卢生说秦始皇“贪于权势”，唐太宗则说隋文帝不肯信任臣下。这有一些道理，但也不完全是。不论是秦始皇还是隋文帝，他们都是不得已而为之。比较这两个皇帝，有很多相同之处。第一，他们都是统一全国的皇帝。秦始皇是第一次，隋文帝是第三次。西晋的统一，规模很小，跟这两次不能比。第二，秦始皇时刚刚建立皇帝制度，而隋文帝时刚刚完成或是正在完成政治体制转变。秦始皇时各种制度都处在草创阶段，没有建立起正常的政务运行机制。即使建立起来一些制度，也还需要磨合，比方说丞相制度，汉朝的皇帝就没他那么忙，就已经开始能够利用丞相制度。后来又设立尚书，通过制度变化，使政务运行更加合理。而隋文帝是处在三省制度刚刚建立的时候，政务的审批机制还不完善，只好亲自动手。他的儿子隋炀帝在门下省设立“给事郎”，负责审读尚书省的奏案，这个问题就解决了。从隋文帝到隋炀帝三省体制逐步完善，形成了一种分层决策的政务运行机制。具体事务由负责事务的各个部门提出处理意见，报尚书省各有关部门。尚书省对政务提出处理意见，报门下省审核。门下省给事郎审读后，门下省的首长侍中作出决定，小的事情报告给皇帝知道，即“上闻”；大的事情，呈报给皇帝批准。门下省对一般小事情有事实上的决定权。皇帝具有最后决定权和否决权。政务根据政事的性质、大小，由各个不同层次决定。

唐朝政治机构基本跟隋朝一样。唐朝的宰相由三省长官及其他由皇帝指定参与政事、参与机密的大臣组成。中书省主要起草法令，帮助皇帝决策；门下省不仅要审核中书省起草的诏令，而且要审议尚书省给皇帝的报告；尚书省掌行政，但不是严格意义上的最高行政机关，因为其行政权不完整。尚书省下设六部，每个部有四个司。九寺是一些具体事务机关。三监也是一些具体职能部门。国子监是管学校的，少府监是管手工业的，将作监管建筑。御史台和中书省、门下省、尚书省并列，是一个独立机构，是国家监察机关。这和秦汉以来监察制度不一样。秦汉的监察由御史大夫负责，而御史大夫是副丞相。秦汉的监察是行政监察，而不是国家监察。御史台成为独立的国家监察机关是从南北朝开始，但是当时权力时大时小，不很完善。从唐朝开始，就发展完善起来。

唐朝的决策也分成几个层次，大事情由皇帝和宰相商量决定，这是国家的最高决策，有时候还增加一些其他官员。第二层决策是政事堂，即是宰相会议。唐朝的宰相跟以前、以后的宰相都不一样。从秦汉到南北朝，宰相是最高行政首长，同时负有一部分决策任务。而唐朝宰相主要进行决策，在政事堂议决“军国之务”。第三层由尚书省作出决定，由门下省审核，大事要由皇帝批准，一般政事由门下省决定。第四层，由九寺三监来决定。宰相上午在政事堂商讨国家大事，下午回本部门办公。政事堂讨论的很多决定，由中书省和门下省通过一定程序报告皇帝，起草诏令来付诸实施。

这一套政府机构和决策系统，隋朝就已经形成，到了唐朝进一步完善。贞观四年（630）唐太宗与大臣谈到隋文帝不肯信任百司，每事皆自决断时说："朕意则不然。以天下之广，四海之众，千端万绪，须合变通。""变通"的思想出自《易经》,《周易·系辞上》有"变通配四时",《周易·系辞下》有"穷则变，变则通，通则久"。"以变得通"是《周易》中的一个重要思想。但是在《周易》中"变通"和"穷则变，变则通"还没有联系起来。唐初孔颖达对"变通"作了新的解释，谓"四时以变得通，是变中最大也"。唐太宗正是在这个意义上使用"变通"。唐太宗认为，天下情况是很复杂的，任何决定都需要符合变化的情况。这是一个总的指导思想。在唐朝，"变通"思想影响很大，而且成为后来政治改革中一个强有力的思想武器。那么，如何"合于变通"？唐太宗说："皆委百司商量，宰相筹画，于事稳便，方可奏行。"就是碰到事情，"百司商量"，具体事务由九寺三监来商量，一般政务由尚书省六部来商量。"百司商量"以后，上报到门下省和政事堂，由政事堂讨论决定，这样"于事稳便，方可奏行"。

唐太宗的这一段话从理论上对当时政治运行作了一个很好的总结和说明。特别值得注意的是，唐太宗认为政事无大小，"日断十事，五条不中"，"乖谬既多，不亡何待！"把政务处理中的错误和国家的兴亡直接联系起来。一件事两件事好像不是什么问题，但是"以日继月，乃至累年"，积累下来以后就不得了。皇帝应该广任贤良，高居深视，法令严肃。应该调动大臣们的积极性，调动各个机关的积极性，严格法令，使得政务处理中间错误减少。他还说"若诏敕颁下有未稳便者，必须执奏，不得顺旨便即施行"。即使诏敕已经颁布，如果有不合适之处，也要执奏，不能因为是皇帝的诏令就必须照样执行。

前面所引的这一段话，出自《贞观政要》卷一。日本有学者说，《贞观政要》是当代主管阶层最需要研究的一本"领导学"著作。《贞观政要》作为"贞观之治"的一个比较原始的记录，包含了丰富的内容。贞观年间君臣努力学习古代经典和历史，他们通过对古代传统文化中政治理论精华的吸收，结合历史上的经验教训和当时的现实情况，在理论上有许多创造，把中国古代政治学说提到一个新的高度。贞观年间创造出来的理论以及实行的政策措施，非常实际，非常具有可操作性。唐以后，《贞观政要》就成为历代帝王和士大夫的一本政治教科书。不仅在中国，在韩国、在日本也是这样。

唐朝政治制度中最大的特点就是制定了一整套制度来保证政府机构的正常运转：

第一，制定有关法令，对各个部门组织机构、职责范围和编制作了明确规定。

第二，规定公文处理程序和限制办事天数，并设立专门官员负责监督检查。一件公文到一个部门，由负责收发和监督检查的官员注明日期，并且注明几天之内完成。事情办完后，又由该官员进行审核，首先是不是按期完成，其次是处理是不是符合法令。超过天数多的，要追究刑事责任。规定公文处理程序和办事天数对提高行政效率非常重要。

第三，按照在政务处理过程中地位和作用的不同，把官吏分为长官、通判官、判官和主典四等。主典是对文案进行一些先期准备工作，把有关档案都调齐，而且提出初步处理意见。这在很多部门是由一些还不是官的吏来负责。判官是经办的官员，是要帮助长官作最后决定的。通判官一般指副长官。长官们作最后决定。在政务处理过程中地位和作用不同，发生差错所负责任也不一样。现在是首长负责制，就是追究首长责任。当时是追究负主要责任的人，就是问题出在哪一级，就由哪一级负主要责任。

第四，对官吏失职、违法乱纪、贪赃枉法从法律上规定具体处分办法。特别是对于贪污，在唐朝整个法律中都是很重视的。在《唐律》中，有关贪污受贿的条文一共有 14 条。不仅对贪污受贿官员追究刑事责任，而且对主管官员家人收取贿赂，或向别人索要财物，也一样处以刑罚。

第五，加强对政务运转过程中各个部门及有关官吏的监察。监察是多层次的。各个部门专门负责检查的官员，要负责监察。另外，御史台也要负责监察。

唐初的这些制度，尽管到后来还有很多变化，但它规划了以后政治制度的一个基本框架和运行模式。其基本内容是政府机构按职能分工而不断调整、政务处理的程式化、四等官制的确立（四等官，只是《唐律》的提法，以后就没见这一提法，但长官、通判官、判官、主典这样一个模式是没有变化的）、吏系统的完善、各种制度和法令的规范。从隋朝开始，在官员之外建立了一个吏系统。一些文书工作、档案工作都是由吏来承担。吏尽管不是官，但是都具有一定的文化素养。这些制度从唐朝开始，以后各朝代都没有大变化。唐朝初年的制度奠定了唐朝到清朝政治制度的基础。

（三）唐宋以后官僚政治制度的变化

唐朝初年的制度建立在小农占据社会大多数人口的基础之上，社会经济还处在恢复阶段，社会事务也不太多。

三省制本身有合理之处，但对政府职责规定很具体，缺少弹性。随着社会的变化，随着经济的发展，出现了很多新问题，超出了原有各个部门的职责范围，在原有的法律中也找不到相关规定。因此，从高宗、武则天以后，唐朝的政治法律制度就处在一个不断调整变化的过程中。其中一个很重要的变化，就是临时设立使职，派一些人担任临时职务，处理新出现的各种问题。而这些职务，后来慢慢也就成为常设。另外一个，就是宰相、中书省、门下省等机构也逐步发生变化，宰相机构逐步变成一个兼管行政的机构。

宋朝政治制度最大的一个变化，就是宰相权力进一步分化，成立了枢密院。枢密院是军事指挥机关，同时具有过去兵部的某些职能。成立一个独立的军事指挥机关，这在以前是没有的，在中国政治制度史乃至世界政治制度史上是一件大事。秦汉尽管有太尉掌军事，但跟枢密院不一样。宋朝财权也分了出来，成立了三司（盐铁、度支、户部）。

金元作为少数民族政权有其特殊性，就不细说了。元朝有一件事情值得提出来，就是行中书省，也就是行省的设立。现在的省，是从元朝开始的，当时全称是“行中书省”。中央有中书省，是最高政权机关，各省设立行中书省，是各个省的最高军政机关。汉、唐一直到宋，都希望在县、州郡之上再设立一级行政机构。因为随着国土开发，人口增长，经济发展，州、县两级已经难以控制。但是由于害怕尾大不掉，害怕地方权力过大，都没有敢于迈出这一步。到了元朝，才终于成为现实。但是明朝又有所后退，保留行省编制和区划，但机构分开，民政、军政、财政都是独立的，而且都直属中央。清朝，巡抚、总督成为军政首长以后，省一级才有真正的最高首长。

明朝政治制度最大的一个特点就是取消丞相。一般认为明朝皇权太大，其实，是其权力更加分散，分层管理有进一步发展。

总的来说，唐宋以后，官僚政治制度的发展有这样一些趋势：

一是行政权的扩大和分化。特别是六部的行政权越来越大。唐朝六部没有直接的发令权，到了明清，六部就有了直接发令权。它所管辖的范围也扩大了许多。而宰相的很多权力，下放到行政部门。明太祖之所以能够取消宰相，就是因为行政权扩大以后，宰相所要决定的事情跟皇帝所要决定的事情差不多。取消宰相，从政治制度发展上是很自然的。

二是中央决策、立法群体的扩大和决策立法的制度化。汉朝也有廷议，是皇帝临时召集的，人员和时间不固定，决定的事情仅供皇帝参考，不是一个法定程序。唐朝宰相在政事堂议决政事，这是一个法定程序。到了宋朝，宰相以外还有执政，就是副宰相（参知政事），这个人数比唐朝要多。宋朝是由宰相和执政议决大政。到了明朝，实行朝议制度，这是沿政事堂和宰相、执政议决朝政的路子走。参加朝议的人数，进一步扩大，是决策中不可缺少的程序。所以说唐宋以后，尽管皇帝的权力好像更加集中，但是由于行政权的扩大，皇帝本身要管的事情其实并没有那么多。在决策中，他虽然是最高负责人，但也都是建立在集体讨论议决的基础上。学者对唐宋以后皇权是加强还是削弱，有不同意见。依我看，表面上是加强，实际上是削弱。

三是在行政权力扩大的同时，国家对行政的监察也随之加强。

四是地方政府职能的转变。在中国古代，地方政府的基本职能主要是控制农民和土地，保证国家的税源与兵源；维持社会治安，实现社会保障和生产保障，并且进行教化，以维持社会的稳定与发展。这些职能从秦汉到明清基本没有变化，变化的主要是对农民的政策。西汉初年，农村小农人口为主，控制和保护小农是地方政府的基本职能，要防止小农分化。唐宋以后，土地集中已经达到相当高的程度，大部分土地都集中在地主手里面。国家一方面要控制小农，同时要协调地主、农民和国家的关系。另外在社会职能方面，秦汉以后，地方政府很多事情都要直接管。唐宋以后，很多事情地方政府不直接管了，往往是由政府出面号召而由民间操办。比方赈灾、修水利，有些由官督民办，有些由地方上或者宗族来办。地方政府主要从事各项政务，政府成为纯粹的政务机关。

对于中国古代政治制度，我们有几点认识：一是政治制度发展变化的主要原因，是社会经济的发展。各种事务日益增加，原有的机关已经不能适应这种需要，这时候就需要设立新的机关，这是政治制度变化最根本的原因。有些学者把内廷、外廷，决策、执行这样一些矛盾以及皇帝跟宰相、官僚之间的矛盾，作为古代政治制度发展的主要原因。我不同意这样一些看法。这些政治斗争对政治制度的变化，可以起一些推动作用。有些制度迟早是要变，但因为政治斗争需要，可能提前或推迟出台，也就是起一种加速或延缓的作用。而制度的变化是不以人的意志为转移的。当然制度变得好不好，又受到制定制度人的素质的影响。

二是政治制度的发展走势是决策行政的合理化、分层决策的发展和行政权的不断扩大。它的目标是要不断扩大政府部门职责的弹性，以提高政府的工作效率，更好地应对日益复杂的社会问题和各种经济政治军事问题。

三是从历史上看，政治制度的调整不是一帆风顺的。首先，任何政治体制变化都会受到旧的体制下既得利益者的反对。各个利益集团有的反对，有的支持。比方说，北魏实行三长制，就是一个鲜明的例证。其次，祖宗之法的影响或者说传统思想的影响，会对政治制度调整产生阻力。王安石变法的反对者就提出“祖宗之法不可变也”。再次，即使在不存在任何阻力的情况下，也需要有一个认识过程。在这个过程中，人的因素有很大作用。我们经常看到，有的制度好，比较切合实际，能够顺利实行。有的则不太好。这决定于制定制度的官员对现实是否有广泛和深刻的了解以及他们的素质，如马克思主义的理论水平、历史知识与思维方式以及基层实践经验等。任何重大的理论问题，如果没有高的马克思主义水平、广博的历史知识、基本的文化知识，以及对现实情况的深刻了解，是不可能很好解决的。制度的制定也包含了大量的理论问题，制定者如果没有以上的素质，也是很难制定出切合实际的推动社会发展的制度。从历史上看也是这样。唐朝为什么很多制度比较好，这和唐朝初年官吏的素质有很大关系。而唐朝初年官吏素质的形成，是有它特定历史条件的。这不是我们正常的选官和培养官吏的问题，但是从中也可以得到一些启发。最后，还要看条件是否全部成熟。从刚刚出现变革的需要，开始提出变革的设想，到条件成熟并实现变革，是一个很长的过程。

四是制度不是万能的。有些制度颁布以后，由于理念上的不同，素质上的差异，实行的结果也会出现很大的差异。唐太宗就注意到这个问题。他认为一要破除私心，二要有责任心，要从国家兴亡的高度来看待这个问题。另外，不同的集团，不同的利益的代表者，还可能利用原有制度来达到他们自己的目的。像九品中正制、察举、辟举，都有过这种历史遭遇。

二、中国古代选官制度的发展

官员的选拔任用是随着社会的发展、政治制度的变化而不断发展的。古代选官制度包括官员的培养、选拔、任用，官员的考核、管理和卸任后的重新任用两个主要方面。

官员的选用西汉时有时称为选举。但是把官员的选任制度称为选举，则是在唐朝以后。秦汉的选官主要是几个系统。一个是郎官，郎官由两部分人组成，高级官吏子弟可以送到朝廷做郎，“郎”既服一些勤务，同时是见习官僚。还有“赀选”，有十万钱家产而又不是商人的，可以候选为郎。做了郎以后也可以做官。另一个是“辟举”，主要是一些下属的官吏，比方说中央丞相、太尉的属官，可以由他自己来辟举。地方的长官由中央任免，下面的佐官，如郡的功曹、州的主簿由长官来辟举。一般的平民可以通过辟举这一途径进入官僚系统。

汉武帝时期，有两个重大举措。一是开始实行察举制度。察举制度分两种：一种是特科，由皇帝临时下诏举行。一些杰出人才往往可以通过特科脱颖而出。一种是常科，主要是察举孝廉，是由地方举荐。常科孝廉一开始不需要考试，到东汉以后才需要考试。二是设立太学，有博士、博士弟子，这可以说是中国最早的官立大学。太学生学成以后，也可以做官。东汉以后，豪强大族已经成为势力，在地方经济上占主导地位，地方的政权也就逐步地由他们控制。辟举、察举慢慢地都和门第挂钩，逐步成为豪强大族的一种工具。

东汉末年，曹操提出"治平尚德行，有事赏功能"的选官原则，就是乱世用人可以不拘其德行，只要有才能就行，到了治世就必须有德行。这个话实际上是有片面性的。光有德行，是办不了事的。曹操的儿子曹丕建立魏国，实行九品中正制，即九品官人法。由中央官任中正，察访本郡士人，评为九品，作为吏部选任官员的依据。魏时九品官人之法是按人才优劣以定品第，与门第无关。这与"唯才是举"是相通的。但是，发展到西晋，随着豪强大族势力的恢复和发展，中正官为他们所把持，成为他们世代担任高官、垄断政权的工具。

南北朝时期，随着豪强士族的衰落，军功、才学等原则逐步被提出来。南朝梁武帝萧衍提出"惟才是务"。西魏苏绰提出选举要"不限资荫"。

隋朝建立后，在选官制度上迈出了几大步：

第一，正式废除九品中正制。其意义就是选官不限资荫，不看门第。只要有才能，就能做官。在隋文帝、隋炀帝一些诏令中间，明确提出才学标准。

第二，创立科举制，科举制是从察举制中脱胎而来。科举制是按才学标准选拔人才的制度。

第三，取消州郡长官由佐官辟举的制度，地方官吏都由中央吏部任免。这就结束了豪强士族利用担任地方佐官控制地方行政的历史。隋朝还建立地方官的任期制。为了防止这些地方官吏和地方势力勾结，规定州刺史、县令的任期是三年，佐官为四年。隋文帝还规定，地方官员赴任，父母和 15 岁以上的儿子不得带到任上。这也是为防止家属犯罪。

陕西西安清凉山森林公园内反映隋代首创科举制度的浮雕

岩峰 / 供图

唐朝继承和发展了隋朝的选官制度，确立了一整套非常严密的选官制度。

唐朝的选官制度也叫铨选，做官必须通过考试。不管是高级官僚的子弟或是科举出身，要做官首先要通过出身考试。所谓出身考试，就是获得做官资格的考试。获得做官资格，不等于就可以做官了。要做官，还要参加铨选，要通过身、言、书、判考试。南北朝后期提出来的才学标准有了具体的实现形式。不同出身的人具有不同的考试标准。比方说，高级官员子孙，可以通过进入弘文馆学习，然后进行考试，这个考试就比较容易一些。科举考试是要难一些。虽然还不能做到在考试面前人人平等，但在都要参加考试这一点上，是人人平等的。

唐朝获得出身即做官资格有三条途径：一是门荫，当朝五品以上官员的子孙可根据父祖官位的高低，获得不同的品阶官职。但是首先也需要参加出身考试，然后参加铨选。门荫与门第不同。门荫是给当朝官员的一种特权，而门第是看祖先的门第。二是流外入流，流外官即中央各部门的吏，经过一定年限，经过若干次考核，合格者可参加铨选。三是科举，唐朝的科举也称贡举。科举是宋朝以后的名词，唐朝没有科举这个名词。唐朝科举有制科和常科。

制科是皇帝临时下令举行，有官职的、没有官职的都可以参加。录取以后，没有官职的可以立即授官，有官职的可以升官。常科包括明经、进士、明法、明书、明算这些科目。参加常科考试的主要有两种人：一种是国子监学生，即生徒。另外一种是不在学的一般人，他们可以到州县报名，在州县考试合格，也可以送到中央参加科举，叫乡贡。科举跟察举有三个区别：一是科举可以自己报名，而察举由地方官举荐，读书人本身没有主动权。二是科举一律要通过考试，而察举在某些时间，比方说汉武帝刚刚建立察举时不需要通过考试。三是从唐朝后期开始，科举成为中高级官吏的主要来源，科举制度在选官制度中具有举足轻重的地位。而察举只是选官制度中的一项，而且其地位时高时低，作用时大时小。

贡举考试最初由吏部考功员外郎负责，开元二十四年（736）以后由礼部侍郎或临时指定的官员负责，称为“知贡举”。主持考试官员的级别大大提高。

明经、进士考试合格，就取得了做官的资格，就可以参加铨选。

唐代官员的选授，五品以上高级官员和六品以下中下级官员在方法和程序上是不同的。五品以上官员由宰相提出名单，皇帝批准后制授，授官前不经过考试。五品以上官虽然不考试，但在达到五品职位前也是经过一次次考试，不断升迁才达到的。而且在授予官职前，还需要宰相在政事堂讨论，然后奏请皇帝批准。对其才学、政绩也是经过严格考核的。六品以下官敕授，由尚书省负责，其中文官由吏部，武官属兵部，谓之铨选。

铨选的具体程序是：先由应选者投状，到他的本郡即原籍，或是故任所，就是原来担任官职的地方，取得解状后，十月份到尚书省。吏部根据应选人的解状、籍书、资历，还有考课情况，进行审核，然后根据“四才三实”，定其留放。所谓“留”就是授予官职，“放”就是不授予官职。

“四才三实”是当时考试的科目和授官的标准。“四才”，一曰身，取其体貌丰伟；二曰言，取其言辞辩正；三曰书，取其楷法遒美；四曰判，取其文理优长。“三实”，是德行、才用和劳效。才用就是才能，劳效就是劳绩。应选者集中以后，审查合格，就先要试判两道，以观其书判。试判之后，进行面试，以察其身言，谓之铨。试铨之后，即可定其优劣而决定留放。留者还要面谈，询其便利而拟其官，谓之注。选人对所注之官如不同意，可以提出。如果三次都不同意，可以参加下一次铨选。吏部确定任官名单，以奏抄的形式送门下省审核，然后上闻。中书省以敕旨的形式批复后，由吏部发给告身。

唐初制度，入仕后升迁以四考为限。对于在职官吏，唐朝还建立了考课制度。考课具体的做法，跟现在的做法大同小异，但透明性更强。具体做法是本人先写一份工作总结，然后由长官召集本部门人员，由长官对大家宣读，大家评定，并根据本部门各类考第的比例限制，决定考第。最后申报到尚书省，审核评定后宣布考核等第和结果。

考课的标准有“四善二十七最”。“四善”：一是德义有闻，属于现在所谓的政治标准，现在也叫德。二是清慎明著，做官是否清廉、谨慎。唐朝非常强调做官清廉。三是公平可称，就是处理政务要公平。四是恪勤匪懈。这是对各级官吏的基本要求。

“二十七最”中，“铨衡人物，擢尽才良，为选司之最”，就是人事部门在铨选人才的时候，能把最优秀的人才选拔上来，就是最佳表现。“决断不滞，与夺合理，为判事之最”，就是一般的办事部门在决定事情的时候，要能够及时把事情办完，而且合乎制度、合乎情理。“礼义兴行，肃清所部”，就是地方治安很好。后来唐朝政府在对地方官的考核中，出了新的标准。

“四善”主要是品质方面，很具体很关键，如果做官真正能够做到这些方面，就应该是一名好官了，这四条很准确很具体，具有很强的可操作性。唐朝的一个特点，就是能够抓住事情的一些关键，用最简单、最明确、最明白的方式表现出来。考课的多少，考课的等级，就按照“善最”的多少决定。比如一最以上，有四善的就为上上。“职事粗理，善最不闻”的为中下。没有大过，也没有大善，为中下。这是对官员最起码的要求。“爱憎任情，处断乖理”、“背公向私”、贪污，这些都是下等，要解除职务的。得了上考、中上考、中考，就可以正常升迁。四考中中，就可以升一级。四考中上，就可以升两级。考课的等第和升官联系在一起，而且跟官员的经济利益也联系在一起。中上以上的，可以每年加一季禄，中下以下，就要夺禄。

流外官也有考第，流外官主要负责一些具体工作，最基本的要求是“清谨勤公”，要清廉要谨慎，要勤劳要为公，这是上等。“居官不怠”就是勤勤恳恳地办事，是中等。“不勤其职”是下等。

以上就是唐朝确立下来的一整套选举制度，包括铨选制度、考课制度。其中心就是要选拔出适合不同需要、不同层次、不同素质的人才，保证政务的正常运行。

唐朝前期，唐太宗、武则天、唐玄宗在用人上都有自己的特点。唐太宗说，“君子用人如器，各取所长”。这是很重要的一个思想，就是用人必须用其所长。这就突破了曹操所说的“乱世用其才，治世重德行”的思想。唐太宗还说过，“所以择贤才，为求安百姓”，不以亲故为限，用人为了老百姓。为民的思想在唐朝有很大发展。唐朝后期柳宗元有一个很有意义的说法，就是做官不是要劳役老百姓，而是要“役于民”，是给老百姓当差。这是很高尚的思想。当然在真正的政治实践中间能够做到这样的官员，那是太少了。

武则天的用人，在唐代在后代都受到很多人的赞扬。司马光在《资治通鉴》卷二百五中说：“（武则天）滥以禄位收天下人心”，就是武则天为收取人心，广泛吸收人才做官，大开制科，通过考试吸收各种有用人才。还可以自己推荐，也鼓励下属推荐。“然不称职者，寻亦黜之”，就是如果不称职，马上就会被罢免、刑诛甚至于被杀。“挟刑赏之柄以驾御天下，政由己出，明察善断，故当时英贤亦竞为之用。”就是在选拔人才的时候，一方面采取各种措施吸引人才，另一方面，明察善断，严格考察人才。所以当时能够把一些最优秀的人才，吸收到自己的周围。武则天不仅在当政时吸引一批优秀人才，像李昭德、狄仁杰、娄师德、李峤、徐有功等，对当时政治的发展起了很大作用，还为“开元之治”准备了人才。开元二十二年（734）以前，在政治舞台上的姚崇、宋璟、张说、张九龄等，都是武则天培养和选拔的。没有这些人，就没有“开元之治”。从这个意义上说，没有武则天对这些人才的正确的培养和选拔，也就没有“开元之治”。

唐代知贡举的官员与被录取的进士结成了座主、门生的关系，成为唐后期政治生活中的一个很大的问题。宋太祖有鉴于此，实行殿试，把取士大权收归皇帝，以防止知贡举官员与及第举人结党营私。考试时还实行锁院、封弥、誊录制度。

北宋开始扩大录取名额，还对多次参加科举没能及第的士子实行特奏名的制度，授予他们出身和官职。进士考试合格的，不需要经过再考试，直接授官，实现了出身、入仕的合一。录取时按成绩分出名次，按不同名次授予不同官职。虽然选举合一，但出身仍然是多样化的。

明朝科举分为童试、乡试、会试、殿试几个级别。未进学的士子考中后入府州县学读书，称为生员，又称秀才。生员优异者可选送京师国子监就读，成为贡监生。生员参加乡试，合格者即为举人。举人赴京参加会试、殿试，被录取者为进士。监生、举人、进士都享有选官资格。至于授予进士、举人的官职，完全贯彻了学而优则仕的原则，并且拉大了所授官位的距离。第一甲第一名从六品，第二、三名正七品，第三甲正八品，一般可授知州、知县，比宋更加优惠。

清朝基本沿袭明朝选官制度。

三、选官制度中的几个问题

（一）科举考试的标准问题

唐初进士科只试策，考时务策五道，其中包括经、史、时务等三个方面的内容，包含了对官员在文化和学识上的三项基本要求。这与过去单纯强调经术，或片面强调文史法律有很大的不同。这不仅在当时，就是从今天来看，也是具有很高的认识水平。这与唐初唐太宗所重用的主要官员大多具备这样的素质并且有着丰富的政治阅历有密切的关系。只是在具体实行上看重的还是文章的好与不好，并没有把这些作为真正的要求。

唐后期围绕诗赋、策问的争论，宋的经义，明的八股文，以及儒家经典由以《五经》为主转变为以《四书》为主，都与科举考试的录取标准有关。

从唐到宋，考题越来越难，主要是随着应举人数不断地增加，科举考试已经不把选拔优秀人才作为第一目的。考试的目的在很大程度上是把大多数人排斥在外，而又给大多数应考者一种公平的感觉。

（二）科举制成为中高级官吏的主要来源的意义

唐贞元、元和之际，即公元9世纪初，进士科成为高级官吏的主要来源，明经科则提供了有一定文化水平的中低级官吏。发展到北宋，科举成为中高级官吏的主要来源，朝廷官吏大多由进士科出身的士大夫担任，皇帝通过官僚士大夫进行统治的士大夫政治得以实现。科举成为培养人才、选拔官吏、组织政权的强大杠杆，也是朝廷联系广大士大夫的强大工具。

科举制保证了一个长存不衰，而成员又是不断变动、上下交流的士大夫阶层。既为各级政府提供了源源不断的官僚来源，又因为这些官员都是新提拔起来的，没有家庭背景，都有相当的文化素养，所以在做官的一个相当时期之内，往往具有一定的进取精神。而这些正是组织一个强有力的政府、增强国家控制能力、保证大一统的必要条件。

科举制的发展，还深刻影响了社会基层结构。唐代除出现了衣冠户，还形成了由落第举人构成的举人层。北宋则出现了士人家族。到明清，由有功名的人，包括举人、进士和退休官僚在农村构成了一个特殊的绅士阶层。国家赋予他们许多政治、经济特权。北宋的士人家族、明清的绅士阶层，尽管在地方上是一股强大的势力，但他们的利益与其说是地区性的，还不如说与中央有更密切的关系。因为造就他们的主要不是他们的财产和家族，而恰恰是中央政府即朝廷所实行的科举制。因此，一方面他们成为地方政权的基础，同时他们成为联系中央和地方的纽带。

科举制还是统治者笼络人才的一种手段。康熙皇帝对此说得很透彻："非不知八股为无用，特以牢笼人才，舍此莫属。"

（三）关于高级官吏的培养选拔问题

这里的一个根本问题，就是采取一个什么样的途径来选拔和培养高级官吏。自古以来，有不同的看法。

有的强调要有实际从政经验，要有地方州县基层工作的经历。韩非子提出"宰相必起于州部"，做宰相的必须有基层工作的经历。秦汉选官，论功升进，以能取人，也都是以实际从政经验为前提的。

到了唐朝，随着科举入仕的官员越来越多，而且很多在中央做官的官员不愿意到地方担任工作。唐玄宗时提出在京城做官的，如果没有州县官的经历，就不能提名担任中央高级官员。强调州县工作经历，这对于铨选制度是一个非常重要的补充。

关于这个问题，唐朝本身有一个很深刻的教训。武则天为唐玄宗准备了人才。唐玄宗当政以后，除了重用武则天提拔出来的人才以外，在选拔任用年轻官员时，采取了同时提拔和重用长于文学和精于政事、有政治经验的两派人物。有一批进士出身或科举出身的官员，因其文学才能，被提到很高职位。这些官员科举出身，一直在中央做官，没有地方实际工作经验，也没有从政经历，普遍缺少政治实践，缺乏政治经验，因而也就无力解决各种复杂的社会、政治、经济和军事问题。在开元二十年（732）以前，这个问题不突出，有武则天提拔出来的一批文武双全的人才。到了开元二十三年（735）以后，这一批人中除了张九龄以外，都退出历史舞台。而张九龄是武则天提拔起来的最后一个人，本身也缺少基层工作经验，也不能够解决那些问题。唐玄宗只好重用那些有政治才能、有政治经验的人，李林甫就是这么上台的。李林甫确实有卓越的政治才能，但是文化素养不高，缺少经史知识。在进行一些重大决策时，缺乏理论上的指导，也不能从历史上吸取经验教训，结果造成严重失误。其中后果最严重的是，政府赋予节度使很大的权力，却没有采取任何限制和防范的措施。平卢、范阳和河东三镇节度使安禄山凭借手中的兵权发动了安史之乱。这是没有吸取历史上尾大不掉之患的教训、缺乏远见的一个结果。这也是唐玄宗在开元年间没有注意培养和选拔既精通经史又长于政事的人才的恶果。在人才培养和选拔上的失误，导致在一些重大问题决策上的失误。而决策上的失误，最终导致了安史之乱这场悲剧的产生。这从一个侧面说明按照什么标准和运用什么方法来培养选拔人才的重要性。唐太宗所说的“用非其人，必难致理”是有着深刻含义的。高级官吏要有统治理论和历史知识，要有文化素养，还必须有实际经验、政治见识和解决复杂问题的能力。

还有的单纯强调行政经验。唐朝后期，李德裕提出，朝廷显官，须是公卿子弟，因为他们从小就熟悉朝廷间事，“台阁仪范，班行准则，不教而自成”。明朝让进士观政于诸司，在翰林院等衙门者，称“庶吉士”，在六部等衙门者仍称进士，其目的是让他们见习政务。自古以来，都把行政经验看成是选拔培养高级官吏的一个重要因素。它的实质是把政务运行中的程式化因素神圣化，过分看重形式，而忽略了任何重大政务的决定和执行都不是程式所能解决的。这样只能培养出只会等因奉此、维持现状的官僚，而不可能培养出解决实际问题的政治人才。

重视实际经验，是一个非常重要的问题，跟官吏的素质培养有很大关系。科举成为高级官吏的主要来源以后，官员的文化素质，除了要具备经史知识、写作能力，还要求有法律知识等。但这些都已经不是主要的问题。成为问题的是其他各种素质，是文化素养的内容，是从政的经验，是政治的见识。而这样一种官僚的成长需要有一个过程。在唐朝这个问题就不断被提出来，到了宋朝，终于出现复合型的官吏。他们既有比较高的文化水准，又有基层工作经验和丰富的政治实践。

（四）官员出身、素质的发展变化，新型士大夫官僚的出现

各个不同时期对人才有不同的要求。六艺，即礼、乐、射、御、书、数，代表了先秦对士子的要求，涉及礼乐、骑射和书数。孔子还提出了“学而优则

王安石画像

仕”。秦和西汉初年，以“文法”取人，这与后来以儒术、文辞取人，以儒生、文人居官，形成鲜明对比。汉武帝独尊儒术，对官员提出经术的要求。对官员的文化的要求越来越高。各个时期对文化也有不同的要求。例如，唐初就把“善属文”即能写文章作为基本的要求。

不同时期对人才的不同要求，以及相应的考试方式和选拔方法，成为人才成长的指挥棒，严重影响了各个时期的官员素质。既有较高文化素养和政治见识，又有地方工作经历和行政才能的士人群体，即复合型的士大夫官僚，到北宋才基本形成。北宋还出现了王安石这样既有丰富学识，又自觉在州县将其所学用于施政的人物。王安石，进士及第，在淮南做韩琦的幕僚时，召“试馆职”，坚辞不就。后做知县、通判，又召试，还是坚决推辞。他好读书，涉猎极广。王安石之所以几次放弃一般文人求之不得的试馆职，是希望在地方“得因吏事之力，少施其所学”。他在鄞县知县任内，修水利，贷谷与民，兴学校，严保伍。他主持变法，就是以他在地方的实际工作经验为基础的。

（五）一般官员的循资授任和杰出人才的破格提拔

随着政治上的稳定和社会的安定，获得做官资格的人不断增加，而官缺有限，每年铨选时得不到官职的人越来越多。北魏时实行“停年格”，唐玄宗时制定“循资格”，都是以资历作为获得参加铨选资格的依据。如果完全按照资历取人，势必阻碍优秀人才的升进，也不能满足高级职位和各领导部门对具有较强决策能力和杰出领导才能的人才的需求。唐代一方面按循资格取人，以资历对待平常之士；另一方面又通过各种制度，特别是制举和开元以后在铨选中设立的科目选，选拔杰出人才。

循资选官的做法为唐以后各朝所沿用。各个朝代对于杰出人才的破格任用和快速升迁也都有自己的一套做法。

隋唐以后，官员任期制确定下来。任期满后，根据考课等级和朝廷需要，重新授予官职。官员的升迁一般依资格、年限和考绩而定。降黜或由于失职，或因触犯法律，还有因为政治斗争而被贬逐的。地方官员调任中央官员，中央官员调任地方官员，牵涉国家的政策取向和官员布局，历来朝廷和各级官员都给予很大的关注，并通过一定的程序进行调动。

政治制度和选官制度都是根据当时的实际情况，根据社会发展状况制定，而且不断加以调整的。一些过时的制度，往往会成为社会发展的绊脚石，甚至成为腐朽产生的土壤。因此政治制度和选官制度的适时调整，是政府活力的表现。汉朝、唐朝能够有那样强的活力，是与它们不断进行制度上的调整密不可分的。

（讲座时间　2004 年）

陈琳国

中国古代宰辅制度
——以汉唐为中心

陈琳国

陈琳国

陈琳国，1943年生，福建龙海人。史学博士，原北京师范大学历史系教授、博士生导师。曾任《中国文物报》副总编辑、《文物天地》总编辑、中国文物学会常务理事、中国长城学会理事。享受国务院政府特殊津贴。

长期从事魏晋南北朝史研究，主要研究方向为政治制度史、民族史。主要著作有《魏晋南北朝政治制度研究》《中古北方民族史探》等。

中国古代文明之中有很多东西值得中国人自豪，制度文明就是其中一种，中国制度文明出现之早、水平之高可以说是世界之最。制度文明是物质文明发展到一定程度的产物，也可以说是作为物质文明发展程度的一个标志，而中国古代的宰辅制度是中国古代制度文明的一个重要组成部分，所以我觉得很有必要从这个高度来认识中国古代宰辅制度。

中国古代宰辅制度是君主专制体制下的一个制度，所以讲宰辅制度首先要从君主专制讲起。在君主专制下皇帝至高无上，皇帝拥有最高的决策权、行政权、监督权、司法权、军事指挥权。总之，国家最高权力掌握在皇帝手中，而其中最重要的权力是决策权力。

所谓决策权就是发号施令，秦始皇规定皇帝的“命”为制，“令”为诏，“命”和“令”分开，诏令的制作发布就是皇帝决策权的一个具体体现。诏令如何形成？哪些机构、哪些人、哪些官吏参与诏令的制作和发布？这就需要有宰辅制度。

所谓宰辅制度归根到底就是辅助皇帝进行决策的制度，而辅助皇帝决策的机构就是宰辅机构，其长官是宰相，这是我给宰辅制度、宰辅机构和宰相所下的一个定义。这个定义也许跟学术界有些学者的结论不一样，下面要对几种不同的定义作一些分析。

中国古代除辽代以外，宰相是有其名无其职的，各朝都有宰相，但宰相有不同的官称，这是宰辅制度变化的一个特点。

宰辅制度非常重要，因为它是中国古代政治制度的一个核心。下面以汉唐为中心，对宰辅制度的发展变化、人员构成、机构职能作一些简要介绍，主要讲三个大问题：一是两汉三公制或者两汉新旧两种三公制；二是魏晋南北朝到唐的三省制，或者是三省制的游移、变化到确立；三是对古代宰辅制度的一些看法。

一、两汉三公制

第一个问题实际上又可以分成三个部分，先讲讲汉初或者汉前期的宰辅制度。

汉承秦制，这是一般的说法，也就是汉代制度承袭秦代制度，汉代的宰辅制度也是承袭秦代的宰辅制度，但从总体上说，实际变化是一波三折。汉初君臣都是一起打天下，布衣君臣，文化程度不高。文化程度比较高的像第一任丞相萧何是沛县的一个主吏掾，主管县属官吏机构的一个办事官吏。汉高祖刘邦本身是泗水亭长，亭是最低级的一个地方行政单位。其他人有屠狗的，有贩缯

（缯是一种丝织品）的，还有一些是鸡鸣狗盗之徒。一起打仗的时候他们都是兄弟，君臣观念、上下级观念很淡漠。但是夺取政权建立汉朝，刘邦当了皇帝，问题就来了，一起打仗出来的功臣就要求论功行赏，功劳大要封大国当大官，功劳小要封小国当小官，所以汉朝刚刚建立的时候，这些功臣一天到晚为了争功而吵吵闹闹。

汉朝刚成立时建都洛阳，然后迁到长安，在洛阳宫的时候，汉高祖刘邦已经封了二十几位功臣，底下分不下去，因为大家争吵得非常厉害。有一次刘邦在洛阳宫复道走的时候，看到路边有一群人在沙堆上争吵很厉害，就问身边的张良说，他们在说些什么呢？张良说，陛下您还不知道吧，他们在说要谋反呢！刘邦就问，天下刚刚安定下来，为什么要谋反？张良说，他们看到陛下只封了亲信，而把和自己有仇的人都杀了，他们觉得现在天下好像不够分封，又害怕陛下计较过去的过失，所以他们在议论谋反。刘邦说那怎么办，张良出一个主意，说陛下您觉得跟哪一个关系最不好。刘邦说有个叫雍齿的，张良说先封他。刘邦听了张良的话，就先封雍齿为什邡侯（什邡是今四川的一个地名）。大家看到雍齿被封侯，非常高兴，认为他们肯定也能封上，这样这件事才平息下去。

当时虽然汉朝建立，刘邦当了皇帝，但是君臣间关系还比较随便，群臣见刘邦都没有礼仪，一块喝酒的时候，有的人还经常吵吵嚷嚷，打打骂骂，甚至拔出剑乱砍一气，所以刘邦心里很不高兴。这时从秦朝投诚来的博士叔孙通，迎合刘邦的想法，提议制定礼仪，将古礼和秦礼融合，制定汉代礼仪。在刘邦执政七年的时候，长安长乐宫建成，刘邦召集一次诸侯和群臣朝见皇帝的大会，按照叔孙通制定的礼仪，由叔孙通指挥，让诸侯和群臣规规矩矩老老实实拜见皇帝，如果谁不遵守礼仪，监督官御史就会把他拉下去，刘邦觉得很满意，说今天他才知道当皇帝的威风。

举这些例子目的是要说明一个问题，就是汉朝刚刚建立的时候，制度建设还没有提到议事日程。刘邦执政的时间并不长，他当了皇帝以后一直为平息异姓王、异姓诸侯而出兵打仗，还没有时间考虑制度建设，所以总的来说汉承秦制，但实际上汉承秦制是有折扣的。

下图是《西汉前期中央机构示意图》。汉承秦制设立三公九卿，其中三公是丞相、御史大夫和太尉，但太尉不常设，常设的是丞相和御史大夫，三公九卿的具体职权没有明确规定，而皇帝和大臣以及功臣之间，经常互相猜疑。

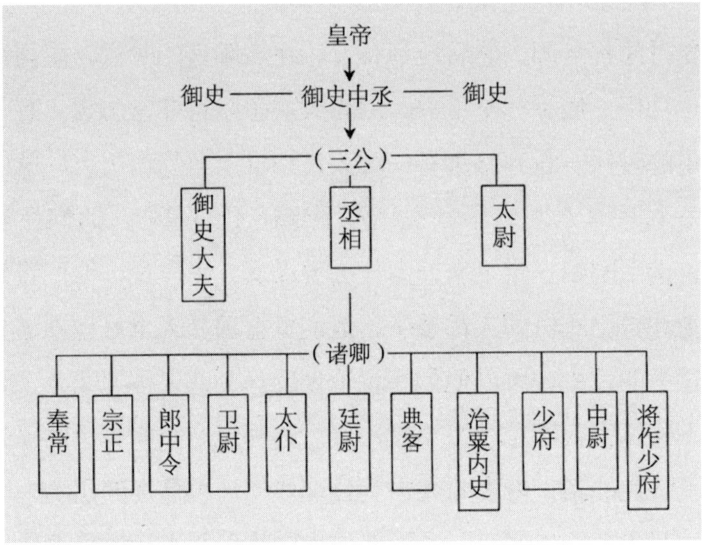

西汉前期中央机构示意图

刘邦跟萧何起义以前关系就不错，在沛县萧何是刘邦的上级，经常照顾刘邦，起义以后，刘邦担任汉王，萧何担任丞相。刘邦从关中出兵，萧何就留在关中，刘邦出关和项羽打仗，楚汉纷争，萧何在关中为刘邦筹备粮饷，招兵买马，及时支援前方。应该说汉朝的建立，萧何是功不可没的，可是在这两个人之间，也经常发生互相猜疑。

有以下几件事：

第一件事，汉高祖三年（前 204），当刘邦、项羽在京、索间相持不下时，刘邦几次派使者慰劳丞相萧何。丞相属下有一个叫鲍生的人对丞相说，大王在外面打仗非常辛苦，没有穿的没有盖的，还派人来慰劳您，这是什么原因啊？这是怀疑您呢。所以，您不如把您的子孙兄弟能够当兵的都派到大王的身边去，这样大王就能信任你。萧何听从鲍生的意见，把子孙兄弟都派到前线去，刘邦非常高兴。这是第一件事。

第二件事，汉高祖十一年（前196），陈豨谋反，高祖亲自带兵平定叛乱，还将萧何从丞相提升为相国，实际上相国跟丞相没什么差别，只是一个荣誉。很多人向萧何表示祝贺，但是召平对萧何说，你的灾难就快开始了。皇上暴露于外面而你守于关中，没有冲锋陷阵，没有打仗，可皇上还要加封您，这是因为淮阴侯韩信刚刚谋反，所以皇上怀疑您。您千万不要接受，且把您的家财私产都资助军队，这样皇上才能高兴。萧何听从了他的计策，刘邦果然非常高兴。这是第二件事。

第三件事，汉高祖十二年（前195），刘邦领兵在外打仗，萧何按照原来的做法，倾其所有去资助军队。这时候有宾客告诉他，说这样做不仅没有好处，而且可能要遭到灭族，因为刘邦会认为这是在收买人心。你现在都当最高的官了，再收买人心，那不是要威胁皇权吗？所以，最好在长安附近多用贱价赊买田地，引起老百姓不满，这样以糟蹋自己名声的办法让刘邦对你放心。这样做以后，刘邦果然也是大悦。刘邦班师回来以后，百姓在路上挡住刘邦，告丞相萧何贱价强买土地。这件事最后萧何没有认错，而且以老百姓名义向皇帝请求把皇室的园地让出给老百姓耕种。刘邦不高兴，说他接受商人的财物，就把他关进监狱。后来因为他毕竟是汉朝第一大功臣，很多人为他求情，刘邦不得不放他出来，还讽刺萧何：你为民请命，我不同意，我只是一个像桀、纣一样的坏皇帝，相国是一个贤相，我把你关起来，是故意让老百姓知道我不如你！刘邦当时真的是生气了。

汉高祖刘邦画像

研究宰相制度的一些学者往往很喜欢谈这三件事，认为这是汉初皇权与相权斗争的表现。我的看法是与其说这是皇权和相权的斗争，不如说是汉初皇权与功臣集团之间的斗争。因为汉初功臣势力非常大，刘邦在处理这个问题的时候，一方面不得不对功臣让步，给封地给官做，另一方面又担心他们权力太大，威胁到统治，所以皇权跟功臣之间有一些斗争。实际上萧何虽然受到刘邦的谴责，但是萧何一直还当丞相，并没有丢官。刘邦死了以后，汉惠帝即位，前两年还是萧何担任丞相。

可以看出来这一段时期丞相权力非常大，但是权力大到什么程度？历史上没有记载，丞相的职责是什么？也没有记载，可以说当时是有宰辅制度，但比较粗糙，还比较简陋，这是汉初的第一个阶段。

汉高祖以后由惠帝即位，惠帝当时 17 岁，按说能够掌握政权，但政权实际掌握在皇太后吕后的手中。继萧何为相的是西汉第二大功臣曹参，他以黄老思想治国出名。他接替萧何丞相位到达京城后，每天喝酒，喝得醉醺醺，从来也不向惠帝请示汇报。有的属下来找他想说什么事，还没开口，他就让人家喝酒，喝到醉为止。惠帝看曹参这个样子很奇怪，说他是不是看我年轻，瞧不起我啊？怎么什么事也不说？当时曹参的儿子在惠帝身边做官，惠帝就跟他说，你休息日回去劝劝你父亲，应该管一点事。不过，惠帝跟他说，别说是我说的。曹参的儿子回去以后，跟曹参说：你怎么一天光喝酒，也不管事啊？还没有说两句，就被曹参打了一顿。史书上记载“笞二百”，打了 200 下，打得很狠。后来惠帝知道这件事，在一次朝会时就问曹参，怎么打他啊？他说的话是我让他去说的。结果曹参把惠帝教训了一顿，问惠帝，说你跟高皇帝（刘邦）比，是你行还是高皇帝行？惠帝说跟高皇帝比，不能望其项背。曹参又问，我跟萧何比，萧何强还是我强？惠帝说，看起来好像你也不如萧何。曹参说，那就对了。既然你比不上高皇帝，我比不上萧何，现在你垂拱在上，高皇帝和萧何制定的法令很明确，我们就按照这些办，不就行了吗？守职就行了，这就是所谓“萧规曹随”的成语的来源。

这个故事很有意思。实际上当时功臣势力非常强大，曹参以黄老思想治国。所谓黄老思想就是以黄帝之名义，行老子之道，就是无为而治，这是当时功臣集团执政的一种指导思想。虽然史书上写着，曹参一天到晚喝酒，喝得醉醺醺不管事，实际上不是那样。因为他是遵循萧何所制定的既定政策，按照萧何搞的那一套执政。如果君王无为，臣下也无为，天下可能就大乱。所谓无为而治是当时功臣集团限制皇权的一种策略。

汉初实行“无为而治”是当时社会的一种需要，因为汉初社会非常凋敝，汉朝政权是在楚汉战争的废墟当中建立起来。刚建立汉朝的时候，皇帝要找四匹纯色的马都没有，将相只能乘牛驾的车，经济上很困难，老百姓很艰苦。所以实行“无为而治”，不多干扰老百姓，让老百姓自己去发展生产，这对当时社会经济的恢复发展应该是有利的。我说的这一段的情况，也还是要说明丞相权力很大，但是职责还是不分明，文帝以后，宰辅制度才逐渐明确。

孝文帝当政时对国家大事开始有点熟悉，就问右丞相周勃关于丞相的职责。如天下一年审案多少？周勃说，很抱歉，不知道。文帝又问天下一年税收和支出钱谷有多少？周勃又说不知道。当时周勃汗都出来了，大汗淋漓，非常害怕。于是皇上就问左丞相陈平，陈平说有相应的主管部门。皇上问主管部门是谁？陈平说皇上要问判案就问廷尉，问财政就问治粟内史。廷尉和治粟内史都是九卿的官。话还没完，文帝又问如果有主管部门，那宰相干什么？陈平说，陛下不知道我水平很低，让我担任这个宰相，我只知道宰相是“上佐天子理阴阳，顺四时，下育万物之宜，外镇抚四夷诸侯，内亲附百姓，使卿大夫各得任其职焉”。这段话后来成为说明宰相职责的经常被引用的话。这段话是用战国以来阴阳家天人合一的观念来解释宰相的责任。所谓“理阴阳”就是阴阳调和，所谓“顺四时”就是四季和顺、风调雨顺、五谷丰登、家给人足、社会安定，宰相就要承担这些责任。另一方面是要处理好和诸侯以及和四夷的关系，创造一个稳定的内外环境。此外还要选贤任能，使各级官吏各得其所，各尽其职。

实际上，我觉得陈平的回答中前两点是讲宰相要达到什么目标，还不是讲宰相的职权，创造一个好的内外环境都是宰相的责任，最后一点选贤任能，这是宰相的一个具体的职责。

这里有一段比较有意思的故事。陈平之后有一个宰相叫丙吉，丙吉有一次出去，在路上看到一群人打群架，死伤无数。丙吉不闻不问，照走他的路，下属心里很纳闷。再往前走碰到有人追赶牛，牛吐出了舌头，丙吉就停车让属下问赶牛走了几里地了。下属很奇怪，说那么多人打架，死伤那么多人，你不管不问，看到牛吐舌头，你倒管了，什么原因呢？丙吉说，“宰相不亲小事”，打架斗殴有长安令、京兆尹管，做丞相就是每年到年终，给他们评定执政的好坏，对他们进行赏罚，而不是具体管打群架。我看到牛吐舌头之所以要下车问，是因为现在方春少阳，天气还不热，牛就喘得吐舌头，我是恐怕阴阳失调，“三公典调和阴阳，职所当忧”，是对天气会不会影响农作物有所担心，所以要下车来问。丙吉认为这才是丞相应该管的事。

总的来说在西汉前期，丞相职责还不是很明确。西汉的宰辅制度以及运行有一个逐渐完善的过程。西汉前期宰辅制度大概运行情况正如《西汉前期中央机构示意图》所示，中间这一层有三公，太尉不常设，宰相主要是丞相和御史大夫，丞相是正宰相，御史大夫实际是丞相的助手，宰相机构是由丞相府和御史大夫府并称“两府”组成。宰相的职责是“纳奏出令”，纳奏就是收纳天下的章奏，包括中央各机构和地方州县的官吏、老百姓的奏章，收纳章奏是由宰相府来承担，以后要经过审议提出处理办法，提出解决问题的措施，然后转交御史大夫府审查，以后再呈送皇帝。当然，中间还要呈送给御史中丞。御史中丞是御史大夫的属官，但是办事机构设在宫内，所以加一个“中”字。历史上的官吏有这个“中”字往往跟皇宫内有关，因皇宫叫作“宫中”或者叫“禁中”。中丞在宫内跟皇帝比较接近，由御史中丞再送达给皇上，这是纳奏的过程。

出令的过程与之相反，皇帝下一个诏书，由御史帮皇帝起草，起草完以后，皇帝同意了，通过御史中丞传达给御史大夫府，然后再由丞相发布执行。

在这个过程当中，丞相、御史大夫不是简单地收发，他们可以提出意见、建议由皇帝采纳。当然在决策过程中，丞相和御史大夫所起的作用非常大，皇帝一般都会采用丞相的建议，按照丞相所提出的处置办法发布诏令。如果他不同意，会让丞相修改，也可以退还丞相的建议，但不可能经常退还丞相的建议，如果他经常退还丞相的建议，那就说明他对这个丞相已经不信任了。所以这个图大致表明当时宰相机构在中央机构当中的地位，并且说明当时整个决策运行的过程。

但是西汉前期的宰辅制度一波三折，并没有像图上所表示的那么整齐划一，皇帝实行决策的时候也不完全是按照章奏来决策。比如他得到章奏以后，可能找丞相、谋臣来商议，可能把章奏交给丞相，让丞相召开大臣会议讨论，有这么多其他的方式，丞相在这一过程中起很大的作用。一是所有的章奏都要经过他的手，另外即使召开会议，大部分的会议也是由丞相主持，而且皇帝要经常征求其意见，所以丞相在汉初决策中起相当大的作用。宰相的权力很难说具体管哪一项，因为他什么都管，因为他是皇帝的助手，皇帝有什么权力，他就应该有什么权力。当然如果皇帝是一个独裁倾向非常严重的人，可能什么都要自己说了算，但如果他能听取丞相的意见，那么丞相实际上什么方面的权力都有。这是西汉前期。

西汉制度发生重大变化是在西汉中期。汉武帝执政以后，经过汉初60余年的休养生息，汉朝国力大大增强，尤其解决异姓诸侯王、同姓诸侯王的问题以后，汉代政治经济实力大大加强，而且此时功臣集团也已经基本消亡。汉武帝在这时上台，其本人又有雄才大略，所以他上台以后对政治制度实行一系列重大改革，宰辅制度也有三个方面的变化。

第一个变化是开始用尚书。西汉中期以后，皇帝用尚书起草诏书，尚书的机构原来是在宫内为皇帝主管文书，这时为皇帝起草诏书，原来的御史和御史中丞变为完全专职的监察官，尚书的地位突出出来。汉武帝开始把尚书分成四个曹，后来分成五个曹，所谓一个曹就是一个部门。最初尚书分曹按照收纳章奏的对口来分，一个曹管收三公、丞相、御史大夫的文件，一个曹管收地方的文书。按收文件的性质来分曹，可以看出当时尚书还只是收纳章奏的机构，但是重要的是开始为皇帝起草诏书。

汉武帝晚年，因为留恋后宫，懈怠朝政，不出宫禁，所以他在宫内另外又任用宦官设立中尚书（简称中书），承接尚书送交上来的文书。所以这时管理、起草文书的机构变成两部分，一部分在宫内叫中尚书，由宦官担任，一部分在宫外，由士人担任，叫尚书。这是一个变化。

另外一个更重要的变化是汉武帝在宫内设立中朝或者叫作内朝。整个朝本来是一体，以丞相、御史大夫为首的百官组成朝廷，这时在原来的朝廷之外另立一个专属于皇帝，而丞相、御史大夫不能插手的小朝廷，就是所谓中朝，也叫内朝，而丞相、御史大夫主持的朝廷，就叫作外朝。内朝一般设置两组官吏，一组官吏叫侍中，一组官吏是左右曹、诸吏。这里只举例说明一下侍中、左右曹。

侍中最初侍奉皇帝，中是宫中，侍就是侍奉在宫中、侍奉在皇帝左右。这时所谓侍中的地位已经逐步提高，而且职责不仅仅是侍奉皇帝，还是侍奉在皇帝左右，为之提供意见、参与谋议、拾遗补阙的官吏，开始参与政治。

左右曹、诸吏这些官吏一般都是帮助皇帝处理尚书送交上来的文书，由他们先提出意见，帮助皇帝出主意。这两个一个属于比较口头的，一个是在文章、文字、文书上，具体处理文书，两部分这个时候也不是很明确。

内朝官吏一般品级比较低，当然也是从外朝挑选进来的，或者是当时比较受皇帝信任喜欢的，一些是皇帝将认为比较有能力的人召集到身边，给予内朝官的职务，比如给事中、侍中，这些官都是加官，这样在朝廷里另外组织了一个中朝。中朝制约了外朝，外朝由三公九卿组成。

相反，武帝的时候，宰相地位受到很大冲击。武帝执政风格是大权独揽，亲力亲为，这种执政风格就必然和原来那些拥有比较大实权的丞相发生矛盾。

有一个例子，武帝刚即位的时候 17 岁，功臣集团基本上没了，当丞相的是外戚田蚡。田蚡是汉武帝的舅舅，太后的亲弟弟。田蚡当丞相的时候权力还是很大，大到让汉武帝不能容忍。

《汉书·田蚡传》说：汉武帝刚即帝位时，田蚡是以外戚为相。那时丞相进去奏事一讲一整天，他说什么皇帝就听什么，他推荐的人担任官吏可以起家至二千石。汉代的俸禄是以石做计算的，以粮食重量来表示，官的品级也按照石来计算。那时还没有品，汉代最高官吏如丞相号称万石，九卿叫中二千石。二千石有三个等级，最高的叫作中二千石，中就是满，即满二千石；第二个等级就是二千石，所有的郡守都是二千石；还有低一点的级别是比二千石，相当于二千石。二千石在汉代算是高官。田蚡在武帝面前经常推荐官吏，而且起家就是从平头老百姓一下就推荐做二千石的大官，所以武帝觉得田蚡是“权移主上”，把皇帝的权力都给夺过去了。有一次武帝就对他说，你推荐的官吏、任命的官吏完了没有？你任命完了，我还想任命一些。对他非常不满意。田蚡死了以后，汉武帝开始从民间收罗人才，聚集人才。汉武帝提倡儒学，他第一个实行“举孝廉”“举贤良文学”。“贤良”是一种科目，地方上推举人才的方式叫举贤良，“举贤良”并不是说来了就是贤良，必须经过考试，汉武帝亲自出题叫“策”，然后进行策试。汉武帝往往出一些跟现实联系非常密切的问题。通

明代张居正编撰《帝鉴图说》插图《蒲轮征贤》，描绘了汉武帝征聘名儒申公，恐其年老不堪途中颠簸，让使者驾车，并用蒲草裹车轮的故事

过“举贤良”“举孝廉”的方式，汉武帝招纳了很多人才，并且从这些人才当中选用丞相。像公孙弘就是通过这种方式上来的一个丞相。公孙弘当丞相的时候，已经 75 岁了，说明汉武帝能够不拘一格用人才。公孙弘和董仲舒在西汉武帝的时候都是很有影响的人物。

由于汉武帝对中书制度、宰辅制度的改革，当时宰相的地位和作用已经大不如前。

公孙弘到 80 岁的时候终于宰相位，他曾经专门有一个客馆，招纳了很多宾客，帮他出主意，公孙弘死后，后来继任宰相的，有李蔡、严青翟等。

李蔡以后的丞相是什么状况呢？“丞相府客馆丘墟而已”，已经荒废，再也没有宾客，到了这两个人以后，已经把客馆改成马厩或者改成奴婢住的地方，这些丞相只有“（石）庆以惇谨，复终相位，其余尽伏诛云”。

由此可以看出汉武帝时期丞相的作用越来越小，因为内朝替皇帝出主意，皇帝较少地依赖丞相。汉武帝有时候故意让内朝的后进新锐年轻人跟丞相、御史大夫辩论，而且往往驳得丞相、御史大夫哑口无言，所以汉武帝就更加着意于使用这些后进新锐。

另外也说明汉武帝时皇权势力非常大，说杀丞相就杀。汉代的丞相最初应该是第一高位，汉高皇帝给予很多礼遇：丞相见皇帝，皇帝要站起来要下台阶；路上丞相见到皇帝，皇帝要从车上下来；丞相有病，皇帝要到家里去探望；丞相死的时候，皇帝要亲自去吊唁，而且要给予各种赏赐，包括墓地。这个时候，一般来说，丞相如果有错，命令自杀，不关监狱。但是，汉武帝时的丞相有好几个都是进了监狱或杀死的，这说明皇权专制统治比以前更加强大。

武帝以后，因为丞相地位下降所以演变为新的三公制。新的三公制是原来只有一个丞相，御史大夫是丞相的助手，现在变成三个宰相，叫作鼎足而立、鼎足承君。开始的时候把丞相、御史大夫和太尉改名，改成大司徒、大司空、大司马，三公地位平等，都是同一级别。到了东汉，三公实行分工，司徒管民事，司空管水土，司马管军事。如果国家有大事，三公一起讨论，但是总的来说三公地位逐渐降低。自从丞相地位降低以后，虽然改成新的三公，名义上地位非常高，但实际权力越来越小，旧的三公制逐渐让位给新的三公制。

在旧的三公制让位于新的三公制过程中，特别要提到东汉以后，尚书地位有极大提高，并且成为中央的一个主要机构。由于尚书替皇帝起草文书，接触机密，实行决策，所以这时凡要掌握国家大权的必须掌握尚书的机构。东汉时候，出现“尚书台”名称。东汉光武帝刘秀当了皇帝以后，虽然手下的人也是打仗出来，也有很多功臣，但是他在任用功臣的问题上采取不同的办法进行处理，这个办法叫作“退功臣而进文吏”。功臣给予各方面的赏赐，给予土地的赏赐，给予财物的赏赐，给予金钱的赏赐，但不让做官，担任官吏的主要是读书人，所以叫“退功臣而进文吏”。在处理功臣这个问题上，汉光武帝似乎是比较高明，这是其一。

其二，他吸取西汉末年王莽篡权的教训，压抑外戚，把权力集中到自己手里，完全依靠尚书，尚书形成一个庞大的机构，称为尚书台，就是权归尚书台。在权归尚书台的情况下，如果权臣要掌握国家权力，他就要掌握尚书台，因为只有掌握尚书台才能控制决策权。西汉有“领尚书事”，可以凌驾尚书台之上，处理尚书的文书，也就是实行决策。西汉领尚书事虽然权力很大，但是名义上还不是正式的宰相，所以领尚书事表面上还要让宰相一步。到了东汉，领尚书事已经逐渐发展为尚书台之上的一个实际的宰相。

右图是《东汉中央机构示意图》。皇帝下是侍中、中常侍，当时相当于内朝，名义上没有内朝的说法。下面是尚书台，相当于当时的宰相机构，尚书台设立一个领尚书事。再下面才是尚书令，尚书令的副职叫作左仆射和右仆射。这时三公、诸卿都已经退到比较后的位置，这时的宰辅已经逐渐转到尚书、尚书台手里。

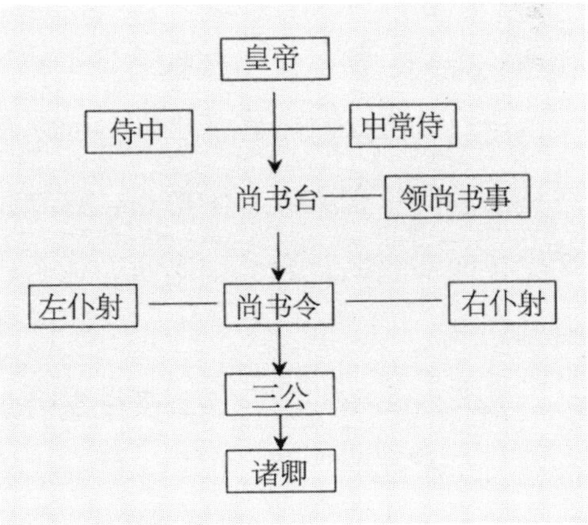

东汉中央机构示意图

二、从魏晋南北朝到唐代的三省制

整个魏晋南北朝的制度实际是在东汉制度上的进一步发展，魏晋南北朝的特点是门阀政治社会。东汉以来的士族豪强发展为一个强大的门阀势力，可以跟皇权相抗衡，所以他们和皇权之间的联合与斗争构成这一段历史的主要内容，同时是这个时期中枢发展变化的主要内容。魏晋南北朝时期所谓中枢制度的变化就是在东汉基础上发生变化，但其中有一个新出现的机构即中书省。

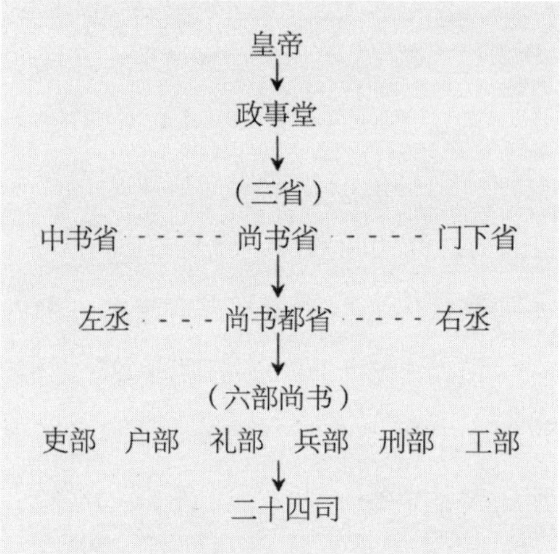

隋唐的三省六部示意图

左图是关于隋唐的三省六部，这时出现一个中书省，中书省是曹魏的时候出现的，中书省跟汉武帝时候的中尚书的中书没有关系。曹操明为汉臣，实为汉贼。他有篡权之心，按翦伯赞先生讲他是把皇袍当成衬衣穿，他在汉献帝的时候一直担任司空、丞相，到他死的时候也没有称帝，但实际上皇帝的诏令、国家的决策都由他来决定。那么，谁来帮他决策？是他的下属机构，在他称魏公、魏王以后设立了一个秘书监。秘书监有专门起草诏书的官吏，起草诏书以后再送到汉献帝那里变成汉献帝的诏令。曹丕篡夺汉朝政权建立魏朝，在秘书省的基础上成立中书省，这就是中书省的来源。这样，在魏晋南北朝时期除了尚书省以外又有中书省，还有由原来内朝发展起来的门下省，就变成三省鼎立。

魏晋南北朝时期三省制度还没有完全确定下来，但是基本分工是有的。中书省替皇帝起草文书、诏令。最初由门阀大族担任中书省的长官，中书省的长官叫中书监、中书令，当了中书令以后，权力非常显赫。西晋的荀勖，在西晋一朝连续当了26年的中书监，后来升为尚书令，当时按说中书监升尚书令是升官，很多人跑去祝贺他，他很不高兴，因为他失去中书监的位置心里正闷闷不乐，他说："夺我凤凰池，诸君贺我邪！"中书监的位置有凤凰池之称。什么叫凤凰池？就是说进中书监以后飞起来就是一只凤凰，他说你们把我凤凰池都夺掉了，还来笑话我，来讽刺我，来看笑话呢！说明当时非常重视中书监的职位，这个职位开始有了掌握机密的说法，汉代的时候没有"掌握机密"这样的说法，到了魏晋南北朝以后，凡是参与决策的一般都有"参与机密"这样的说法。中书监是参与机密的，这说明它是一个决策机构。

门下省职权当时分成两个方面，一个方面侍奉皇帝，给皇帝出谋划策，另外一方面评审尚书事，对尚书事审阅提出意见。除此以外，还有一个重要的权力这时发展起来，就是可以驳回诏令。中书省替皇帝起草诏令以后，门下省认为不好、不合适的可以驳回，让中书省重拟诏令。实际上，中书省的诏令是已经经过皇帝的同意以后才发到门下省，但是门下省可以把诏令驳回。这时门阀势力非常大，可以跟皇帝抗衡，所以门下省的权力就发展起来。

《晋书·王湛传坦之附传》："简文帝临崩，诏大司马（桓）温依周公居摄故事。（侍中）坦之自持诏入，于帝前毁之。帝曰：'天下，傥来之运，卿何所嫌！'坦之曰：'天下，宣、元之天下，陛下何得专之？'帝乃使坦之改诏焉。"

东晋简文帝快死的时候，他叫中书起草一个诏书，让大司马桓温摄政，当时门下省的长官王坦之拿着这个诏令到皇帝病床跟前，当着皇帝的面把它撕了。王坦之说天下是"宣、元之天下"，宣就是宣帝司马懿，元就是东晋的第一个皇帝元帝司马睿，陛下不能专之。皇帝没有办法，就让王坦之重新把诏书改动。因为桓温是东晋权臣，他有觊觎朝政之心，但是政治集团势力斗争很激烈，互相平衡。王氏不满桓氏要夺权，他要制裁一下桓氏，所以就采取驳回诏书的方法。这个例子体现了当时门下省在决策当中的权力有所上升。

在魏晋南北朝以后，起草诏书、审核诏书是由中书省和门下省来掌管，尚书省跟起草诏书、审核诏书没关系，而且它是在宫外。其他两个省是在宫内，宫内接近皇帝，更容易受皇帝信任。所以，这个时候尚书省的权力有一个缓慢渐变的过程。

尚书台原来是权力最高的机构，这时虽然发生变化，但是尚书的地位还是非常高，并没有一下子因为离皇帝远了，就不是宰相，名义上还是宰相，而且不能认为所有的尚书台完全被剥夺了执政的权力。实际上，它还有参与决策的权力，因为还是收纳全国章奏的地方，在收纳章奏呈送皇帝章奏的时候都要提出处理意见的，还是保留一部分参与决策的权力。三省在魏晋南北朝期间地位高高低低，起起伏伏，但是这个决策机构没有超出三省之外。

当然，在这个时期，由于北方的少数民族势力强大，而且逐渐迁入内地，有些民族在内地建立政权，一直到五胡十六国、北魏，他们在内地建立政权以后，所施行的政策往往带有本民族的一些特点，但是不久也都汉化，也都以三省作为统治核心。所以三省制在魏晋南北朝的发展是历史发展的必然，是不可逆转的。经过这么一段时间的发展，可以说隋唐确立了三省制，但是它是有发展过程的。

隋唐三省制包括中书、尚书、门下，是参与决策机构，实际上当时隋朝规定三省长官同为宰相，中书令、尚书令（因为唐太宗李世民当过尚书令，唐代就不再设尚书令，叫尚书仆射）、门下省的长官侍中，三省长官同为宰相，每天上午在政事堂对国家大事进行讨论。当然，讨论的时候是要从皇帝那里取得旨意，取得讨论的题目，然后来讨论，讨论完了以后下午回各省办公，把会议精神、会议决定由中书省起草诏书，交门下省审核，门下省通过了，就可以作为正式的诏书发布。当然中书省在起草诏书的时候要经过皇帝的认可，皇帝要认可，就在上面批一个敕，然后交给门下省。门下省审核，如果认为不合格，就打回中书省，再重新起草，起草完了按照程序再交给门下省，门下省最后没有意见，就发给尚书省。尚书省也有驳回的权力，如果合适，就制定施行诏令的措施、办法，发布到有关部门有关地方去实行。

三省制应该说是从三公制以来，发展到隋唐时候最科学、最系统的一个政治制度。三省组成一个有机联合体，三省之间不仅有联系、互相合作，还互相监督、互相制衡，分中有合，合中有分。三省具有较高的行政能力，而且三省制较好地处理了君臣之间的关系。当然这也要得益于当时有好的君主，三省制度再好，如果当时的君主不好也不行，而当时出了一个唐太宗。

汉、唐是中国历史上的两座高峰。唐代在唐太宗“贞观之治”的时候，政治、经济、文化各方面都取得一系列成就。唐太宗非常坚持三省制，使得中国古代宰辅制度到唐代发展到一个最好的时期。唐以后政治制度虽然继续变化，但是我以为随着专制统治的加强，宰辅制度在以后历代经常受到践踏。比如说到了明代，朱元璋废除丞相制度，后来不得不以内阁大学士来代替丞相，但是内阁大学士开始的时候只是皇帝的秘书，内阁实际上只是皇帝的秘书处。到了清代，开始的时候沿用明代的内阁，到雍正的时候又建立军机处，军机处也是

北京故宫军机处　　海峰 / 供图

皇帝秘书的身份，虽然号称宰相，但是由于在皇帝直接控制下，权力很有限。

三、中国古代宰辅制度的评价

对待中国古代宰辅制度，首先要用历史唯物主义的观点来看待，要全面地看问题，还要看到中国宰辅制度是中国古代先民的一个伟大创造，是对世界古代文明的一个伟大贡献，对我国的统一多民族国家的形成发展发挥过重要的作用，这些都是我们应该加以认真地研究和总结的。

白寿彝先生曾讲到君主专制制度的问题，他说君主专制大家一般都很厌恶，加以批判。但是他能够一分为二地看问题，他说君主专制跟贵族政治相比，君主专制对统一全国有利，这是一个意思；另外一个意思是专制过头也会引起朝政混乱和地方不安。前面是肯定的，后面说如果过度就不好。我觉得这段话言简意赅，非常值得回味，非常值得思考。说君主专制制度对统一全国有利，这不仅是从中国史来看问题，而且是从世界史、全人类的文明史来看问题。中国历史在世界历史上有一个非常大的优点，就是中国文明是连续发展并且不曾中断的，这在世界文明史上是绝无仅有的。包括两个方面，一个是中国作为一个政治实体从来没有被消灭过，作为一个政治实体从来没有被外来因素所中断；另一个是中国文明在文化发展史上从来没有断裂现象，这非常重要。这两个特点归纳起来就是中国历史未曾中断，一直发展到今天。古代埃及、巴比伦、印度文明均已消失，但是中国文明一直连续发展到现在，我觉得这与中国的君主专制制度不无关系。

白先生讲的君主专制如果过了度，就会引起社会的不安、朝政的混乱，这个度是什么度？就是专制统治应该有个度，皇帝表面看起来什么都可以做，权力最高最大，但是皇帝权力不是无所限制，因为皇帝不仅是他个人也是整个地主阶级的总代表，皇权要安稳，必须使老百姓能过得下去，如果到处都饿死人，遍地饥荒，皇帝也就做到头了。所以皇帝也是有一个度，也有一个规范。每一个人的生活里都有规范，皇帝同样有一个规范，皇帝的规范就是必须能够保证整个地主阶级的整体利益、长远利益。皇帝的规范也有个底线，就是不要过度损害老百姓的利益，让老百姓能够活下去。白先生讲的专制统治过了度，这个度就是在这个地方。

过了度在宰辅制度上的表现是什么？就是皇帝无视宰辅制度，践踏宰辅制度。如果能够保证有一个好的宰辅制度，有一批好的宰相，那么这些宰辅还可能为了保证皇帝不突破规范的底线来执政。但是历史上的好皇帝、明君毕竟是少的，庸主很多，暴君也有，而这些庸主和暴君往往就是为所欲为，破坏宰辅制度，践踏宰辅制度，以至于造成后宫干政、宦官专政、外戚专政，搞得国无宁日。这是对宰辅制度的第二点看法。

第三点我觉得也不能只说宰辅制度是好的，宰辅制度毕竟是专制皇帝统治的工具，而且随着专制统治的逐步加强，宰辅制度所发挥的作用，尤其是制衡作用越来越有限，所以宰辅制度本身也是很有局限性的。

（讲座时间　2005 年）

王春瑜

中国历代监察制度与权力牵制

王春瑜

王春瑜，1937年生，江苏建湖人。1960年毕业于复旦大学历史系，1963年毕业于复旦大学历史系研究生班元明清史专业，获副博士学位，在上海师范大学任教。1979年起，在中国社会科学院历史研究所明史研究室工作，任研究员。中国作家协会会员。1992年起享受国务院政府特殊津贴。曾兼任宁波市廉政文化研究会顾问、中外廉政文化研究所

王春瑜

所长。

研究方向主要为明代政治史、社会生活史，并研究清初及其他王朝商业经营史、政治史、文化史。主要历史著作有《明清史散论》《看了明朝就明白》《明朝酒文化》《交谊志》《古今集》，合著《明朝宦官》《明代宦官与经济史料初探》等。出版有杂文、随笔《“土地庙”随笔》《老牛堂札记》《续封神》《铁线草》等十余种。主编《明史论丛》《中国反贪史》及杂文、随笔丛书十余种。《中国反贪史》获得“中国图书奖”。

一、监察制度与权力牵制同步产生、发展

监察是跟权力同步产生的。为什么这么说？从理论上讲，任何事物的发展都是对立统一的发展，马克思曾经讲过，只要有一种思想存在，就必然有另一种与它相对立的思想产生。

（一）萌芽时期

大家都知道，人类社会是从原始社会开始的。原始社会大家共同地从事简单的生产，共同地消费，没有多少剩余产品，那个时候古人类的生活水平可以说是极其低下的。当时食物很少，古人为生存而猎杀动物，为维持最低的生命需要，要付出极大的代价。所以原始人共同生产，没有什么剩余产品，也不可能有私有的观念。

但是到原始社会后期，情况就不一样了，形成很多部落，部落酋长开始有支配权，他有可能利用这个权力把一部分东西据为己有，但同时另外一种思想也就产生了，就是如何制止据为己有，相应的措施随之产生。

清代乾嘉学者写了很多的文章来考证明堂到底是什么。史学大师顾颉刚先生写过一篇文章，认为明堂也就是原始部落酋长开会的一个会议厅，就像我们现在会议大厅，是这么一个机构，在明堂里面可以议事，哪一个酋长如果做了损公利己的事，就可以对他提出批评，到后来，就在这个明堂里放一个鼓，叫登闻鼓。古代还是原始的民主，对哪一个酋长有意见，认为哪一件事情处理得不公，都可以到明堂里面去击鼓，请大家来进行评议。登闻鼓发展到后来，成了放在县衙门口的一个很大的鼓，自秦汉一直到明清，这个登闻鼓一直放在县衙门口。当然后来在演变过程中，随着腐败，这鼓也失去它原有的作用了，你击这个鼓不让你进去，正如大家知道的一句话“衙门八字开，有理无钱莫进来”。

除了登闻鼓以外，更值得我们回味的是华表。在天安门前，有两个华表，好多人都不知道干什么用的，有年轻人曾经问我，这是不是国家的象征？其实不是国家的象征。牧惠同志在20世纪80年代初写过一篇很有名的文章，叫《华表的沧桑》，讲天安门前的华表的来龙去脉。华表来历很早，古代称为诽木。在众人议事的地方竖一块木头，木头上面要放一块横的板，这个样子有一点像中午的“午”，所以又称为午木。那横板上有时候要装饰一点图案，看上去像一朵花，古代“花”跟“华”两个字是相通的。所以演变到后来，就变成了华表。

在华表的横板上面是可以写字的：对某人的意见、对国家治理的建议。实际上它最早是起监察作用的。但是到秦汉以后，华表从议事的地方被搬到宫廷里去了，这样它的作用就消失了。到宋以后，华表从宫廷里面又被搬到宫廷外面去，一直沿袭到现在。我们现在看到的天安门前面的两个华表，当初的意义完全丧失，变成一种装饰品，而且演变成一种权力的符号。但是在一些文人心目中，华表还是非常神圣的。明成祖朱棣是从建文帝朱允炆手里夺权的，杀人无数。其中有一个知识分子叫方孝孺，非常有名，他很惨，被杀了以后，株连十族，家族被杀了几百口人。他的弟弟临死之前，曾经写了一首诗，送给他："阿兄何必泪潸潸？取义成仁在此间。华表柱头千载鹤，旅魂依旧到家山。"就是说1000年以后，我的忠魂还是回到家乡。从这里看，华表在方孝孺以及其他一些知识分子心目里，确实变成国家的一种象征。这也从一个侧面说明监察制度到后来有名无实，成为一个符号。

北京天安门城楼前的华表　李军朝 / 供图

（二）监察制度与权力牵制的发展

夏朝进入了阶级社会，但夏、商、周三代的监察权力建制仍然处于雏形阶段。《周礼》里面个人的执掌规定非常具体，包括监察。当然，当时的监察未必像《周礼》写得那么具体，是儒家把它理想化的产物。

战国的时候规定要对高官，包括丞相的权力进行监督。丞相如果纳贿受金，他的手下人要被处死刑；一般老百姓贪污黄金一镒（二十四两），不处死刑而受处罚。这里就可以看出一个问题，丞相严重贪污了，不处死刑，叫别人去代过，反映出儒家的根深蒂固的政治观念，“刑不上大夫，礼不下庶人”。战国时的《法经》已经深刻打上了“打苍蝇，不打老虎”的政治烙印，这对后代有很深远的影响。几年前我曾经写过一篇杂文，叫《月下谁敢追萧何》。我说萧何如果贪赃枉法，跟晚上月下强盗杀人放火本质上是一样的，强盗你可以去抓他逮他，谁敢月下去追萧何呢？历史上的萧何确有问题，他也受贿，买了很多田产，这里面有贪污腐败行为，但是谁敢去处理萧何？

商代因为有文字记载，所以现在研究殷商史的学者对商代的政治制度很清楚。殷商也有一些防止腐败的措施，但是还很不完备。严格讲起来，中国的监察制度跟权力牵制要到秦始皇统一中国以后才比较健全。秦朝从中央到地方建立了一个监察网，这对抑制官吏腐败起了约束作用。中国古代监察制度要说简单，一句话就能概括，就是台谏制度。所谓“台”就是御史台，“谏”就是谏官，御史是监察百官的，谏官是对皇帝进言的，也可以说是对皇帝进行监督的。御史大夫从什么时候开始设立的？就是从秦始皇统一中国以后，有正式的御史大夫纠察弹劾百官，下面有御史中丞、侍御史等，这是中央。在地方上呢？县令既是地方行政的一把手，但同时行使监察权。所以，这里就有一个问题，从秦朝来看，监察权和行政权还是纠缠在一起的，没有从行政系统中独立出来。

汉承秦制，御史制度得到加强。御史在汉代最高可以做到副丞相，已经是很高的级别了，有时候可以代皇帝起草诏书、命令等等，所以地位相当特殊。汉代御史权力甚至一度超过丞相，这个问题很值得研究。

西汉的张汤是历史上非常有名的酷吏。张汤这个人很有意思，我看可以说是汉朝司法界的一个早熟的天才，借用鲁迅的话讲，他也是一个“卑劣的天才”。据《汉书·张汤传》记载，张汤还是小孩子的时候，他家里的老鼠偷了一块肉，吃了不少，剩下的就拖到老鼠洞里去了。张汤大怒，拿起铁锹把老鼠洞刨开来了，把老鼠抓出来，然后历数老鼠的罪状，还一本正经写了判决书，判决老鼠死刑，对老鼠实施剐刑，千刀万剐。我看童年张汤心里就非常残忍。后来他做了高官了，权力很大，超过丞相，搞严刑峻法，极其惨无人道。

中国历史上有一些酷吏，完全离开封建社会的法制轨道，搞法外法，没有一个有好下场。张汤最后被大名鼎鼎的朱买臣，设计了一个政治圈套让他钻进去，他走投无路，自杀了。大家都看过京剧《马前泼水》，说的就是朱买臣和他的妻子崔氏的故事。

从汉代监察制度比较好的经验来看，主要一点是建立刺史制度。刺史跟一般的御史不一样，他不干别的事，就做单纯的监察官，他的官俸比较少，只有六百石，但是他可以对二千石的郡守进行弹劾。

这里需要说明的是中国历史上以小制大、以内制外，都是皇权制度下进行监察操作的很重要的原则。有人写文章，曾经系统地研究过，就是从秦汉到明清御史基本上都是没有超过七品的。但是有很多御史就是不怕死，甚至超过自己的权限，不是监督郡官，而是监督六部，有少数御史越权，对皇帝进行进谏，这个情况也是从汉代开始的。

当然这里有一个问题，御史也好，刺史也好，是监察别人的，他们的权力坐大了怎么办？这也必须权力牵制，就是对御史、刺史、监察别人的人也必须进行监察，对他的权力加以约束。所以历史上就说“纠视刑狱，审录冤枉”，这对司法机构本身的权力起了一种牵制作用，减少了司法腐败。当然还有其他一些措施，譬如说提倡并实施监察人员互纠，所有官员皆有权对监察机构及官员进行举奏弹劾。我想，这些措施对维持监察机构的纯洁性、与其他监察机构保持均衡和有序的状态、对维护整个国家机器的正常运转显然是有利的。

监察制度在汉代已基本定型。在以后的漫长历史时期内，有所增减，名称经常有变化。

比较值得一提的就是魏晋南北朝时期，形成了三省制。三省制是将国家政务机构分成三个部门，一个是中书省，一个是门下省，一个是尚书省。它们有分工，“中书主出命，门下主封驳，尚书主施行”。这里值得一提的就是“封驳”制度，这在世界监察史上都是很特别，其他国家没有这样的制度。皇帝下一个诏书，门下省如果认为不妥，可以把它封驳。也就是把皇帝下的命令挡回去。所以，门下省看起来作用很大。历史上封驳到底起多大作用呢？确实有个别皇帝比较开明，能够接受，既然大臣说我的命令不合适，那我就不施行了。唐朝的封驳最有成效，在李世民、武则天执政时，尤为成功。封驳不仅可以封还诏书，甚至可以涂改诏书，在诏书上批示。这是唐朝社会开放、宽容、包容的时代特点的产物。

唐宣宗有个大将军叫李燧，唐宣宗认为这个人很好，德才兼备，要任命他一个很重要的职位——岭南节度使。当时皇帝的诏书已经发下去了，给事中萧放（给事中是官名，一直至明清都有，职位是很低的。到明清变成六科给事中，也就是现在的处级干部，最低的还有没达到七品的，现在讲就是正科级干部。给事中在中国历史上扮演的角色相当特别，后面说到明清时候还可以再说说这个事）说这个诏书不能下达，李燧有很多问题，任命他到岭南去担当重任，绝对是不合适的，并列举种种理由。皇帝这时正在听音乐，宫女乐队正在演奏，他正在欣赏。萧放的话，他听进去了，觉得这个任命确实不合适，但是叫别人都来不及，便赶紧当场叫一个伶人骑快马去把诏书追回来。宣宗初年，李藩担任给事中，对诏书的不妥处，即于诏书末端批上意见，退还。类似这样的例子，在中国历史上还能找到一些，这就是封驳。

到了封建社会的后期，封驳制度存在的象征意义恐怕是大于实际意义，表示皇帝如何的英明，实际上不是这么一回事。同样一个皇帝，在这个时期，他可以接受封驳，但另外一段时期，他权力膨胀了，或者昏昏然，他就不接受封驳。在明代我看没有一个皇帝是真正接受封驳，清朝也是如此。但是这个制度还是存在，所以任何一项制度，都在变化，要看实际内容。归根到底，制度是要人去施行的，可以施行也可以不施行。为什么不施行？不同时期都有它种种原因的。

到了明清以后，监察制度本身比原来要丰富得多了，因为封建社会向前发展，它的政治制度也在不断地完善。像《监官遵守条款》《监纪九款》，规定都是相当具体的。

所以从这个意义上讲古代的法制建设，监督机制的设置，至少从条文上面或者说从形式上面，是越来越丰富了。近代的观念跟古代当然完全不同，对中国古代监察制度进行认真反思，要到民国以后。辛亥革命期间，孙中山作为民主革命的先行者，长期生活在西方，对西方的监察制度作了深入研究。1906年他在日本东京《民报》创刊周年庆祝大会上发表演讲，不主张在中国搞三权分立，主张“五权”，把监察、考试这两个权力单独独立出来。他说这个监察制度是中国历史上固有的，而西方没有，应该把它加大。考试即对官员的考核，在明清有非常具体的规定，叫京察、大计。孙中山甚至认为英国的考试制度是从我们这里学的，为什么要照搬它的呢？所以他不是很简单地主张全盘西化的人，而且他提出来“权能分立”，人民的权力跟政府权力平行来走。现在研究法制史的人仍可以从中得到一些启发。

当然，孙中山先生毕竟是资产阶级革命家，他的许多想法也是矛盾的，既有封建的烙印，也反映出资产阶级的不成熟性以及不彻底性。比如孙中山很厌恶人家叫他“万岁”，他从国外回来，大家到码头欢迎，叫他“中山先生万岁”，他当场就制止，说皇帝才叫万岁，怎么叫我万岁？但他到北京以后，跟袁世凯有一个对话，他叫袁世凯万岁。我想，这反映出他思想里还有另外一种东西。袁世凯这个人值得叫万岁吗？孙中山很重视权力要加以分制，权力监督，他这时已经有了权力制衡的观念。但是他个人的权力也是不受约束的。当时的革命党，是从华兴会、兴中会等带有民间秘密结社性质的组织慢慢发展过来的，所以孙中山的思想也受这种帮会的影响。他曾经做了一个规定，所有党员都要绝对服从他。而且早期国民党的老党员，每一个人都要打手印的，必须绝对服从孙中山，而孙不受任何人监察，这就反映了他思想的矛盾性。

革命元老吴玉章先生的回忆录里面有一段话是值得注意的，说的是孙中山在临死之前，对这个问题是有所反思的，他认为个人的思想不能凌驾于整个党的思想之上，全体党员的思想绝对是超过个人的。

中国的监察史很早就有人研究。我记得有一位监察界元老叫高一涵先生，他20世纪30年代就专门写过这样的书。中国古代官制复杂多变，对其进行系统研究，很有必要。

（三）谏官制度的发展

下面再说一说谏官制度的发展。谏官也称为言官，职责是“讽议左右，以匡君失”。主要是对皇帝进行讽议，可以用各种方式。如给他讲个历史故事，以古讽今，把历史故事编在一起，请他看一看。明朝杰出的改革家张居正，编过《帝鉴图说》，这本书是将历史上的腐败皇帝、亡国皇帝辑为一册，以供皇帝借鉴。张居正这个时候已经做了内阁首辅，相当于宰相。他为什么编这本书？实际上他是起了一个谏官的作用，这本书现在还在。实际上张居正是利用特殊的身份，对皇帝起另外一种进谏的作用，以古讽今，教育皇帝。

官制的设置。秦朝开始有谏大夫，东汉称为谏议大夫。唐代的谏官制度最为完备，历史上出现过好几位能够向皇帝进谏的而且起到一定作用的著名谏官。大家都知道有一本书叫《贞观政要》，就是唐太宗在贞观年间，跟魏徵和其他人的对话，实际上也是进谏的一种记录。唐太宗用非常残忍的手段通过“玄武门之变”上台。我看有些史书里面说法上可能有一些问题，觉得唐太宗执掌政权以后，国家经济发展了，就不去谴责他个人的道德行为，我看是不妥的。“玄武门之变”中李世民不但把他哥哥、弟弟杀了，而且把这两家 500 多人统统都杀光。这个是应该加以谴责的。不能说“成者为王，败者为寇”，他这个皇帝胜利了，而且后来是个好皇帝、起过杰出作用，那就不去谴责他夺权时候的残暴行为，我认为这是不对的。有些历史人物他的心里怎么想的，常常没有留下记载，他的内心活动别人怎么知道呢？但是有些皇帝，他的心理活动通过他的所作所为是可以分析出来的。李世民后来为什么那样纳谏，表现得特别谦虚，一个重要原因是他上台的时候不光彩，有一种自卑心理在起作用。李世民确实把好多意见都听进去了，而且表现得诚惶诚恐。他喜欢玩一种鸟，有一次正在斗鸟玩鸟，结果魏徵来了，他很害怕，怕魏徵滔滔不绝地给他进谏，就把鸟放在袖笼里。结果魏徵跟他说东说西，一两个小时过去了，那只鸟就闷死在袖笼里。所以魏徵走了以后，李世民就很不高兴，但他不发作。这样的事情很多。

现在，我们看《贞观政要》以及《唐书》里面其他的记载，好多好的建议

明代张居正编撰《帝鉴图说》插图《敬贤怀鹞》

李世民确实是吸取了，比如说减轻农民的负担，减少征伐，不要随便就开战，都听进去了，所以唐朝经济才能发展。到后来，魏徵死了，没有人对他进谏，唐太宗又有些膨胀了。去打高丽，结果损失很大，造成国家财政严重的危机。所以他后来退兵回来以后，很感叹，说魏徵要是在世，我怎会做这样的事！可见，魏徵这些人对他的进谏确实起了作用。

武则天，在许多人印象里是一个太狠毒的女人，自己儿子、女儿都可以杀的。但是你不能小看她，她有纳谏的器量。我看，在中国历史上没有第二个人能超过武则天。别说政治上的一些进谏，有一些御史、大臣，对她进谏的内容甚至都涉及她的隐私，让她很丢面子的事，武则天并没有动怒。人是非常复杂的，武则天有她很不好的方面，但是她掌权 50 年，绝非等闲之辈，她的政治雅量我看在中国历史上是独一无二的。

宋代著名清官包拯先后做过御史、枢密副使等官，常常起谏官的作用。宋仁宗有一项任命，包拯不满意，反反复复进谏，距离很近，喷了宋仁宗一脸的唾沫星子，这个历史上都有记载。宋仁宗没有发脾气，接纳了他的意见，收回成命，这很不容易。

又比如说明太祖朱元璋，他以谁为师呢？他以汉高祖刘邦为师。朱元璋有一种流氓气，他掌权以后，犯了一个非常致命的错误，而且产生严重后果，就是对大臣剥夺权力而且加以诛戮，所以后来朱棣向建文帝夺权，建文帝打了四年就打败了，为什么？朱元璋执政时期，功臣骁将、有威望号令天下的人都没了。

但尽管如此，朱元璋却很赏识一个人，叫解缙，他是明朝非常有名的才子，六七岁的时候对联就做得很好，朱元璋对他很赏识。朱元璋在连续制造大的政治冤狱以后，朝臣都噤若寒蝉，解缙居然给朱元璋上了一个万言书，列举他倒行逆施的行为。这些内容解缙集子里都有，《明史》里也提到。朱元璋居然没有问他罪，虽然他没有收回成命，但也丝毫没有责备解缙。就此而论，朱元璋还不失为一个很有雅量的政治家。而且朱元璋晚年有反思，他认为自己在执政初期杀了那么多人，用炮烙、剥皮等酷刑，这是最残忍的，这些做法不妥，后辈子孙一律严厉禁止再用这些酷刑。这一点，我认为他还是不错的，他有所反思，有所总结，不像有些皇帝到临死都不肯承认自己有半点错误，看来朱元璋还不失为封建社会的一个好的政治家。

魏忠贤是个很坏的宦官，但是历史现象是复杂的，不是说魏忠贤干的一切事都是坏的，他也做过几件好事。紫禁城内的建筑百分之九十五都是明朝人建立的。那里面的河道、供水排水系统，都是在魏忠贤主持下修好的。又如苏州织工起义，魏忠贤经过慎重考虑，反对皇帝派人镇压，确保江南继续稳定。现在有些人常常把历史简单化，这不对。

雒于仁的进谏，在明朝的历史上，甚至在古代监察史上也是很特别的。他给万历皇帝上了一道奏疏，奏疏内容现在保存下来，《明史》内有，别的文献也有。他给万历皇帝扣了一个帽子，说你这个人是好酒、色、财、气。这时是封建社会后期了，皇帝君权至高无上，被神化了，所以明朝有的大臣上奏疏，看到皇帝就非常害怕。有一个大臣，皇帝说你要说什么就说吧，他一句话没有说出来，结果都尿了裤子了，浑身发抖。君臣隔膜到这个地步，为什么呢？就是皇帝成了神了。雒于仁居然敢说万历皇帝好酒、色、财、气，历数他的罪状。

万历皇帝这个人在我看来是一个非常糟糕的皇帝，但是雒于仁居然给他上这么一道奏疏。万历要杀他，好几个大臣到深宫里去，给皇帝上奏疏。万历皇帝说，我眼神不好。他耍赖，就是不看。然后就发脾气，说我肝不好，最近调养刚好一点，他居然上这个奏疏，说我酒、色、财、气，为自己辩护，说自己没搞酒、色、财、气。这几个大臣说雒于仁这个人如何忠心耿耿。万历皇帝终于没有杀他，以后把他赶回老家了。

我举这几个例子，是用来说明古代的谏官制度，归根到底要取决于人的施行，多数的谏官没勇气也没胆量正面对皇帝的一些严重失误的政策去进谏。但是也有少数人，这些人是天不怕地不怕的，他们敢于进谏，在一定范围内，纠正了皇帝的一些错误决策，对于维持当时政权的稳定、社会的发展，无疑起到了好的作用。

但总体来讲，中国古代的谏官对皇帝进行的监督，所起的作用是有限的。这个道理很简单，下面也还要说到，这就涉及皇权制度。再好的一项官制，随着人的变化也能变成一个非常不好的东西。譬如说御史，本来是很好，官虽说不大，可以监督百官，但到明朝有的御史纯粹变成马屁精，变得阿谀奉承、藏污纳垢、同流合污。

二、历代权力牵制的历史作用及局限

任何事物都有两面性，都是一分为二的，这是一个简单的常识。古代的监察制度以及权力之间的互相牵制在历史上无疑起过积极作用。为什么？我国有5000年的文明史，这个文明指的什么？那无非就是指的物质文明，还有精神文明。物质文明在古代主要是农业生产，精神文明主要是文化。如果没有这两项，那我们这个文明就成了空中楼阁。

古代生产力发展以及文化的发展，都是在封建的国家政权正常运转下，社会安定，才能产生的，国家政权怎么稳定？国家机器怎么运转？监察制度、台谏制度起了很好的作用。如果没有这些权力的牵制，一个王朝可能很快就腐败了，都成了短命王朝，跟走马灯似的，那天下就老是乱来乱去，那社会怎么能安定呢？这就不可能发展。所以从这个意义上讲，中国古代的监察制度对历史的发展起过正面的积极作用，推动了历史的前进。而且中国古代监察制度在世界历史发展中，也是很特别的，为什么？因为我们的历史记录非常悠久。譬如印度的历史比我们还早，但他们的历史文献记载是断断续续的，不像我们是连续的。所以我国古代监察史的遗产，在世界监察史上都占有重要位置，我们应该重视，很好地研究它。

这里要说到基本概念的问题，为什么只能叫它权力牵制，而不是叫权力分制或者权力制衡？

因为古代皇权是不能分割的，没有政治分工，皇权无从制衡，谏官制度、御史制度有很大的局限性。而且政治分工、权力制衡的观念都是在英国早期的资产阶级对封建主提出变革，向他们分权时候提出来的。现在，很多书里概念使用不太妥当。皇权确实是不能分割的，皇权也不能让渡，所以在当时不可能对皇帝进行制衡，也不可能说有一个明确的政治分工。整个封建社会监督以及权力牵制都是在一个前提上面来进行的，就是皇帝制度。皇帝制度有几个根本性的东西，第一，皇帝是君权至上的，皇帝不受任何约束，他是至高无上的，尤其到秦汉以后，皇帝变成神了，天上下凡的神，怎么可以对神进行约束呢？第二，皇权是世袭的，家天下，一代代传下去，是嫡长子继承制，皇权绝对是不能分割的。皇权所享有的种种特权别人实际是不能过问的，无论是御史也好，谏官也好，不可能对这些根本的东西进行监察。中国历史上有很多皇帝，包括杰出的皇帝，他可能在一段时间里面接受监督，但后来经济发展了，社会发展了，他觉得自己权力大了，功劳大了，根本就不受任何人的监督，根本没法约束他。

比如说，我前面说，明成祖朱棣是用非法手段从建文帝朱允炆手里夺权的。朱元璋实际上在晚年的时候有很多反思，他将功臣战将都杀光了，他感到死了以后，交班成了大问题，由于朱允炆是嫡长孙，必须由他来继承皇位，但朱棣对朱允炆是个威胁。朱元璋感到朱棣在北京拥有重兵，很可能将来会谋反，于是在死前一个月，他手书了一个诏书给晋王朱棡，说打仗的时候，你要立在燕王马的右边。什么意思？就是随时要监视他，必要时用弓箭把他射死或者把他杀了。后来朱棣果然起来造反夺权，建文皇帝不知所终。朱棣夺了权以后，在朱元璋治国的基础上，社会发展了，经济发展了，国家发展了，在这一点上，历史上肯定他是一个正面的皇帝。但是中国历史上凡是有作为的皇帝，都有一个坏毛病，可以说是通病，只要江山坐稳，百姓有饭吃，马上就会头脑发热，不是穷兵黩武，就是好大喜功，朱棣也一样，派了几万人到沙漠里面去讨伐蒙古，耗费了巨大的国力。

明永乐、宣德年间，郑和七下西洋，遍访 30 多个国家和地区。现在国家隆重纪念郑和下西洋 600 周年，这是完全有必要的。但是我发现一些报刊的舆论导向是不切合历史实际的，一些人包括搞明史的学者在电视台里信口开河，以今铸古。考茨基是早期的马克思主义经典作家，他有一本书叫作《基督教之基础》，说现实的政治家最容易犯的一个错误就是以今铸古，按照今人的政治需要塑造古人。

郑和这个人当然是值得宣传，值得肯定的。肯定什么？第一，他确实是一个杰出的航海家。郑和航海比西方达·伽马要早七八十年，是世界航海史上的壮举。第二，现在多数人都没有指出来，就是在弘治年间，世界上已经开始掀起人类历史上第一次全球化的浪潮。当时世界本来是彼此孤立的，但经葡萄牙人、西班牙人不断打通航道，世界连成了一片。虽然郑和没有意识到这一点，但他是人类历史上第一次全球化浪潮的先驱者，这一点是要充分肯定的。

但从明代到现在在宣传郑和时，都存在两个倾向，一是神化，把郑和说成神，再一个就是把他圣化。所以现在报刊上有一些提法，我认为根本是不切实

郑和下西洋宝船复原效果图

际的，说郑和是“和平崛起”的一个代表者。郑和怎么是“和平崛起”的代表？永乐皇帝花了四年时间打败建文帝，杀了那么多人，这怎么叫“和平崛起”？而且《明史·郑和传》说得很清楚，“欲耀兵异域，示中国富强”。向外国炫耀武力，这不能叫“和平崛起”。另外，《明史》记载得很清楚，下西洋的动机就是追踪建文帝，朱棣怀疑建文帝跑到南洋去了。这里要说明的是，当时中国人对世界的概念是相当模糊的，当时也没有世界地图，世界地图最早是万历时候传教士传来的，从此中国人才知道有几个大洲，怎么分布。但尽管如此，万历以后甚至清朝道光年间，很多人包括一些有学问的大学者对世界仍然很模糊。

郑和带的不是商队，《明史》上记载是两万多人，那是一个庞大的舰队，怎么能叫和平友好使者？在国外打了好几仗，把人家国王都抓过来了。有人说郑和是平等贸易的先驱者，这尤其不妥，因为他从事的是朝贡贸易，是赏赐，带了大量的金银绸缎，不计成本、价格，白送。那些小的国家国王当然也回赠一些东西，基本上都是高档奢侈品、消费品，有的是动物，但主要是香料。这些香料多得没法处理，后来永乐皇帝觉得财政上是个巨大的包袱，大臣发工资的时候，一大半发香料。从洪武到成化年间中国产的白银一共3000万两，郑和七下西洋政府的财政拨款加在一起是700万两，没有全用完，但是花掉了600万两。你想，100多年间生产的白银一共才3000万两，七下西洋居然花了600万两银子，国家的财政几乎都要崩溃，所以当时的户部左侍郎夏原吉，他是反对下西洋的，加上别的原因，如反对讨伐蒙古，认为国家财政难以承受，永乐皇帝就把他抓起来了，抄他的家。这个人是真正的清官，除了皇帝赏赐的一点东西以外，只有几身布衣服，还有瓦罐，非常清廉。永乐皇帝一看，也很吃惊，说他家里怎么都是布衣瓦罐呢？所以皇帝权力膨胀后，绝对不接受进谏，再好的进谏也不听。永乐皇帝死了以后，其子洪熙皇帝赶紧把夏原吉从牢里放出来，问国家搞成这个样子，怎么办？夏原吉提出几条建议，最重要的就是不要下西洋了，用现在的话讲就是实行国家财政紧缩政策。

近代宣传郑和是从梁启超先生开始的。辛亥革命前，他在东京写文章，说郑和是中国历史上一个伟人，为什么？因为他比达·伽马他们航海还早。但他接着提了一个问题，说为什么郑君之后无第二个郑和，达·伽马之后有千百个达·伽马？他这个问题，我认为很简单，郑和下西洋是朱棣一手制造的政治泡沫，完全不顾国家财政负担是多么沉重。我举永乐皇帝这个例子，就是说明，他还算是一个有作为的皇帝，但也听不进进谏。郑和下西洋是一个著名的例子，也是一个很典型的例子。

民国年间也有种种立法，但说到底蒋介石这个人，是有严重的封建烙印的，他就是拒绝监督，尤其抗战以后。蒋介石抗战有功，有人向他献九鼎，把他神化，他觉得自己好像是神乎其神了，从此更加不受别人监督。蒋介石有句名言，叫我看也是臭名昭著的名言，他说舆论算什么呀，我拿100万美金去办几张报纸，要什么舆论有什么舆论。当然历史证明这是完全错误的。胡耀邦在1985年有一个讲话，他强调舆论导向的重要，说国民党垮台的很重要的一个原因就是它舆论失控了，它控制不了舆论，当时民主的舆论多高涨啊。

蒋介石逃往台湾以后，不断进行反思，为什么在大陆失败了，有讲话，还专门写了文章。他有的话我认为是不值一哂的，说国民党失败，是因为杀人太少！他杀的人还少吗？如果靠杀人多政权就能维持，那我们现在还是秦王朝，为什么？秦始皇吞并六国杀了多少人，那么庞大的一个军事政权，最后怎么样？政治一腐败，垮了，轰然倒塌，二世而亡，所以蒋介石这样说是绝对错误的。

2004年兰州大学出版社出版了《中华民国反贪史》，作者是青年学者邱涛，这本书的序是中国社科院近代史所的研究员陈铁健先生写的，很精辟。

他说："回顾中华民国历史，导致一个政权兴衰的致命因素中，腐败是它的根本因素之一。最大的腐败，则是政治上的腐败：一个政党，一个主义，一个领袖的极端专制主义。民国时期的北京政府和南京政府，并非不反贪污。然而，在军阀祸国和一党专政的黑暗统治下，法律监督、新闻监督、舆论监督、民众监督、分权制衡机制、监督机制等，一律被排除，或者名存而实亡。那么吏治之腐败，官场之贪墨，便如溃堤之洪水、下山之猛兽，一发而不可收拾。俗话说'左手管不住右手'，自我监督云云只是一句好听的空话，在专制政权下，再好的良法，也会变异为恶法。治民而不治官，治下而不治上，官官相护，上行下效，便只能是'无官不贪，有吏皆污'了。"他对中华民国历史进行了很好的回顾。我觉得，中华民国历史离我们很近，对我们可以起到有益的借鉴作用。

另外一个国民党的高官吴国桢去台湾后也在反思。他说蒋介石这个人非常清廉，绝对是不贪污的，他写一个字条就可以到银行提500万，他贪污干什么？但是蒋介石不反对别人贪污，尤其是不反对那些将官贪污，认为这些人贪污了，就很容易控制他们，操纵他们。这个观点我觉得蛮有意思。从历史上看，确实如此，有的皇帝甚至欣赏贪污，认为贪污的人，对物质利益看得很重，政治上就没有野心。

前边我说到萧何，萧何贪污，后来就变成一种政治掩护。因为黥布谋反，刘邦去讨伐，但不放心萧何，就派几个人偷偷看萧丞相的动向怎么样。那个派去的人跟萧何关系不错，就说你这个丞相死期不远了，萧何听了大吃一惊，说为什么？他说现在皇上去讨伐黥布，对你相当不放心。萧何说，我有什么办法？他说，你要多买田地，甚至你可以贪污一些东西，这样让他看出你没有政治野心。结果萧何照办，用特权贱价买了土地，那些土地是可以抛售的。使者向刘邦汇报，刘邦闻之大悦，以为他好财了，对权力没有欲望，对他不构成威胁了。从这里就可以看出来，有些人居然存心贪污，以表明自己没有政治野心。中国历史上五花八门的事情很多，反贪可以变成政治控制的手段，但贪污居然也是自保的一种手段，这就充分显示了中国历史的复杂性。

从中国历史上的经验来看，当前要说权力制衡，我看如何有效地监督各级单位的第一把手，恐怕是一个很重要的问题。

（讲座时间 2005 年）

刘海年

中国古代法律文化的若干问题

刘海年

刘海年，1936年生，河南唐河人。1961年中国人民大学法律系本科毕业，1964年中国人民大学中国法制史专业研究生毕业。曾任中国社会科学院荣誉学部委员，中国社会科学院法学研究所研究员，中国社会科学院人权研究中心主任，中国社会科学院研究生院、清华大学法学院、中国人民大学法学院兼职教授、博士生导师。曾兼任中国法学会信息法

刘海年

研究会会长、中国法学会董必武法学思想研究会副会长、中国法律史学会学术顾问、中国人权研究会顾问、中国国际文化交流中心荣誉理事、炎黄文化研究会理事。

学术专长为中国法律史、法治与人权理论。著有《刘海年文集》《战国秦代法制管窥》等。参加整理、注释、翻译《睡虎地秦墓竹简》。主编《〈经济、社会和文化权利国际公约〉研究》。共同主编《中国珍稀法律典籍集成》《中国法律思想通史·春秋战国秦代分卷》《沈家本未刻书集纂》《中国历代贪贿案例选注》《依法治国与精神文明建设》《中国人权百科全书》《人权与司法》等。

中国古代法律文化是中国古代文化的重要组成部分。研究中国古代法律文化，对于加深我国传统文化认识，从中汲取有益的经验，推动社会主义文化和法治建设都是有益的。

以下谈五个问题：一、法律文化的概念；二、中国古代法律文化的主要内容；三、中国古代法律文化的主要特点；四、中国古代法律文化的影响；五、关于法律文化自觉。

一、法律文化的概念

法律是一种文化。它随法律的产生而形成，与人类跨入文明社会门槛同步。对法律文化的研究很早就开始了，但将它作为法学的分支学科明确提出则较晚。在国外，美、俄、日等国大约是20世纪六七十年代，我国则是20世纪八九十年代。其中，关于法律文化的概念众说纷纭。对此，有学者作了归纳并分为四类："第一类是把法律文化看作是法律现象的综合体现和产物，包括内在和外在，主观和客观，制度和观念等各个方面；第二类是把法律文化视为法律现象的主观方面，主要是法律意识形态和观念形态；第三类是把法律文化看作法律意识中非意识形态那部分内容，即体现人类智慧、知识、经验等文化结晶。"此外还有一种"方法论法律文化观"。"这种观点认为，法律文化……是一种应用文化解释方法用于法律研究的立场和方法"[①]。这是从理论角度概括，给人感觉较为抽象，但介绍了学界关于法律文化概念研究的一般情况，对我们的研究是有益的。

综合各家的观点，我认为所谓法律文化，简要地说就是关于法律的文化形态总和。它包括：法律观念和法律思想；不同法律形式及其运作形态；法律思想、法律制度及其运作形成的氛围与传统。这些传统既表现于法律意识之中，也表现于法律运作的技术与设施方面。法律文化是历史的积淀，也是当世的创造。它是社会经济基础的重要上层建筑，由经济基础所决定，又反作用于其赖以产生的经济基础。它受政治制度影响，又影响政治制度的稳定与发展。法律文化对于文化是属概念，与政治文化、经济文化、伦理文化、宗教文化等并列；对于宪法文化、民法文化、刑法文化、律师文化、监狱文化是种概念。由此可以看出，法律文化的含义尽管不如文化概念广泛，但仍然是一个宏观法学思维。

事物的"概念……是我们认识事物的工具"[②]。我们之所以先介绍法律文化的概念，就是为了较准确地把握有关法律文化的内容与范围。中国古代法律文化是中国法律文化的一个阶段，尽管是一个很长阶段，并有自己的特点，但仍属法律文化的一部分，法律文化概念当然可以用来对其进行说明。

二、中国古代法律文化的主要内容

中国古代法律文化的主要内容大略可分为三个部分：法律理念与法律思想；历代递相沿袭形成的法律体系及其运作形态；法律思想教育和法律运作而形成的法律文化氛围及传统。

（一）共同的法的理念，略不相同到逐步会通的法律思想

所谓理念，是人们对事物从感性认识到理性认识，对其应然状态作出的概括。法的理念就是人们对法应该是什么作出的概括。中国古代关于法的理念集中体现在“法”字的形成与理解。中国字是象形文字，以其形表其义。法字古文为“灋”。此字由三部分组成：水、廌、去。据东汉许慎《说文解字》:“灋，刑也，平之如水，从水；廌所以触不直者去之，从去。”取其平，意即法平如水。“廌”，据《说文》:“兽也，似山牛，一角，古者决讼，令触不直者。”传说古代诉讼盛行神明裁判，两造之一被廌触者为败诉。古代法官帽或袍上饰廌形为标识，以示主持公平正义。这种关于法的观念在我国古代是共同的。与西方以女神手持天平和宝剑表示法的公平正义是一个意思。法律思想是人们关于法的概念、内容、本质、作用、特点及其产生、发展的认识。一般地说，法的理念是对法的认识，属于法律思想的一部分，但法律思想对法的产生与发展的认识更加系统。法律思想可分为两个部分。其一，学者和政治家个人的法律思想。他们的法律思想多表现于著述、言论。其二，统治阶级的法律思想，或称占统治地位阶级的法律思想。这种法律思想表现于统治阶级代表人物的著述、言论，但更典型的是体现于统治阶级的政策和法律之中。当然，有一些学者的著述表述的也是占统治地位阶级的法律思想。

关于中国古代法律思想，夏、商、周的资料不多。从零星记载看，夏、商主要是宣扬“受命于天”的神权法思想。周实行宗法制度，主要宣扬以“尊尊”“亲亲”为核心的宗法思想。西周初年政治家周公旦总结商纣王残酷镇压人民导致灭亡的教训，提出“明德慎罚”，对后世影响深远。

春秋战国是中国历史上大分化、大变革时期。史称：礼坏乐崩，权力下移，诸侯、大夫异政。代表不同阶级、阶层利益的政治家、学者纷纷发表政见，形成了“百家争鸣”的局面。由于留下的史料较前代为多，不少著述表述的主张较为系统，成为法律思想史的重要源头，史称“百家”，其中主要是儒、墨、道、法四家。

儒家的法律思想。儒家创始人是孔丘，代表人物有孟轲和荀况。孔丘的思想和主张集中体现在《论语》中，贯穿其中的是以“仁”为核心，以复礼为目的的思想体系。他主张“礼制”“德治”和“人治”，建立“君君、臣臣、父父、子子”[③]的伦理等级秩序。他说：“道（导）之以政，齐之以刑，民免而无耻；道（导）之以德，齐之以礼，有耻且格。”[④]他还说：“为政在人。”孟轲是仅次于孔子的儒家代表人物。其代表作主要有《孟子》。其中发展了孔子的“仁”为核心的“德治”理论，明确提出“仁政”。他说“仁者无敌”，“以德行仁者王”[⑤]。统治者只能“以德服人”，不能“以力服人”。他的重民思想很突出，在孔丘“爱人”思想的基础上，提出了“民为贵，社稷次之，君为轻”[⑥]。不过，他也主张“人治”，在先秦思想家中首先提出“贤人政治”。他说“贤者在位，能者在职”[⑦]，“不仁而在高位，是播其恶于众也”[⑧]。荀况被列为儒家，留有《荀子》一书。但其内容与孔丘和孟轲的主张不完全相同。他主张“隆礼重法”，礼法结合。他说：“礼者，法之大分（本），类之纲纪也。”[⑨]意思是以礼作为立法和类推的根本原则。他以“性恶论”为出发点，论证应以刑罚惩治犯罪。他的两个学生——韩非和李斯是战国末年著名的法家代表人物。荀况的学说开创了汉代礼刑（法）合一、儒法合流的先河。

墨家的法律思想。墨家创始人为墨翟，著有《墨子》。他是先秦最早对儒家学说提出不同见解的人。这个学派认为，当时之所以“饥者不得食，寒者不得衣，劳者不得息”，原因是“天下之人皆不相爱”。因此，提出人与人之间要“兼相爱，交相利”。他说：“欲天下之治，而恶其乱，当兼相爱，交相利。此圣王之法，天下之治道也，不可不务为也。”[⑩]他们的法律思想正是服务这一理想。墨子认为治理国家必须有法，法如“百工为方以距，为圆以规”，“法若（顺）

而然也”。至于以什么为法，他主张“以天为法”，因为，“天之行广而无私，其施厚而不德”（“德”,《群书治要》作“息”）[11]。墨家主张的“天”，部分学者理解为“自然”。为实现其主张，他提出“壹同天下之义”[12]，即要以“兼相爱，交相利”统一思想，选天下之贤者为天子、正长。人们要服从他们，凡“受利天下者”，“上得赏之”；“恶贼天下者”，“上得且罚之”。并要公正执法，“不党父兄，不偏富贵”，“杀人者死，伤人者刑”。

道家的法律思想。道家的代表人物是老聃和庄周，现存有《老子》和《庄子》。老聃诞生于春秋战国之交，庄子生于战国后期。老子的法律思想是“道法自然”，他说：“人法地，地法天，天法道，道法自然。”[13]治理国家以自然为法，主张无为而治。他们既反对儒家的“礼”，也反对法家的“法”，主张无为而治。《老子》中说：“为无为，则无不治。”所谓“我无为而民自化，我好静而民自正，我无事而民自富，我无欲而民自朴”[14]。他还说：“治大国若烹小鲜。”意思是说，治理大国要像烹调小鱼那样小心，不要折腾百姓。越折腾百姓，国家越难安宁。他的这种思想对汉初统治者有相当影响。

法家的法律思想。法家可以概括为主张“以法治国”的学派。春秋的管仲是其先驱。战国初的李悝、吴起，中期的商鞅、慎到、申不害，战国末的韩非、李斯都是不同时期的法家代表人物。影响大的著述有《商君书》和《韩非子》。此外，还有《申子》《慎子》等残篇佚文。现存《管子》一书情况较复杂，其中多是战国中后期甚至西汉时学者托管仲之名写的文章，不过也有很高的研究价值。法家视法为国家制定的、人人必须遵守的行为准则。“法者，国之权衡也”[15]，“尺寸也，绳墨也，规矩也，衡石也，斗斛也，角量也”[16]。法的作用是“定分止争”，“兴功惧暴”。法律适用应是平等的，所谓“法不阿贵，绳不挠曲”，“刑过不避大臣，赏善不遗匹夫”[17]，一断于法。统治者若“以法治国，则举错而已”[18]。意思是说，以法治国，治理国家是很容易的。法家认为，“法与时转则治，治与世宜则有功”，“时移而治不易者乱”[19]。这种历史观为法的创新和发展提出了新理论。

作为中国古代法律思想之重要源头，春秋战国各家的法律思想有许多不同之处，诸如“德治”“人治”与“法治”对立，“人治”“法治”与“无为而治”对立等。但不可忽略的是各家法律思想有不少共同之处。其一，它们都是社会大变革时代为治理好国家寻觅出路，提出和阐明自己的治国方略；其二，各家所立足的社会文化背景均为农业自然经济，宗法制度影响巨大，都希望由贤人、能人进行统治，从不同角度维系宗法制度；其三，虽然反映不同阶级和阶层的利益，但实现社会安定是共同要求，安民或为民的思想在所提的治国方略中占主导或重要地位；其四，在持续“争鸣”过程中，各家思想都有所发展，并互相吸收，政治上影响大的儒法两家更是如此，荀况“隆礼重法”的主张和吕不韦《吕氏春秋》的内容就是明证；其五，如果说学者著述中的法律思想有对立又有会通，在统治者那里却能得到统一。统治者多是实用主义者，他们可能受某一派影响多一些，但从不会拒绝对实现统治有利的主张。

过去，尤其是在“以阶级斗争为纲”的年代，学界和政界一些人士往往将春秋战国“百家争鸣”中的不同学派的争论，以当世之需描绘成“水火不相容”“冰炭不同器”，甚至完全否定了一些学派著述中的具有普遍价值的内容，这是不符合历史实际的。秦惠文王时诛杀商鞅、韩非入秦后被杀和秦始皇“焚书坑儒”，均牵涉政治斗争或私人忌妒（如李斯对韩非），并非单纯的学术争论。否定儒家等学派著述中的普世哲理，更是对待优秀传统文化的错误态度。

（二）重视立法，在递相沿袭的基础上形成了形式多样、内容完备的法律体系

1. 历代统治者都重视立法

史称：“夏有乱政而作禹刑，商有乱政而作汤刑，周有乱政而作九刑。”[20]关于夏、商、周三代的法律史料，《尚书》、《竹书纪年》、甲骨文、金文中有所记载。周代崇尚礼制，但史籍有“罚蔽殷彝，用其义刑义杀”[21]的记载，这说明周也采用了商代法律适于其统治的内容，实行礼刑结合。

春秋战国之世，各国相继变法改制。鲁国“初税亩”，郑国、晋国“铸刑鼎”，魏李悝“集诸国刑典，造《法经》六篇”[22]，商鞅以《法经》为蓝本到秦

国变法，为秦统一全国奠定基础。1975 年在湖北云梦发现的秦代竹简，记载商鞅变法到秦始皇时期法律的部分内容。仅此，已可看出秦的法律内容十分丰富。秦始皇统一全国后“昼断狱，夜理书”[23]，可见对法律之重视。只是他称帝后，忘乎所以，“行自奋之智，不信功臣，不亲士民，废王道。立私权，禁文书而酷刑法”[24]，肆意破坏法律，招致迅速灭亡。

汉高祖刘邦总结秦暴政速亡的教训，在领兵入关之初，便与关中父老约法三章:“杀人者死，伤人及盗抵罪。”[25]以此争取民心。在打败项羽，取得楚汉战争胜利后，便命萧何以《秦法经》六章为基础增《户》《兴》《厩》三章，称《九章律》。魏明帝太和三年（229）颁行魏《新律》18 篇。魏《新律》首定“八议”之制，影响深远。晋律制定始于晋代魏之前司马昭辅政之时，颁行于武帝泰始三年（267），故又称《泰始律》。晋律在汉、魏基础上“蠲其苛秽，存其清约，事从中典，归于益时”[26]，共 20 篇。南北朝时，南朝沿袭魏、晋律，北朝的北魏、北齐立法有所建树，对后世影响较大。北齐律总结以往，首定“重罪十条”，隋更名“十恶”，后代一直沿用。

隋初，开皇元年（581）制定新律，开皇三年（583）更定，是为《开皇律》。隋炀帝即位，大业二年（606）修订律令，三年（607）颁行，是为《大业律》。《大业律》比《开皇律》量刑轻。但炀帝暴虐，不依律行事，不久被抛弃不用。唐初，李渊起兵攻入长安，接受“炀帝昏乱，民不胜其毒”，遂至于亡的教训，与民约法 12 条。宣布杀人、劫掠、背军叛逆者处死刑，余皆蠲除隋苛法[27]。武德元年（618），开始定律，七年（624）颁行天下。之后，太宗李世民修改《武德律》，颁行《贞观律》。高宗李治以《贞观律》为基础制定《永徽律》，这是现在保存下来最早最完整的一部封建法典。

宋初，战争仍在进行时，为实现统一，安定社会，便着手撰修法律。法律未制定前，先沿用五代后周的《显德刑统》。宋于太祖建隆四年（963）颁行《宋刑统》。其内容沿袭《唐律》。宋代增加了编敕活动。元代，蒙古入主中原后，先沿用金国《泰和律》。元朝正式建立，先后颁行了《至元新格》《凤宪宏纲》《大元通制》《至正条格》和《元典章》等。元无前朝那样篇目严谨的法典，各种法律间内容相混杂。

朱元璋称吴王时，便着手制定法律。吴元年（1367）撰律285条，同年12月颁行。1368年建都南京称帝，国号大明。洪武七年（1374）颁行《大明律》。《大明律》内容一准于唐，只是在名例之下按六部分吏律、户律、礼律、兵律、刑律、工律等共30卷。《大明律》受《元典章》以六部划分法规体例影响分篇，开创了中国古代法典编纂的新体例。清朝入关前，为适应形势需要，便改变原有习惯法，制定具有法令汇编性质的《崇德法典》。入关后于顺治三年（1646）沿袭《大明律》颁行《大清律集解附例》。之后，康熙、雍正、乾隆各朝一再修订，但主要条文和篇目仍依明旧。

以上所列事实说明：其一，历代统治者，尤其是开国君主无一例外地都十分重视立法，重视以法律实现统治。有的是称帝之前（如朱元璋），多数是称帝之初便颁行作为法律体系主干的法典。其二，法典篇目和内容，既沿袭前代，又结合当时需要有所创新。其三，在不断沿袭和创新的基础上，到唐代已形成了较完整的法律体系。其四，这个法律体系，后人称中华法系，无论在形式、体例和内容上都居于当时世界其他国家立法之前列。

2. 法律形式多样

中国古代法律体系，除以上内容，包括皇帝宫殿警卫、官员职责、土地等私有财产保护、赋役征收、工程兴建、商业管理、民刑诉讼等综合性法典之外，还有多种形式的单行法规。仅秦简所见就多达30余种。其中有《田律》《厩苑律》《仓律》《金布律》《关市律》《工律》《均工律》《工人程》《资律》《徭律》《司空律》《置吏律》《军爵律》《传食律》《行书律》《内史杂律》《尉杂律》《属邦律》《效律》《除吏律》《游士律》《除弟子律》《中劳律》《藏律》《公车司马猎律》《牛羊课》《傅律》《屯表律》《捕盗律》《戍律》等。此外，还有判案规定和案例著作《封诊式》。这些是属朝廷颁布的法律。地方，至少郡一级，可颁行地方性法规。秦简中的《语书》就是南郡守腾颁行的地方性法规。为了使法律便于适用，秦还有法律解释，并在审判中使用判例。秦对刑律的解释被秦简整理者概括为《法律答问》，有人称“律说”，判例称“廷行事”。秦律的多种形式，大都被其后代王朝所承袭。“汉承秦制”，从历史文献和江陵汉简记载的汉代法律看，许多单行法律名称，甚至内容均与秦律类似。汉代法律又是后来各代法律的渊源。唐代在综合性法典之外，还有律、令、格、式。现存唐律的“疏议”，便是长孙无忌等奉旨对唐律的正式解释。“例”始于秦汉，盛行于两宋和元明清诸朝，内容多为司法中成功案例的规范化、条文化，较为灵活，为统治者所重视。明清两代将“例”附于律典之后，明称《大明律集解附例》，清称《大清律集解附例》《大清律集解》。

以上均可列为成文法。中国古代，除成文法外，在基层和广大少数民族地区长期通行习惯法。习惯法是经国家认可的习惯由地区、乡社领导人或族长执行的行为规范。在基层，表现为乡规民约、家族法规。少数民族地区也见之于当地的语言文字记载。基层习惯法一般处理所在乡区民事纠纷和轻微刑事案件，少数民族地区，其领袖只要服从国家行政管理，按规定履行义务，在部内民事、刑事案件管辖方面，就会享有较大权力，有的甚至握有生杀予夺之权。

中国古代法律出现如此多的形式，尽管前期名称和内容显得重复，但后期逐渐规范、明晰。其作用是显然的：其一，加强了法律适用在时间和空间上的灵活性，有利于效率提高。其二，父权、族权是君主权力在家族中的延伸，也是君权的基础和支撑。赋予一些特殊地方的家族和基层的习惯以国家强制力，有利于对基层的控制，有利于统治基础的稳定。其三，认可少数民族地区与内地不同的制度和习惯，并赋予他们的领袖以法律处分权，有利于国家的统一和安定。关于这一点，翻阅一下二十四史就会发现，自秦统一之后，历史上不少王朝对少数民族地区的管理多实行与内地不同的制度。诸如秦汉的“属邦”“属国”制度；唐代的羁縻府州制度；明清两代对藏族地区宗教领袖的册封制度，对蒙古族地区的封王，以及对西南少数民族地区的土司制度等。这些制度的某些影响甚至延续到中华人民共和国成立之后。1997 年 7 月香港回归时，我曾在香港的一次学术研讨会上讲“一国两制”时指出，它是“我国历史经验的积淀，是中华民族智慧的结晶，也是传承中华优秀文化、解决当代问题的典范”[28]。这一论点正是依据上述历史事实而提出。

3. 中国古代法律内容逐步完备

中国古代法律从战国、秦汉，经魏晋，到隋唐，内容日益完备；宋、元到明、清法律，内容多因袭唐，并有所充实和发展。主要表现在以下方面：

法律竭力维护封建专制制度。等级特权是专制制度的本质特征，皇权是这个制度的核心。维护皇帝人身、宫殿安全，维护等级特权，是地主阶级根本利益所在。历代王朝所定律典都将此置于突出地位。典型的例子就是关于“八议”和“十恶”的规定。如前所述，所谓“八议”和“十恶”都是在总结前代法律基础上载入法典的。“八议”首见于魏《新律》，其内容是：议亲、议故、议贤、议能、议功、议贵、议勤、议宾。以上八种人都是皇帝亲族和与封建国家关系密切的人物。这八种人犯罪，按《唐律》：“诸八议者，犯死罪，皆条所坐及应议之状，先奏请议，议定，奏裁。流罪以下减一等。”除“八议”，还有以军功爵和官职抵罪。无官职、爵位者，有钱人可用钱财赎刑[29]。“十恶”首见于北齐律，称“重罪十条”，隋更名“十恶”。其内容是：一曰谋反，二曰谋大逆，三曰谋叛，四曰恶逆，五曰不道，六曰大不敬，七曰不孝，八曰不睦，九曰不义，十曰内乱。犯“十恶”者，不管在与不在议论赎罪之限，均为常赦所不原[30]。维护封建专制制度的法律还见于有关朝廷礼仪，国家机构运作，官吏任命、考核、升降、处分等。战国开始以官僚制代替春秋之前以血缘关系为纽带的世卿世禄制。为了加强对官吏的监管，秦大大提高了御史的地位，御史大夫位列三公，并逐级设监御史。对官吏的任命建立责任追究制，史称：“秦之法，任人而所任不善者，各以其罪罪之。”[31]任，荐举。秦律规定，不得重新启用被撤职的官员，“任废官者为吏，赀二甲”[32]。并规定官员调任新职不得带原来的属员，“啬夫之送见它官者，不得除其故官佐、吏以之新官”[33]。唐律有惩治“荐举非其人”和禁止请托的规定，“诸有所请求者，笞五十，主司许者，与同罪”。疏议解释说：“凡是公事，各依正理。辄有请求，规为曲法者，笞五十。即为人请求，虽非己事，与自请同，亦笞五十。”[34]如受人财，要加重治罪。在历代法律中，规范官员行为的规定不胜枚举，其目的都是为了将他们的行为限制于制度允许的范围之内，以利于国家的稳定。有关司法审判的内容在法典中从始至终都占有重要地位，法律强调司法公平，对徇私枉法、出入人罪者，要予以严厉惩处。

维护封建土地和私有财产制度。土地和财产私有是封建生产关系的核心，法律重视维护土地和财产私有权。李悝《法经》："王者之政，莫急于盗、贼。"[35]这里说的"盗"是指偷盗，"贼"是指贼杀人和叛逆作乱的人。意思是说，治理国家最紧要的是惩治偷盗财产和叛乱杀人的犯罪。所以《法经》将《盗法》《贼法》列为六篇之首。后来的法律也都将其放在很重要的地位。秦律规定："盗采人桑叶，赃不盈一钱，赀徭三旬。"[36]偷窃的赃物所值不到一文钱罚服三十天徭役，可见惩罚之严厉。对于封建土地所有制，更是保护尤加。史称，商鞅变法，废井田，民得买卖，土地所有制得以确立。秦有惩治盗移田界标识的法律，"盗徙封，赎耐"[37]。所谓"封"就是当时田间的界标。"耐"是刑罚的一种，指剔除面颊上的胡须。唐代初年，经隋末战乱，人口减少，大批农民离开土地，为了恢复农业生产，也是为了增强政权的基础，颁行《均田令》，将国内无人耕种的土地或荒地授予农民和官吏。"其官人永业准品，及老、小、寡妻受田各有等级。"法律规定，授田之外不得盗种、盗卖公私田。盗种者，一亩以下笞三十,五亩加一等。盗卖者，一亩以下笞五十,五亩加一等。在官侵夺私田者，一亩以下杖六十,三亩加一等[38]。宋、明、清律均有这方面规定。

关注农业、手工业、商业经营。商鞅变法鼓励从事农业生产，规定努力耕作"耕织致粟帛多者，复其身"[39]。秦《田律》规定地方官要及时报告庄稼生长及遭受自然灾害情况，注意种子的选择和保存。汉文帝说："夫农，天下之本也，其开籍田，朕亲率耕，以给宗庙粢盛。"[40]汉有"上计"制度，唐以后，将地方官对农业管理和监督职责写入法典。唐律规定："诸部内田畴荒芜者，以十分论，一分笞三十,一分加一等，罪止徒一年。"[41]明清律均定有"荒芜田地罪"。《大明律》规定："凡里长部内已入籍纳粮当差田地，无故荒芜及应课种桑麻之类而不种者，俱以十分为率，一分笞二十，每一分加一等，罪止杖八十。"[42]除里长外，还追究人户及县官的责任。《大清律例》的规定与明律基本相同。为了发展农业和畜牧业，法律重视保护水利设施，保护自然环境。《逸周书·大聚

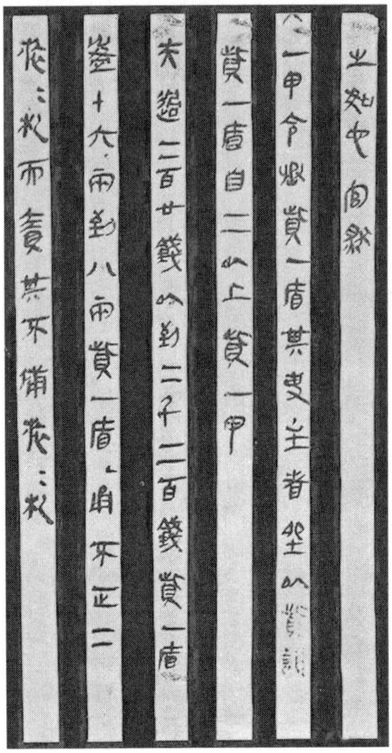

云梦秦简《秦律》

解》："春三月，山林不登斧，以成草木之长；夏三月，川泽不入网罟，以成鱼鳖之长。"秦律有类似的规定，但标明特例："到七月而纵之。"并规定："唯不幸死而伐棺椁者，是不用时。"[43]意思是说捉鱼鳖、鸟兽七月之后解除禁令，家中有人死亡到山林砍伐树木可以允许。有关手工业的法制，《礼记·月令》《周礼·考工记》均有记载。秦律规定更是具体，其内容涉及徒工培养、劳力考核、产品标准化等。如规定："为器同物者，其小大、短长、广夹（狭）必等。"[44]就是说生产同一种产品，它的各个部件要相同。这当然是为便于生产过程中组装，日后损坏也便于修理，应该说是十分先进的法律。为了保证产品质量，秦律还规定了生产责任制，出土的不少秦汉器物均刻有生产者和监管者的姓名。这正体现了《周礼·考工记》关于"物勒工名，以考其诚"。唐律《擅兴》篇有工程管理内容，明清律均有《工律》专管工程和手工业。统治阶级重农抑商，但并非不懂商业之重要，不加管理。齐国《市法》："中国能利市者强，小国能利市者安。"《史记·货殖列传》："农不出则乏其食，工不出则乏其事，商不出则三宝绝，虞不出则财匮少，财匮少而山泽不辟矣。"这说明古人对农工商之间的关系认识是清楚的。为加强对市场商贸管理，秦律规定："有买及卖也，各婴其价；小物不能名一钱者，勿婴。"[45]这是说市场上值一钱以上的货物都要明码标价。秦律还规定："为作务及官府市，受钱必辄入其钱缿中，令市者见其入，不从令者赀一甲。"[46]缿为一种陶制钱罐，钱能入，非碎不能出。后代商行之钱柜应是这种器物发展而成。

以上法律内容说明，封建法律主要是维护皇帝为代表的专制制度，为了维护这种制度，不能不注意经济发展。过去说封建阶级实行超经济剥削，现在看来，他们既实行超经济剥削，也重视经济剥削。包括手工业和商业赋税在内的赋税，永远是封建国家行政机构和军队赖以生存的源泉。

（三）家庭、学校与社会相结合的法制教育，形成了较好的守法习惯

1. 儒法两家和历代统治者重视法律教育

韩非对法下的一个定义是："法者，编著之图籍，设之于官府，而布之于百姓者也。"[47]这是从形式上对法的描述，其中"布之于百姓"即为当时法家的主张。在此之前郑国子产"铸刑鼎"、晋国赵鞅"铸刑鼎"，都是将法"布之于百姓"。孔子虽然曾反对子产"铸刑鼎"，但并非不重视法制宣传教育。他曾说："不教而杀谓之虐。"[48]对他的话，《十三经注疏》解释："为政之法，当先施教令于民，犹复宁申敕之。教令既治，而民不从，后乃诛也。若未尝教告而杀之，谓之残虐。"在历代的统治者中，朱元璋比较重视法制宣传教育。早在他称帝前还是吴王时，就曾命大理卿周桢"取所律令……凡民间所行事宜，类聚成篇，训释其义，颁之郡县，名曰《律令直解》"[49]。称帝后，洪武三十年（1397）《大明律》告成，朱元璋诏示群臣说明制作的目的："法在有司，民不周知，故命刑官取《大诰》条目，撮其要略，附载于律……刊布中外，令天下知所遵守。"[50]他要求"户户有此一本"，"臣民熟观为戒"。朱元璋还将《大诰》三篇颁诸学官，作为国子监学生和科举考试的内容。乡里则由塾师教授《大诰》。罪犯如持有《大诰》，还可减等处刑。他要求官员"于内外府州县及乡之里社皆立申明亭，凡境内之民有犯者，书其过，名榜于亭上，使人有所惩戒"[51]。清康熙亲颁十六条上谕，宣传法律和道德，其中写道："敦孝悌以重人伦……和乡党以息争讼……讲法律以儆愚顽，明礼让以厚风俗，务本业以定民志，训子弟以禁非为，息诬告以全民善，戒窝逃以免株连……"

2. 法制宣传教育形式活泼，语言通俗

云梦秦简有《为吏之道》一篇。其中提出了官吏应遵循的行为规范，宣扬"忠信敬上"，"清廉毋谤"，"举事审当"，"喜为善行"，"恭敬多让"；不要"见

民倨傲”，“不安其朝”，“居官善取”，“受令不偻”，“安家室忘官府”。读之朗朗上口，通俗易懂。清代编之《三字经》《弟子规》等，内容多为劝学、劝善、劝做人，并将历史上各类人物的相关事迹编入其内。即使目不识丁的人也能背诵几段，诸如孟母三迁、司马光为救小朋友砸缸、孔融让梨，以及为学习头悬梁、锥刺股，等等。《弟子规》则系统宣扬孝、悌、信、义和泛爱众生等。这都属面向大众的读物。今天看来其内容有不少封建糟粕，但在当时它是与社会发展水平适应的。最重要的是这种由近及远的宣传形式能使我们得到某种启发。

3. 法制宣传教育的内容做到法律与思想道德相结合

古代法律本来就是“寓礼于法”，法律与道德结合紧密。康熙十六条上谕颁布后，立即有官员编写《上谕合律集解》，逐条阐明含义，然后指出如违反，依《大清律》应受何种惩罚。对于康熙后来发布的圣谕十六条，除逐条讲解，附有相应律文，还编撰诗歌在民间传诵。这种法制宣传既增加了法律的亲情味，又强化了道德的规范力，将家庭、学校教育与社会教育相结合，提高了法制宣传和思想教育的效果。

由于重视法制和道德宣传教育，宣传不空讲大道理，而是由近及远阐明遵守法律和道德对于自己、家庭和宗族的利害关系，对社会和国家的意义，并“从娃娃抓起”，使人能从孩童时就开始按法律和道德规范去了解自己的社会位置与义务。比如，为人子，为人父，为人弟，为人兄，为人夫，为人妻，为人徒，为人师，等等。就这样建立起君臣、父子、兄弟、夫妇等级伦理关系。这种关系对封建统治的稳定是有益的。如李世民引孔夫子所说：“为人也孝悌，而好犯上者，鲜矣！不好犯上，而好作乱者，未之有也。”[52]总的看，中国古代遵守法律的情况，一般说治世情况较好。当然，官员中真正廉洁的和贪腐的都应该是少数，循吏是大多数。当时官员任职门槛较高，推举制下有推举资格的官员要求有一定官位，并规定了连带责任：“任人而所任不善者，以其罪罪之。”[53]这里“任”就是荐举。在后来科举制下，平常时期任职官员要经秀才、举人、进士逐级考试，任职后还受严格监督。他们不能不谨慎小心。至于广大百姓，也是遵守法律的。如非帝王无道，上层腐朽，肆意破坏法制，致民不聊生、官逼民反，大家都愿安居乐业。法制与社会安定有密切关系，许多事实都可说明。1973—1974 年，文物工作者在甘肃居延地区发现了一个简册，是东汉建武三年（27）的一宗诉讼案卷。内容记录了当地边防军的一位相当于县令职务的军官，状告由河南移居当地的客民，说他借债不还。经乡啬夫调查，以充分证据说明客民不仅已还清了债务，而且以实物和劳务多还了一部分。结果，这位军官被县府判定“为政不直”[54]。“为政不直”在秦汉属于重罪。建武三年，刘秀与王莽的斗争刚刚结束，一些地方军阀自立为王混战的局面仍在继续，军人的地位应是很重要的。但为一个不很大的案子，判一位军官如此之重的罪，可见执法之严格。在国家局势混乱的情况下，西北地区当时能保持稳定，与包括居延地区在内的该地区的官员坚持既定的法度有一定关系。

三、中国古代法律文化的主要特点

中国古代法律文化的特点，可以从不同角度作多种概括。现择其要者谈以下几点。

（一）法律包容性大，体制稳定性强

中国是一个统一的多民族国家。法律文化为 56 个民族共同创造。在发展进程中，各民族既有主动借鉴，也有相互征服。无论何种方式都为法律文化交流提供了条件。《尚书・吕刑》：“苗民弗用灵，制以刑，惟作五虐之刑曰法，杀戮无辜，爰始淫为劓、刵、椓、黥。”这说明古代法律中的五刑是受苗族先祖影响制定的。赵武灵王“胡服骑射”，商鞅变法改变秦国父子“同室而居”，也是一种法律文化方面变革。南北朝时的北魏、北齐法律各有建树。北齐“十条重罪”入律，是对秦汉以来法律相关规定的系统化。其后西夏编著法典，蒙古贵族入主中原制定的法律，虽不如前代系统，但基本内容仍是沿用唐、宋法律。《大元圣政国朝典章》(《元典章》) 前 60 卷十门设吏、户、礼、兵、刑、工等部，为明代更改法典体例提供了思路。《大明律》在《名例》之下按上述六部分篇，是

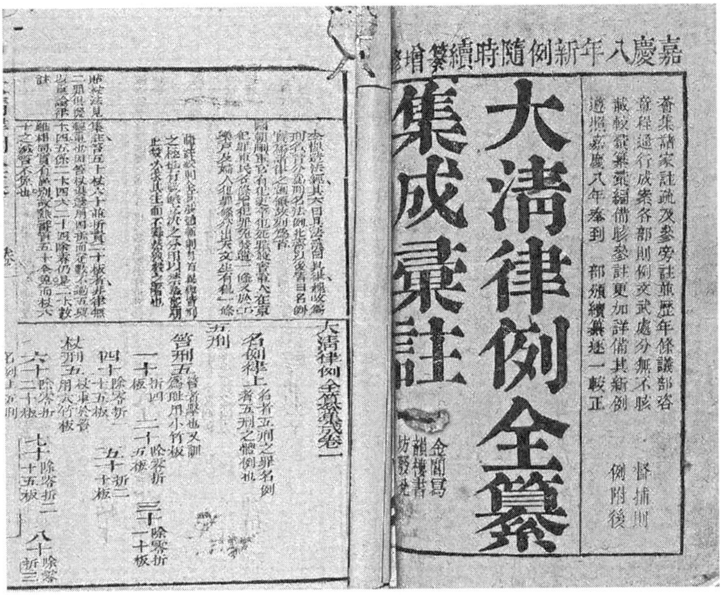
嘉慶八年新例隨時續纂增修

大清律例全纂集成彙註

薈集諸家註疏及參考註並歷年條議部咨章程通行成案各部則例文武處分無不賅載較纂彙編備彰參註更加詳備其新例遵照嘉慶八年奉到 部頒續纂逐一較正

督捕則例附後

嘉庆年间刊行的《大清律例全纂集成汇注》书影

古代法律体例的重大发展。清代满族贵族为统治中原，入关前就学习汉族法律文化。入关后提出“参汉酌金”的立法指导思想，在明律的基础上较快地制定了《大清律》，开始了 267 年的统治。

中国古代法律制度的发展历程，决定了其法律文化的包容性，也使之具有很强的稳定性。它广泛吸收不同民族法律文化，却能保持其基本特质。这种特质产生的凝聚力，促进了民族团结和国家稳定。当然，对它的稳定性特点不宜过分强调，当形势变化时还是应遵循“法与时转，治与世宜”的历史观，否则会像晚清以后那样，形成对吸纳外来优秀法律文化的阻力。

（二）礼刑相辅相成，儒法会通合流

礼起源于中国古代社会的宗教仪式，进入阶级社会后改造成体现等级秩序的行为规范，影响广泛。它的主要功能是“别贵贱，序尊卑”。西周初，实行礼制，礼成为国家运转的大法。“礼，经国家，定社稷，序民人，利后嗣者也”[55]，

"道德仁义，非礼不成；教训正俗，非礼不备；分争辩讼，非礼不决；君臣上下，父子兄弟，非礼不定；宦学事师，非礼不亲；班朝治军，莅官行法，非礼威严不行"[56]，"夫礼，天之经也，地之义也，民之行也"[57]，"国之干也"[58]。礼之所以被捧到如此之高的地位，是由于它的原则与内容适于维护以王权、父权为核心的等级秩序。礼，"政之兴也"。它可以"防民"，也可以"整民"。《盐铁论》称："礼周教明，不从者，然后等之以刑。刑罚中，民不怒。""安上治民，莫善于礼。"这就是说封建统治者认为，礼是刑罚的指导原则，礼的规范作用又靠刑罚维系。

春秋战国时，周代的礼制和世卿世禄制度虽被冲击，但由于礼的内容适于当时社会需要，汉之后随儒学地位上升，礼又被重视。董仲舒引经义断狱，儒家学者以经义注释法律，加速了儒法会通合流，礼与法的关系形成"本"与"用"的关系。所谓"德礼为政教之本，刑罚为政教之用，犹昏晓阳秋相须而成者也"[59]。礼有治国、理家、律己的功能，礼刑结合，儒法会通，是中国古代社会长治久安所需。这种法律文化不仅与西方迥异，与东方其他国家也有区别。

（三）强化伦理道德，维护宗法制度

宗法制度是中国古代以嫡长子为中心、以血缘关系为纽带的法则形成的一种制度。伦理关系是人与人之间的道德准则关系。以血缘关系形成的宗法制度以男性为主体，嫡长子为大宗，别子为小宗；别子的长子在其世系内又为大宗，其余别子为小宗，以此相传形成宗族。在西周，宗法制度与国家制度紧密结合。周天子是大宗，掌全国政权。其诸弟为小宗，分封诸侯国。维系这种制度的是伦理道德。春秋之后，礼崩乐坏，周室衰落，宗法制度被冲击，但这种宗法制度在其后的王公贵族和士大夫阶层仍有很大影响。王室贵族的封号、爵位继承、宗族祭祀，仍以宗法关系为准。在民间宗法制度的影响也很深远，婚丧嫁娶、财产分割中保留很深的印痕。由于宗法制度是以血缘关系为纽带，就使尊尊亲亲的伦理道德与之形成天然结合体，而这种结合既有利于家庭秩序、社会安宁，又有利于政权巩固，所以为中国古代法律所维护。父亲对子女有惩

治权，侵犯尊长加重治罪，近亲属犯罪得相容隐，以及某些犯罪依“服制”在一定的亲属间株连，均是体现宗法制度和伦理道德的原则。中国古代皇帝称“天子”，为黎庶父母，地方官为父母官。某些说法至今仍然流传，实为宗法制度残余的影响。

（四）皇帝总揽大权，行政干预司法

中国皇帝从秦始皇到清宣统，作为古代封建统治制度的重要组成部分，其权力之大，延续时间之长，为世界仅见。王朝虽屡经变换，但皇帝集立法、行政、司法大权于一身的状况终无变化。即使在外戚、后宫干政的情势下也如此。他们在取代皇位之前，发号施令仍不得不假借皇帝之名。这是因为皇帝作为封建阶级的总代表，其集权是国家稳定、社会经济发展的利益所在。恩格斯曾说:“在这种混乱的状态中，王权是进步的因素……王权在普遍混乱中代表着秩序。”[60]以上是一般评价。在司法方面如何评价要具体分析。据《史记》，秦始皇曾“昼断狱，夜理书”，说明他亲自审理案件。汉高祖刘邦规定朝廷“谳疑狱”，即讨论审核疑难案件，至少说明他干预疑难案件的审理。唐太宗李世民在错杀大臣张蕴古后，规定外地命案“三复奏”，京师命案“五复奏”，由他亲自裁定。明代建立的“朝审”制度，清代发展为“秋审”和“朝审”。这是对各省和京师地区判斩监候和绞监候的重罪犯人由朝廷集中复审的制度，经审理判处者一律报奏。这也是皇帝控制司法的一种方式。地方官员如县令长、郡守作为帝王在当地的代表，早期审理案件为其职责，后来随司法制度完备，已专设司法官，但他们仍干预重大疑案审理。这都使行政干预司法成为传统。

（五）刑罚手段严酷，定罪讲究规格

刑罚作为对犯罪的报复，世界各国皆然。西方有“同态复仇”，中国则是“杀人者死，伤人者刑”[61]，或“杀人者死，伤人及盗抵罪”。其中主导思想也是报复。中国古代刑罚残酷主要表现在，以严刑惩办对抗统治阶级的犯罪和违反伦理道德、侵害尊亲属的犯罪，以及肉刑的适用。肉刑，前期是黥、劓、刵、宫、大辟；后期是笞、杖、徒、流、死中的笞刑和杖刑。死刑种类前期较多，后期除法外用刑，主要是绞、斩等，最残酷的是凌迟。

刑罚固然残酷，死刑尽管种类繁多，但审理时比较讲究规格，适用还是慎重的。《尚书·吕刑》说："两造俱备，师听五辞。"两造指诉讼双方当事人，师听五辞是要求审判官员要认真听取有关触犯五刑之辞。从金文记载看，周代宣判案件均有上级官员在场。古代审讯人犯不提倡刑讯，唐律规定刑讯不得过三度，总数不得超过犯人罪行应受的惩罚。为了正确处理案件，中国古代很早就有法医检验制度。《礼记·月令》："孟秋之月……命理瞻伤、察创、视折、审断，决狱讼，必端平。"理为治狱之官员。蔡邕曰："皮曰伤，肉曰创，骨曰折，骨肉皆绝曰断。"云梦秦简《封诊式》记载了十几例有关作案现场的检验式例，其中有《疠》（麻风病）、《贼死》、《经死》、《穴盗》、《出子》等，说明当时已总结出不少成熟的经验，使用了痕迹检验。南宋宋慈的《洗冤集录》，是我国也是世界上最早的一部法医学著作。它编撰于淳祐七年（1247），比1602年意大利人编著之法医学专著早350余年。后经朝鲜半岛传入日本，19世纪末20世纪初英国、荷兰、法国、德国有译本。这些资料都说明，中国古代审理案件是注意弄清事实，讲究规格的。至于死刑，更是慎重。前面谈到汉高祖"谳疑狱"、唐以后历代的"三复奏""五复奏"，即为死刑复核程序。唐贞观四年（630）处死刑仅29人，当时全国人口已达5000万[62]。史载明初，太祖亲自"录囚"，"有大狱，必面讯"。清康熙下谕："人命事关重大……情有可原，即开生路。"[63]雍正三年（1725）上谕自称："临御以来，钦恤刑狱，每遇法司奏谳，必再三复核，唯恐稍有未协。"[64]死刑慎用还表现在明清两朝的"会审"和"秋审"制度。清入关后，顺治元年（1644），刑部左侍郎党崇雅奏："旧制，凡刑狱重犯，自大逆、大盗决不待时外，余俱监候处决。在京有热审、朝审之例，每至霜降后方请旨处决。在外直省，亦有三司秋审之例，未尝一丽死刑辄弃于市。乞照例区别，以昭钦恤。"[65]此后，清也建立了秋审、朝审之制。

清律规定，严重犯罪立即处决者为"斩立决"或"绞立决"；还不十分严重的可暂判"斩监候"或"绞监候"，延至秋后由刑部会同三法司九卿会审复核。时间是每年秋天八月，地点在今天安门外金水桥西。审后分别判定：情实（罪情属实，罪名恰当），可矜（案情虽属实，但情节不严重，可免于处死），留养承祀（情节虽较严重，但父母、祖父母年老无人奉养，可免于处死）。判定后由刑部具题，奏皇帝裁定。朝审是对京师在押死囚审录。刑部在押重犯，每年一次朝审。程序是刑部堂议后，奏请特派大臣复核，然后会同九卿于秋审前一天在今天安门外金水桥西审录。具题后，奏请皇帝裁决。

（六）争纷调处解决，以求息讼和睦

中国古代系农业自然经济。人民大众由血缘关系聚族而居，由地缘关系邻里相望，相互关系盘根错节、枝蔓相连，共同防御自然灾害和社会危险更拉近了彼此之间的关系。在此社会经济和文化传统下，和睦相处既是大众的共同需要，也是统治者所希望的。孔子说：“听讼，吾犹人也，必也使无讼乎！”[66]“吾犹人也”，说明当时许多人都如此希望。其实无论儒家、墨家、道家、法家，治国的理念都希望安定和睦，法家提出“定分止争”就很说明问题。史载，东汉吴祐任胶东相时，“民有争讼者，必先闭门自责，然后断讼，以道譬之，或亲到闾里重相和解。自是争讼省息，吏人怀而不欺”[67]。《隋书·刘旷传》记载，开皇初，刘旷为平乡县令，“人有争讼者，辄叮咛晓以义理，不加绳劾，各自引咎而去。所得俸禄，赈施穷乏。百姓感其德化，更相笃励，曰：‘有君若此，何得为非？’在职七年，风教大洽，狱中无息囚，争讼绝息，囹圄皆生草，庭可张罗”。俗语说“一场官司，三世仇”，争纷凡能自行调解，尽可能不诉诸官府。明太祖朱元璋洪武三十一年（1398）颁行之《教民榜文》称：“民间户婚、田土、斗殴相争，一切小事不准辄便告官，务要经由本管里甲、老人理断。若不经由者，不问虚实，先将告人杖断六十，乃发回里甲、老人理断。”其理由是：“老人、里甲与乡里人民，居住相接，田土相邻，平日是非善恶，无不周知。凡因有陈诉者，即须令议从公部断。”清康熙更是提倡“笃宗族以昭雍睦，和乡党以息争讼”[68]。在官府大力支持下，普遍盛行宗族调解、相邻亲友调解、基层里保调解和县州府调解。这说明调处解决纷争，既有群众基础，也是官府需要，

朝廷有圣谕，乡规民约和家族法中有申明，终成中国古代社会解决大量民事和轻微刑事案件之重要途径。

四、中国古代法律文化的影响

考察中国古代法律文化的影响应注意两点：其一，如马克思、恩格斯指出的，除原始状态外，“到目前为止的一切社会的历史都是阶级斗争的历史”[69]。其二，要将特定朝代的法律文化以发展的眼光放在特定的历史条件下进行分析。任何阶级斗争都是为了夺得政权和维持政权。统治阶级为不使其王朝覆灭、统治崩溃，都会在不断总结前人成功与失败经验教训的基础上，建立一定的社会秩序。一般说这种秩序要适应经济发展、社会稳定、人民安居乐业的需要。中国古代法律文化是中国传统文化的重要组成部分。由于其特质，它对传统文化、对中国古代文明具有推动和保障作用。它立足于农业自然经济社会，受宗法制度影响形成的等级特权制度，很长时间适应中国古代社会发展；它将人们在生产中积累的有益经验加以条理化，赋予国家强制力，在社会相关领域加以推广，推动了农业、畜牧业和手工业发展；它将人们对自然的认识加以提高，力争处理好与林木、流水和鸟兽的关系，有利于人们生存繁衍；它贯穿人本精神和伦理道德，维护家庭关系，促进了邻里和睦和民族团结；它寓礼于法，将礼法密切结合，既增强德礼的规范作用，又赋予法律亲和性，为法律贯彻排除了某些阻力。春秋战国时诸贤哲的法律思想完全可与西方古希腊哲学家的法律思想相媲美；在制度层面，早在2000年前的秦国就已实现了“皆有法式”。不可否认，中国古代刑罚是残酷的，不过从世界文明进程看，却是难以避免的，各民族大体都经历了如此痛苦的过程。中国刑法较早废除了凿肌肤、断肢体的肉刑，司法讲究程序，注意适用证据，死刑要经朝廷复核，甚至要由皇帝最后审批，这都应历史地予以肯定。中国古代文明发展到如此高的程度，很长时间居于世界领先地位，与包括古代法律文化在内的传统文化的作用和影响有密切关系。

中国古代法律不仅对本国有巨大作用，而且对东亚诸国也产生了深远影响。

对朝鲜，王氏高丽王朝474年的统治，法律制度多取自《唐律》。《高丽史·刑法志》曰："高丽一代之制，大抵皆仿于唐。至于刑法，亦采唐律，参酌时而用之。"

对日本，天智天皇时制定的《近江令》，天武天皇时制定的《天武律令》，以唐贞观前后的"令"为蓝本。至于对日本法治有划时代意义的《大宝律令》及其后的《养老律令》，篇目和内容都仿《唐律疏议》。日本史学家桑原骘藏曾指出："自奈良至平安时期，吾国王朝时代之法律，无论形式上与精神上都皆依据《唐律》。"日本法学家穗积陈重指出：明治三年（1870）十二月颁布的《新律纲领》，"系以中国之唐明律为蓝本"。

对越南，李太尊时颁布的《刑书》、陈太尊时颁布的《国朝刑律》，都脱胎自《唐律》而成。潘辉注《历朝宪章类志·刑律志》指出："按李陈刑法……当初校定律格，想亦尊用唐宋之制，但其宽严之间，时加斟酌。"阮世祖时的《嘉隆皇越律例》、阮宪祖时的《钦定大南会典事例》等，都受《大明律》直接影响。

中国古代法律文化先进于东亚诸国。这些国家依照或借鉴中国法律制定本国法律，对其政治、经济、文化发展是有益的。

五、关于法律文化自觉

所谓法律文化自觉，是指人们依据本国的实际情况，顺应历史发展的客观要求，自觉认识法律对治理国家，发展社会经济、政治、文化的重要作用。他们或通过著书立说，或通过提出治理方案，或作出科学决断，采取相应举措实现发展之目的。从上述所讲内容可以了解，中国古代不乏这样的人物。春秋战国时"百家"中的许多思想家、政治家，秦王朝统一全国后，历朝历代之明君、良臣，如秦始皇、李斯，汉高祖、萧何，唐代李渊、李世民父子，长孙无忌、魏徵，明代的朱元璋，清代的顺治、康熙、雍正、乾隆等。他们在过程中可能有这样那样的失误或问题，甚至如秦始皇成为暴君留下千古骂名，但他们在古代法制建设、法律文化发展中的历史贡献是不可磨灭的。对人不能求全责备。

他们无论是帝王、臣工或学者，共同的特点是能认识法律对治理国家之重要，正确总结历史的、现实的经验教训，比较实事求是地评价本国法制的实际情况，以开放的态度借鉴别人的经验，完善自己国家的法律和制度。其中，秦王朝的速亡，恰恰是由于秦始皇后来破坏了法制。

我们学习中国古代法律文化有关知识，一方面是为了正确认识包括法律文化在内的中国传统文化，同时是为了从历史经验中得到某些启示，古为今用，推进我国社会主义法治建设。党的十七大报告中有一段话在这方面有重要指导意义："中华文化是中华民族生生不息、团结奋进的不竭动力。要全面认识祖国的传统文化，取其精华，去其糟粕，使之与当代社会相适应，与当代文明相协调，保持民族性，体现时代性。加强中华优秀文化传统教育，运用现代科技手段开发利用民族文化丰厚资源。加强对各民族文化的挖掘和保护，重视文物和非物质文化遗产保护，做好文化典籍整理工作。加强对外文化交流，吸收各国优秀文明成果，增强中华文化国际影响力。"

有一段时间，我们在法律文化方面的自觉性是不够的。对古代法律文化否定过多，对现代法律文化重视也有差距。有些倒是国际社会在不断提示我们。

1991年，我们在加拿大会见了当年《世界人权宣言》起草者之一约翰·汉弗莱先生，他向我们讲述了一个故事。1948年，当《世界人权宣言》起草在一些问题上发生争论、相持不下时，是中国代表张彭春提出学习中国儒家的中庸之道，学习"己所不欲，勿施于人"等儒家学说，打破了僵局，受到主持《世界人权宣言》起草工作的埃莉诺·罗斯福的称赞，至今传为美谈。1995年我们赴瑞士考察，在日内瓦国际红十字会展览大厅，看见一块大石头上赫然以中文和英文刻着"己所不欲，勿施于人"八个大字，很引人注意和深思。

1988年，在巴黎召开的诺贝尔奖获得者大会发表的宣言，强调解决人类21世纪面临的问题，要到2500年前中国孔夫子那里寻找智慧。

美国哈佛大学科恩教授说："中国法律制度最引人注目的一个方面是调解在解决纠纷中的不寻常的重要地位……调解等于和解，是指通过第三者解决纠纷，不给出有约束力的判决方法。中国的调解者发挥了这样的作用，他把互不理解的当事人联系到一起，从另一个角度来看，他不仅建立了当事人的联系，而且找到了争议点，确定了事实上的问题，尤其是提出了合理的解决方案……动用了强力的政治、经济、社会和道德上的压力，并施加于一方或双方当事人身上，使他们最终保留小的争议，但达成自愿一致的意见。”作为一个外国人，科恩的评价不见得十分确切，但他对中国调解制度的肯定是显然的[70]。英国国际著名民事诉讼法专家、英国民事诉讼程序改革设计者沃尔夫教授说，英国民事诉讼加大调解力度是学习中国的经验。

此外，春秋战国时孙武所著《孙子兵法》，虽系私人著述，主要论证战争哲学和攻防谋略，但其论点科学，论证充分，分析精辟，是重要的军事法学和哲学文献。它不仅对中国古代法律文化有重要影响，对现代战争有重要参考价值，而且受到外国军界、政界甚至商界广泛重视。其中的一些重要论述成为他们走向成功之路的箴言。被称为美国军事将领摇篮的西点军校将《孙子兵法》列为必修课。该校十分注意中国对《孙子兵法》的研究。20 世纪 70 年代，我国在山东临沂银雀山汉墓的简牍中发现了久已失传的《孙膑兵法》，当时，内容尚在研究之中，西点军校便邀请我国参加整理的专家去举办讲座。可见，其对中国古代军事法律文化之重视。

我国现在正在深化体制改革，中央号召我们要继续解放思想。法治建设方面，在已有的基础上提高法律文化自觉是重要的。根据历史和现实经验，提高法律文化自觉要求人们对自己的国家和民族的法律文化传统，即它的产生和发展的过程有所了解，同时要求对其他国家和民族的法律文化有所了解，对国际交往行为规则及其发展趋势有所了解，在此基础上对我国法律文化的现状作正确判断，立足国情结合实际确定发展方向。对于我国国情，应以发展的眼光，既要看过去，也要看现在；既要看国内，也要看国际。对国内既要注意人口多、底子薄、公民整体文化素质有待提高，许多问题的解决不可能一蹴而就、操之过急；也要注意改革开放 30 多年来经济、政治、文化和社会建设方面的巨大变化，尤其是新成长起来的一代年轻人已成为国家建设事业的主力，他们对进一步改革和发展的迫切愿望。应该说，国际地位也是国情的重要方面。由于我国经济、政治、军事实力增强，国际影响日益扩大，发达国家和发展中国家从不同角度对我国承担更多国际义务寄予了希望和提出了要求。为了维护世界和平与安全，为了对我国发展营造良好的国际环境，我国在迅速步入国际社会，熟悉国际行为规则的同时，要对国际行为规则的改革和发展，为国际新秩序的构建作出更大贡献。这要求我们：

其一，要重视法治建设。“依法治国，建设社会主义法治国家”是历史经验的总结，是我国人民经长期奋斗并付出了重大代价而获得的权利，是我国的宪法原则，我们要不断加深认识它的重要性，努力贯彻落实。为此，我们要大力发掘我国法律文化的优秀内容。我国古代重视法制建设是无可辩驳的事实，历代王朝也为法律实施采取了诸多措施，其中不乏有益经验。我们要在新形势下加以传承，使其成为中国特色社会主义的重要组成部分。

其二，为达此目的，我们在传承古代法律文化优秀内容的同时，要坚决摒弃其糟粕，尤其要汲取历史上一些王朝统治者破坏法制，贪污腐败，官逼民反，招致崩溃的教训。在实践中要有勇气直面我国法治的现状，既要看到成绩，也要看到存在的问题。千万避免以我们取得的巨大成绩而忽略或掩盖存在的严重问题。要抓住机遇，迎接挑战，推进改革，实现发展。

其三，要注意国际形势发展和当代世界的变化。要看到别国发展中存在的问题，也要肯定别人的长处，进一步解放思想，从外国法律文化发展进程中大胆汲取于我有益的经验，推进我国社会主义法治建设。

总之，对自己不可妄自菲薄，也不可妄自尊大；对别人不应盲目崇拜，也不应肆意贬低。在前进中不断总结经验，通过交流取长补短，高举旗帜，坚持科学发展观，使法治真正成为社会主义和谐社会的重要内容和可靠保障。

注释：

①刘作翔:《法律文化理论》，商务印书馆 1999 年版，第 65 页。

②费孝通:《乡土中国》，三联书店 1985 年版，“重版序言”第 3 页。

③《论语 · 颜渊》。

④《论语·为政》。

⑤《孟子·公孙丑上》。

⑥《孟子·尽心下》。

⑦《孟子·公孙丑上》。

⑧《孟子·离娄上》。

⑨《荀子·劝学》。

⑩《墨子·兼爱》。

⑪《墨子·法仪》。

⑫《墨子·尚同》。

⑬《老子》第二十五章。

⑭《老子》第五十七章。

⑮《商君书·修权》。

⑯《管子·七法》。

⑰《韩非子·有度》。

⑱《管子·明法》。

⑲《韩非子·心度》。

⑳《左传·昭公六年》。

㉑《尚书·康诰》。

㉒《唐律疏议·名例》。

㉓《汉书·刑法志》。

㉔《史记·秦始皇本纪》。

㉕《史记·高祖本纪》。

㉖《晋书·刑法志》。

㉗《新唐书·刑法志》。

㉘刘海年:《"一国两制"——从科学构想到光辉实践》，香港《文汇报》1997年7月18日，《大公报》1997年7月19日。

㉙《唐律疏议·名例》。

㉚同上。

㉛《史记·范雎蔡泽列传》。

㉜《睡虎地秦墓竹简·秦律杂抄》，文物出版社1978年版。

㉝《睡虎地秦墓竹简·秦律十八种》，文物出版社1978年版。

㉞《唐律疏议·职制》。

㉟《晋书·刑法志》。

㊱《睡虎地秦墓竹简·法律答问》，文物出版社1978年版。

㊲同上。

㊳《唐律疏议·户婚》。

㊴《史记·商君列传》。

㊵《汉书·文帝本纪》。

㊶《唐律疏议·户婚》。

㊷《大明律集解附例》。

㊸《睡虎地秦墓竹简·秦律十八种》。

㊹同上。

㊺同上。

㊻同上。

㊼《韩非子·难三》。

㊽《论语·尧曰》。

㊾《明史·刑法志》。

㊿同上。

51沈家本:《历代刑法考·律令卷》。

52《贞观政要》。

53《史记·范雎蔡泽列传》。

54刘海年、杨一凡总主编:《中国珍稀法律典籍集成》甲编第2册，科学出版社1994年版。

55《左传·隐公十一年》。

㊻《礼记·曲礼》。

㊼《左传·昭公二十五年》。

㊽《左传·僖公十一年》。

㊾《唐律疏议·名例》。

㊿《马克思恩格斯全集》第 21 卷，人民出版社 1965 年版，第 453 页。

61《吕氏春秋·去私篇》。

62《新唐书·刑法志》。

63《清史稿·刑法志》。

64《大清律例通考》。

65《清史稿·刑法志》。

66《论语·颜渊》。

67《后汉书·吴祐传》。

68《圣谕十六条》。

69《马克思恩格斯选集》第 1 卷，人民出版社 1995 年版，第 250 页。

70转引自强世功编:《调解、法制与现代性：中国调解制度研究》，中国法制出版社 2001 年版，第 88 页。

（讲座时间 2007 年）

王天有

明代国家权力的运作

王天有

王天有（1944—2012），山西临汾人。曾任北京大学历史学系教授、博士生导师，历史学系主任。曾兼任国家哲学社会科学规划办中国史学科委员、北京师范大学特聘教授、北京市历史学会常任理事、中国明史学会副会长、北京满学会副会长、《中国史研究》编委会副主任、《明清论丛》主编、北京大学明清研究中心主任、北京大学当代企业文化研究所

王天有

所长。

主要研究中国古代政治史和明清两朝历史。代表性著作有:《明史：一个多重性格的时代》(合著)、《晚明东林党议》、《中国古代官制》、《明代国家机构研究》、《中国考试史文献集成·明》(主编)等。点校《国朝典故》《逆臣录》。

明朝是中国传统社会后期一个重要的王朝。这个王朝从1368年明太祖朱元璋开基创业，到1644年明朝最后一个皇帝朱由检魂系煤山（今北京景山公园内），历时277年。这一时期，中国古代各种传统发展到极致，尤其是明朝中后期，商品经济的发展带来了整个社会的巨大变化，传统发展到极致和社会转型带来的变化二者相互交错，扑朔迷离，使明朝历史呈现出绚丽多彩的特点。

明史在中国历史当中，长期被时政化。特别是一些有影响的学者，对明史提出过一些具有结论性的看法。这些看法影响了学术界，也影响了传媒，影响了文艺创作，甚至影响了普通百姓。因此在很多人的心目中，明朝除了开国皇帝朱元璋和他的儿子明成祖朱棣有所作为以外，其他的皇帝多是碌碌无为之辈，甚至是昏庸的君主，有的皇帝干脆 20 年不上朝。在大量的所谓的历史和文学作品当中，明朝留给人们的是一个专制的、黑暗的、贪污腐败成风的、特务横行的印象。我个人认为，这并不符合明朝历史的实际。有明一代，没有出现过历史上的权臣干政，女后、外戚专权，更没有武臣跋扈、地方割据等现象。明朝在稳定中延续了 277 年，是自秦以来的王朝中寿命仅次于唐朝的一个王朝。今天我主要讲明朝国家权力运作的情况，并以说明明朝的政治特点。

一、决策、议政和执行

皇帝是传统王朝的最高统治者，他的主要任务就是对国家大政方针进行决策。皇帝的决策体现在两个方面：一是对王朝的行政、人事、军事、经济、文化等各种制度、法规、政策进行制定，通过制定制度、法规、政策来指挥全国。所以，明朝人有这么一句话："创制立法，天子之事。"也就是说，皇帝的决策体现在创制立法上。二是对上行章疏的批答裁定。下级的报告，逐级上呈，最后解决不了的都要集中到皇帝那儿，由皇帝来批答裁定。皇帝批答裁定往往针对的是一件事或者一个人，但是它既然是皇帝批答裁定的，就是钦定，就是御批，那么它就有了"制"和"法"的性质。皇帝身居九五之尊，主要就靠这两个方面来指挥全国。

古代中央高层权力运作基本上围绕议政、决策和执行而展开。皇帝拥有决策权，但决策并非"任心而行"，总要和他认为最亲近、最信任的人商量。因此，这些亲近的人、信任的人就有了议政权，他们跟皇帝一起讨论问题，最后由皇帝来决策，然后付之执行。执行是一个更为复杂的过程，从中央到地方各级行政机构主要任务是执行。

明朝的决策、议政、执行与前代相比，有一个重大的变化。明朝以前，最高的议政权和监督百官的执行权往往是合而为一的，主要体现在宰相制度的设置上。中国古代宰相的权力主要有两个特点：一是拥有议政权，二是拥有监督百官的执行权。

“宰相”一词，最早“宰”和“相”分称，到了春秋时代才开始有了合称，到了战国时代比较普遍使用。翻开二十四史的《职官志》，历朝历代的官名当中没有“宰相”，只有辽朝曾经一度出现过“宰相”这个官名。“宰相”是一种俗称，不同的朝代它有不同的称谓。比如，秦始皇的时候叫丞相，到了汉代初年也叫丞相，后来叫三公，三公指的就是大司徒、大司马、大司空。唐代是三省的长官，能够参加政事堂议政的人才能叫宰相，唐朝中期以后叫“同中书门下平章事”。宋代王安石任参知政事，那是副宰相。元朝又设立丞相。朱元璋在建国以后也设立丞相。洪武十三年（1380）朱元璋借丞相胡惟庸谋逆，废中书省、罢丞相，完成了明朝初年的一次重大体制改革。在这个改革当中，朱元璋宣布，以后谁再建议设立丞相，以奸臣论。所以从明朝开始，中国就没有了宰相制度。所谓的“宰相刘罗锅”只是戏说，在清代没有宰相，刘墉从来没有当过宰相。

朱元璋废除了宰相以后，马上就感到劳累不堪，因为每天要处理的事情太多了。比如，他每天要看154份奏章，要处理511件事，他马上就感到“人主以一身统御天下”，没有人帮助不行。于是于洪武十三年九月，设置四辅官，协助议政。四辅官的成员是从民间选拔的一些有文化的老学究，这些老学究有的每月上旬上班，有的中旬上班，有的下旬上班，轮流辅政。这些老学究虽然与朝廷里的权要人物没有瓜葛，但是“纯朴无他长”，不能适应议政的需要；而且轮流辅政制度更是不符合政务连贯性的要求，于是朱元璋又开始了新的探索。一方面，他启用翰林院出身的官员到文渊阁来帮助他处理政事，这部分官员叫“翰林院兼平驳诸司文章事”。这些官员都是进士出身，其主要职责是针对各个衙门呈送上来的报告，给朱元璋提出初步意见。另一方面是设置殿阁大学士来协助处理政务，其主要职责就是备顾问，“大率咨询道理，商榷政务，评骘经史，而使之援据古今以对”。朱元璋废除宰相制度之后，在议政官的设置上可谓是煞费苦心。

明成祖即位以后，继续用翰林官辅政，《明史》卷五《成祖本纪》记载："(建文四年) 八月壬子，侍读解缙、编修黄淮入直文渊阁。寻命侍读胡广，修撰杨荣，编修杨士奇，检讨金幼孜、胡俨同入直，并预机务。"此时内阁的职责主要就表现在"预机务"上。明朝宣德年间，内阁职责进一步明确。一是掌"献替可否"，即议兴议革。二是"奉陈规诲"，即辅弼君德。奉陈规诲就是对皇帝进行辅导，对皇帝的道德进行约束。明朝从朱元璋开始到宣德晚年，逐渐地形成了一种皇帝终生受教育的制度，即经筵制度。也就是说，每年的农历二月到五月、七月到十月，每逢二日要到文华殿读书听课。这就是所谓的"御经筵"。这一制度一般在皇帝年幼的时候比较规范，皇帝长大以后，特别是皇帝年老的时候，就经常借口身体不好，不出席了。内阁的第三个职责就是"点检题奏，票拟批答"。所谓题奏，指题本和奏本，是明代两种主要的上行文书。票拟，也称拟票、票旨、条旨、调贴。《殿阁词林记》中记载："内阁之职，其大者在代王之言，凡手敕旨意，俱从票拟。"也就是说，内阁的主要任务就是代皇帝票拟批答。凡上行文书，内阁先用墨笔替皇帝起草批答，皇帝看后用红笔圈阅，称为"批红"。票拟分为御前票拟和阁中票拟。御前票拟是皇帝与内阁面议，内阁当面起草批语，皇帝当即批红。如果皇帝不上朝，内阁就在文渊阁替皇帝起草，然后通过宦官呈送，这称之为"阁中票拟"。内阁由多人组成，久之，其中资历最深的一个叫作"首辅"，第二个叫"次辅"，其他的叫"群辅"。至此，内阁制度确立。

宰相制度废除以后，原来宰相监督百官的执行权也随之转移。明朝初年设一个大都督府，掌管全国的卫所军队，由朱元璋的侄子朱文正做大都督。后设五军都督府分管五府军队，每个都督府都设左右都督。然后又提升吏、户、礼、兵、刑、工六部来分割原来宰相的事权。其中吏部管官员的任免，即管人事；户部管国家的经济事务；礼部管国家的典礼、学校、考试；兵部管军队的调动；刑部管司法；工部是管水利和国家重大工程的建设。明代六部的权力远远大于前代，表现之一是地位尊。丞相废除以后，六部的地位最尊。从品级上看，六部是正二品的衙门，是明代文职最高级别的官署。比如，吏部尚书就是正二品，再想往上升到一品，需有另外的政策。表现之二是职权重，权力很大。六部分割了原来宰相的事权，是皇帝之下主理政务的最高一层机构。朱元璋这场改革的特点就是希望通过分权来达到集权。

有人认为中国古代的宰相制度是个制度，称作“贤人政治”。一方面在中国古代，皇位是世袭的，儿子就算是个白痴，也是合法的接班人。但是宰相是传贤的、任贤的，任贤可以弥补传子的弊病。另一方面宰相参与议政，皇帝御批之后，由宰相监督百官马上执行，有利于保证行政的高效率。而分权制度，虽然不易产生权臣，但往往造成行政效率的降低。

六部、都察院并不是消极被动地执行皇帝的决策。明朝还有一个制度叫廷议制度。廷议制度于汉朝就出现了，历朝都有。但是历朝的廷议制度都是皇帝或者丞相召集官员们一起来讨论问题。明朝不是这样，明朝逐渐地形成了一套非常有特色的廷议制度。一方面皇帝和内阁的臣僚不参加廷议，以免影响行政部门的官员充分发表意见。另一方面明朝到了正统以后，以多数决作为廷议表决的结果。明朝第12帝明穆宗，30岁即位，在位6年。明穆宗没有朱元璋、永乐皇帝那样的赫赫事功，也没有像嘉靖皇帝在位45年、神宗在位48年那样长久的帝王生涯。但是，明穆宗办了两件大事。在明朝历史上，甚至在中国历史上都是一位可圈可点的人物。

第一件大事就是隆庆开关。明朝初年，实行海禁。虽然永乐、宣德年间，郑和率领船队浩浩荡荡出使西洋，至今被人们传为美谈，但这是政府行为，除朝廷可以通过海道对外交流以外，民间则片板不许下海，海禁极严。明穆宗即位以后下了一道诏令，准许私人远贩东西二洋，史称“隆庆开关”。从此中国的对外交往，从政府的官方控制变成了以民间交流为主。

第二件大事叫作俺答封贡。俺答汗是当时蒙古鞑靼部的首领。朱元璋的军队打进北京的时候，元朝最后一个皇帝跑掉了，但是元朝并没有灭亡，退居蒙古故地的流亡政权仍以“元”（史称北元）为号，继续跟明朝抗争。以后，北元分裂成瓦剌和鞑靼，时时威胁着明朝的北方。最严重的一次是正统十四年（1449），瓦剌军队打到北京城下，明军在土木堡被包围，明英宗被瓦剌军队俘虏，史称“土木之变”。从嘉靖中期起，俺答又成为明朝北方边防主要的对抗力量。嘉靖二十九年（1550）俺答汗带领军队包围了北京城。当时的内阁大学士严嵩掌握重权，主张“寇饱自扬去”，任俺答抢掠。俺答此举的目的是希望通过武力迫使明朝政府接受通贡的请求，但一直遭到明朝政府的拒绝。隆庆四年（1570），蒙古发生了一件事情，俺答汗外孙女要嫁给鄂尔多斯部的首领。迎亲的时候，俺答汗突然发现自己的外孙女长得非常漂亮，就据为己有。为了平定鄂尔多斯，就把自己孙子把汉那吉要迎娶的小妾送给了鄂尔多斯的首领。于是，把汉那吉愤而率众降明。

明穆宗和当时的大臣们，借此大好时机，妥善地解决了蒙古问题。第一，劝说把汉那吉和俺答汗重归于好。第二，让俺答汗交出了出逃到蒙古地区的明朝人，并给俺答汗封官，接受俺答汗的进贡。第三，开放边贸市场。至于是否开放北方边贸市场、是否接受俺答的进贡的问题，由大臣们进行廷议，廷议的结果是22人赞成通贡、互市，17人反对，5人赞成通贡、反对互市。互市问题因为不能形成多数决而暂时确定不了。于是又重新开会廷议，这次以23对22的多数决通过了开放北方边贸市场的决议。据郭乾等撰的《兵部奏疏》记载，明朝的廷议制度以记名投票作为表决的方式。虽然廷议的结果只是一个预案，供内阁、皇帝作为决策的参考，但是这个预案如果通过了，内阁和皇帝没有足够的理由很难否定，所以廷议的结果实际上已经对决策形成了制约。若廷议事项关乎大僚之迁转者，又称之为“廷推”。明代的高级官吏如内阁大学士、兵部尚书、吏部尚书、地方上总督的升迁，通常由大臣推荐候选人，上报皇帝后，由皇帝来批示。可见，中国古代传统社会已经孕育了某种民主性的精华。

二、中央和地方

中央和地方的关系一直都是中国历史上一个很重要的问题。中央集权程度高，地方就搞不活；地方权力过大，中央就管不住。所以中央和地方的关系，自古以来一直是一个影响很大的问题。

从中央和地方的关系看，西周是一个重要时期。周王朝搞分封制，据说周初封了 71 个诸侯国，此后又有增加，到春秋时有 120 多个诸侯国。各诸侯国承认周天子的共主地位，定期朝觐周天子并进贡，但周王朝与各诸侯国维持的是松散的联盟关系，各诸侯国国内的事务、风俗不受周王朝的管束。秦始皇统一中国以后，实行郡县制。从分封制到郡县制的转变历时几百年。汉朝初年一方面实行郡县制，一方面实行分封制。隋朝以后郡县制才真正稳定下去。但是郡县制度的一个重要问题就是郡和县的数量太多，中央无暇顾及，怎么办？于是，元朝建立了行省制度，就是在中央和郡县之间设置一个省级机构——行省。当时共划分了 11 个行省。行省的最高领导者也称为丞相，掌管军政、财政、民政、司法、监察等。对于行省权力过大的问题，朱元璋即位以后开始考虑进行改革，通过三司分权来分散行省的权力。布政使司负责民政、财政，提刑按察使司负责司法、监察，都指挥使司负责军政，三司各有专管，分别对中央负责。这种制度加强了中央对地方的控制。不过，这种三司体制在以后的实际运作中衍生出新的问题。三司分权，遇事往往推诿，相互扯皮，难于协调。为弥补三司体制上的缺陷，督抚制度应时而生。

总督、巡抚的名称虽然由来已久，但直到明代才正式以官名入衔。从巡抚和总督的辖区来看，分省设抚，连省置督。一个省的三个衙门由巡抚协调，省与省之间的关系派总督协调。督抚制度是对明初确立的地方三司制度的补充和完善。其意义有二：

第一，督抚制度有利于解决地方三司分权带来的诸多问题。明代的总督和巡抚形式上是中央派员，实际上是地方首脑。这种特点利于君主更有效地控制地方。

第二，督抚制度标志着明初右武偃文局面的终结。中国历史上的传统王朝大都遵循“马上得天下，不能马上治天下”的轨迹运行，马上打天下以后必然要慢慢地向文治政府转化。明初武官的地位很高，但是随着政权的稳定，权力逐渐向文官转移。右武偃文局面的终结标志着明王朝权力结构划分的基本完成。

明代省级区划之下，有府、州、县的设置，而州分为直隶州和属州，“属州视县，直隶州视府”。明代有府159个，直隶州20个、属州235个，县1186个。府、州、县的主官为知府、知州、知县。明代州县衙门有如下特点：

其一，政务繁杂。中央机构权责明确、行政事务各有分工。而州县，特别是县，“上面千根线，下面一根针”，国家的各项政令都要通过州县去贯彻落实，所以州县政务相当繁杂。

其二，官少吏多。县衙设知县一人，设县丞、主簿各一人为副手，有时还不全设，首领官典史一人，号称“四老爷”。也就是说，一个县衙最多设四个官，其余为吏。

其三，直面民间。州县是国家行政的最底层，与社会相连接，是国家与社会的交汇点。

其四，位卑权轻。用“芝麻官”形容知县可见其地位卑下，所以科举考试出身的人不愿意做县官，到了地方以后，就忙着巴结上司，搞政绩工程，以图尽快升迁。

三、文书制度

文书制度的完备与否在古代是很重要的，明代的文书制度有上行文书，有下行文书。上行文书主要有题、奏、表、讲章、书状、文册、揭帖、制对、露布、译等形式。其中最重要的是题和奏，题本是私事，奏本是公事。下行文书主要有诏、诰、制、敕、册文、谕、书、符、令、檄等形式，其中常用的是诏和谕。诏一般关乎国家大事，并向天下公布。

下面以题、奏为例，形成《明代文书运行示意图》。

图中实线为题奏上行线，虚线为下行线，反映的是正常情况下文书的运行机制。从图中可以看出，通政使司在沟通内廷和外廷的联系上具有重要地位。从图中实线可以看出，地方府州县的题本、奏本必须经过通政使司上呈，其初规定通政使司不能于事前私窥所奏之事，须“自御前开拆”。后来发现，御前开拆实际很难办到，一是奏疏太多，皇帝不能一一亲阅，二是无法防止匿名诬告文书。所以从永乐年间开始，通政使司可在上呈前在公厅拆封。从制度上看，奏章管理相当严密，但在实际运行中仍有不少弊端。例如遇到皇帝不上朝，则御前开拆更难实现。在这种情况下，通政使司要通过宦官掌管的会极门收本处转呈，于是宦官进入了权力的运作程序，最主要的表现就是宦官拥有了部分的批红权。明代的宦官应该说是中国历史上文化程度最高的宦官。从宣德年间开始，宦官要进入内书堂读四书五经，经过几年的学习，才能分配职务，其中最高一级的太监大部分都是饱读诗书的人。此外，“留中”和“中旨”也是文书运行中的弊政。“留中”指奏疏上呈以后，皇帝有意把它压下，不送内阁票拟，留于禁中。从今天流传下来的一些留中奏疏看，许多内容都很有价值。比如万历十七年（1589），大理寺评事雒于仁的奏疏因批评神宗皇帝酒、色、财、气而被留中处理。可见，留中是皇帝怠政的一种表现。

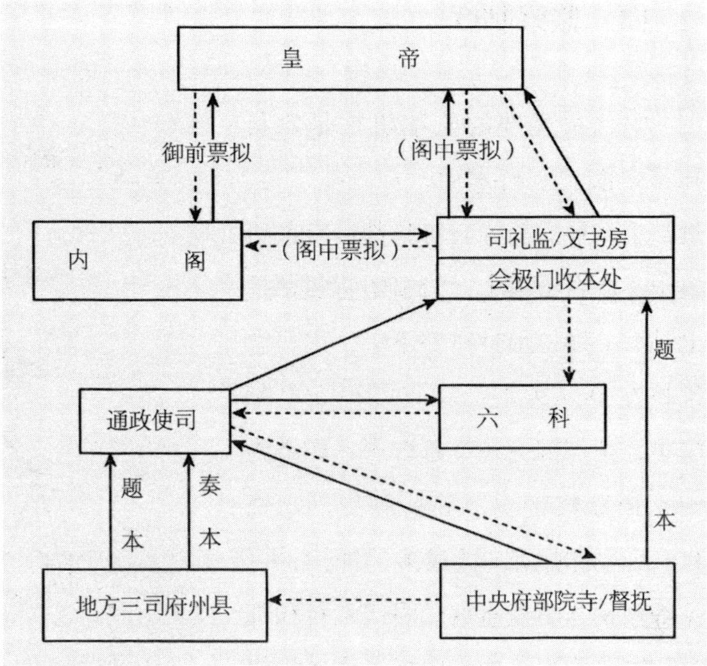

明代文书运行示意图

“中旨”是指不经内阁票拟，亦不经通政使司出纳，而由宦官将御旨直接下达宣行。中旨在明朝被认为是不合法的，比如没有经过吏部廷推，而直接由皇帝传旨任命的官员，被称为“传奉官”。传奉官在官场上常被人看不起，视为“后门官”。

四、监察制度

明朝左都御史轩輗画像

明代最主要的监察机构是六科和都察院。六科是吏、户、礼、兵、刑、工六科的简称。每科都设有都给事中、左右给事中，给事中官员都是七品官，地位跟县官差不多，定员常维持在58人左右。都察院设左右都御史、副都御史和佥都御史，属官为十三道监察御史，简称御史，定员110人，是明朝人数最多的衙门，可见明代相当重视监察。明代六科和都察院同属监察机构，职责有许多相似之处，但二者的侧重点有明显不同，六科主要负责对决策进行监督，都察院主要侧重于对执行进行监督。

六科对决策监督，主要体现在封驳职能上。所谓封驳，《明史》卷七十四《职官志・三》云:“凡制敕宣行，大事复奏，小事署而颁之；有失，封还执奏。凡内外所上章疏下，分类抄出，参署付部，驳正其违误。”就是说皇帝的命令从紫禁城颁出之前，六科要进行最后的审核。对于事涉全国的重大事件要进行复奏，也就是请皇帝再慎重考虑一番，对于涉及司法死囚的案件，必须三复奏。如果诏令有失宜之处，则“封还执奏”，即给皇帝退回去，说明原委，然后再请皇帝定夺。对于下面各级机构所奏章本，皇帝已经批答，六科审查后如果认为违误在于本章，则写个驳正退回原部门，即所谓“驳正到部，谓之科参”。科参具有相当大的效力，如果各部接到科参，不敢执行，必须重新具本，进行上奏。因此，所谓“封驳”，一是“封还皇帝失宜之诏令”，二是“驳正臣下谬误之章疏”。

六科的职能还体现在注销案卷上。六科审查通过的案卷要通过通政使司送到各个执行部门去执行，五天之内要给回文，六科接到回文之后，才会将案卷注销。此举在于提高各衙门的行政效率，防止敷衍推诿。对于涉及人事任免等重要事项的处理，要发邸报，知会各衙门。注销后的案卷交翰林院，编写历史，以备查考。从复奏、封驳到注销案卷，六科的监督职责涉及议政、批红、执行三个方面，这对保证明朝政治制度的质量具有重要意义。

都察院的监督作用主要体现在对行政的监督。明朝人讲“治平三要”，何为“三要”？内阁首辅为一要，与皇帝议政；吏部尚书为一要，掌管官员的任免、升迁；左都御史为一要，掌管监察。都察院的监察权是通过御史来行使的。御史分为专务御史和巡按御史。所谓专务，有清军、督学、巡盐、茶马、巡漕、巡关等等。巡按御史，俗称八府巡按，简称巡按。巡按在出行之前，都要御前点差。巡按级别较低，但因为是皇帝派出的钦差，手握纠察大权，因而在地方上往往受到重视。

明朝监察特点相当突出，有以下四点：

第一，“不系职司”。六科和都察院是独立执行任务，不受任何官府控制，直属皇帝。

第二，监察官员的素质高。一般来讲，监察官员都是进士出身，甚至是庶吉士出身。所谓庶吉士，是指从进士中选择有潜质者到翰林院学习，三年学成散馆之后，有一部分出任监察官员。

第三，以小制大。明代监察官员级别不高，虽然只是七品官，但因为有权弹劾中央及地方高级官员，所以职卑而权重。

第四，“风闻言事”。“风闻”就是没有事实根据的传闻，明代一方面禁止普通官员“风闻言事”，另一方面又允许负责监察的官员“风闻言事”，因为风闻当中有民意，风闻当中有民情。当然，这种做法也有其消极的一面，即风闻也可能中伤好人。所以，明朝著名的文人王鏊就说：“许风闻言事者，人主求言之心；不以风闻中伤人，人臣进言之体。”

五、吏胥问题

吏胥是指各个机构当中，有一定文化知识，并按照官员的指令处理日常公务的办事人员。在中国古代，本来所有的官员都可以称作吏，但是随着科举考试的出现，人们逐渐追求做官，而不是做吏。朱元璋曾经规定，吏不能参加科举考试，他认为吏在官场磨炼久了，心术已坏。所以明代吏跟官有一个严格的界限。吏可以做官，但很难做到四品以上。像翰林院、六科的官员，绝对不准吏出身的人来做。

明代吏的来源主要有佥充和罚充两种。佥充就是从农民家里选一个读过书的孩子来做吏。罚充是指犯了错误的官员、不好好读书的国子监的学生被罚充为吏。到了明朝中期，因为吏拥有特权，能够接触很多人，逐渐有人拿钱来买吏，称为“告纳”。在县一级的衙门里，刑部吏掌管刑事案件的审理，不仅要精通法律，还要熟悉陈年旧案。钱粮吏掌管收税。吏员要想谋求到这两个职役，不仅要“告纳”，还要拜师，即拜现在正在做钱粮吏和司法吏的人当老师，给他们送纳金钱，称为“顶首”。明代吏役年限为50岁，所以吏员退休之前一般都能收到一笔顶班的钱。

明代衙门里头还有一批人叫作“皂吏”，皂吏是服务人员。每个衙门根据官员的品级来确定配备皂吏的数量。最初由国家来分派皂吏，到了中期以后国家发给“柴薪银”，由官员自己雇人。明代吏胥人数大大多于官员，如北京的宛平县。宛平县算个大县，官有5个，比一般的县要多一个人，吏有将近30个。可见明代吏员数量之大，不可忽视。

吏胥舞弊代代有之，明代吏胥之地位，决定了吏弊之严重，吏员往往借公务收受大量贿赂，“说事过钱”四个字形象地道出了吏制的腐败。

六、人事机制

决策、议政、执行、监察等环节的运作，最后的关键在于用人。朱元璋曾经讲过："任得其人，则政理民安；任非其人，则瘝官旷职。"明代在用人制度上颇有特色：

第一，寓激励机制于考核之中。明代的考核制度有两种，一种叫"考满"，一种叫"考察"。所谓"考满"就是任满考绩，三年初考、六年再考、九年通考，根据业绩分称职、平常、不称职三等。"考察"是对官员进行更全面的考核，不仅考绩，还考察居官行止各个方面，有京察、外察、闰察之分。京察的对象是中央各机构的官员和顺天府、应天府的各级官员，分别在北京、南京举行，称为北察、南察。外察的对象是地方官，地方官每三年朝见天子一次，由吏部会同都察院考察，故称为"朝覲考察"。"闰察"是京察、外察之外的临时性考察。

明代考满侧重于奖，把勋官、散官、加官等荣衔与考满的结果相结合。如三年初考称职授予一个荣衔，六年再考称职再授予一个荣衔，九年通考称职，官位上升，品秩提高，就会授予更高一级的荣誉称号。如吏部尚书最高品级是正二品，考满合格可以加公、孤衔（太师、太傅、太保为三公，正一品；少师、少傅、少保为三孤，从一品），品级提升，同时加官可以拿到双份的薪俸。例如于谦任兵部尚书，正二品，加官少保，所以拿尚书和少保两份工资。而且，考满称职的还能给家庭带来荣誉。不仅父亲、祖父可以得一个散官的荣誉称衔，母亲、妻子也可以得到相应命妇的封赠。另外可荫一子为官，就是说可以优待一个儿子上学，可以给个小官做，称为"任子制度"。这一制度只有六品以上的官员才能享受，六品以下的官员并不适用。明代这种制度，有它积极的一面，也有它消极的一面。明代实行的是低薪制，这种低薪制造成了官员的贪污。贪污的主要方式就是将"火耗银"占为己有。"火耗银"指的是地方官从百姓那儿征税征费，会收到大量的散碎银子，这些银子经熔化后铸成大锭时，会产生一些损耗，叫"火耗"。损耗了多少说不清，于是这就成了贪污的最好办法。清朝雍正年间，为了遏制贪污进行过改革，取消火耗银，发放养廉银。但是久而久之，养廉银就变成了固定俸禄，贪污腐败依然盛行。

明代考察依据是自陈、考语和访单。"自陈"是官员对自己几年来工作的总结，内容涉及具体实务。考语就是鉴定，由所在部门出具。访单是指吏部、都察院考核官员时，密托六科当中的吏科都给事中和都察院的河南道御史，向被考察官员身边的人发出的调查表。考语和访单具备以后，还要对被考察官员进行“过堂考察”。所谓“过堂考察”是指考察官对被考察者进行当面询问，这种方式有利于防止诬陷。明代不称职官员分为八等：贪、酷、浮躁、才力不及、老、疾、疲软无力、素行不谨。其处分分为四等：致仕、降调、冠带闲住和为民。

第二，正常的迁升和推升相结合的制度。考满属于正常的迁升，但是任何王朝都有破格的升迁制度，以使优秀的人才脱颖而出。明初多采用“保举法”，后来产生了“廷推”制度。高官是由大臣们来推举，小官则由吏部来推举，且推举不限年头。这种正常升迁与破格提拔相结合的选官制度，不仅有利于维护官僚队伍的稳定性，更有利于调动官员的积极性。

第三，官员更新颇重文化素质。明代的学校教育非常发达。洪武八年（1375），朱元璋下令，全国村镇都建立学校，以图普及教育，所以明朝知识分子的数量非常庞大，这就为官员的更新提供了充实的来源。官员虽有文化，但多数只徘徊在官僚队伍的下层，非进士出身的人很难进入高官队伍。比如内阁官员要求庶吉士出身，所以一般的进士如果没有经过翰林院三年的修学，很难在内阁谋求职位。例如明朝著名文学家、史学家王世贞，虽与大学士张居正同为一科的进士，但因不是庶吉士出身，所以就没能进入内阁，并常以此为恨。

综上所述，通过六个方面对明朝政治制度的分析，我认为明代社会并非一团漆黑，仍有不少可取之处。任何制度，都有利有弊，如何兴利除弊便是改革的任务之一。国家机器不同于物质的机器，可变性非常大，对国家机器的操作要学会因时而变，力求与时代相适应。

（讲座时间　2008 年）

林甘泉

秦汉中央与地方政府的权力结构及问责制度

林甘泉

林甘泉（1931—2017），福建石狮人。1949年厦门大学历史系肄业。曾任中国人民大学研究部干事，中国社会科学院《历史研究》编辑部编辑，中国社会科学院历史研究所助理研究员，研究室副主任、主任，历史研究所研究员、副所长、所长，中国社会科学院学部委员，国务院学位委员会历史学科评议组成员，中国史学会副会长，中国秦汉史研究会会长。

林甘泉

主要著作有:《林甘泉文集》、《中国古代政治文化论稿》、《中国古代史分期讨论五十年》(合著)、《孔子与20世纪中国》(合著)、《中国经济通史·秦汉经济卷》(主编)、《中国历史大辞典·秦汉史》(主编)、《从文明起源到现代化——中国历史25讲》(主编之一)、《郭沫若与中国史学》(主编)、《中国史稿》(第2、3卷主要执笔者)。发表有关先秦史、秦汉史、社会经济史和史学史方面的论文50余篇。

中国是一个拥有5000年文明的伟大国家。世界几大古代文明，如古埃及、古巴比伦、古印度等，在历史进程中有的中断了，有的消失了，只有中华文明经历数千年一直绵延至今，这与中国历史发展的环境和条件有重要的关系。

夏、商、周三代是中国早期国家形成和发展的时代，先秦文献中提到了“万邦”“多邦”，即指规模大小不等的一些邦国。春秋战国时代，各诸侯国的社会经济和政治制度发生了剧烈变动。秦统一六国之后，建立了统一的封建中央集权国家。此后2000多年，虽曾出现过分裂割据的局面，但国家的统一始终是历史发展的主流，为2000多年中国封建社会的政治制度奠定了基础。

毛泽东同志曾经谈到国体和政体的区别，国体指社会各阶级在国家中的地位，政体则指政权构成的形式。政体和国体有联系，但毕竟是两个概念。今天主要谈政体问题、政权形式和运作方式。

中国这样一个多民族的大国之所以能够长期保持统一的格局，可以从经济、社会、政治和思想文化各个层面去探讨，我们从秦汉中央与地方政府的权力结构及官吏问责制度的角度切入，可以增强对2000年间封建国家政治制度重要特点的了解。

一、郡县制代替分封制的行政体制是保障统一的

西周灭商以后，为统治广阔的被征服地区，分封同姓和异姓诸侯，构筑起一道屏障，作为周王室的保护层。《左传·昭公二十六年》记载："武王克殷，成王靖四方，康王息民，并建母弟，以蕃屏周。"周天子和诸侯之间虽然有君臣名分，但是封邦建国实际上带有武装殖民的性质。到了春秋战国时期，被分封的诸侯相互诛伐，王室无力制止，兵戈不休。各诸侯国势力逐渐强大，周天子失去了原有的威望，周王室日益衰落。分裂割据不仅导致长期战乱，妨碍商品流通，有的诸侯国甚至"以邻国为壑"（《孟子·告子下》），制造了一些不应有的自然灾害。

公元前221年，秦始皇统一六国，建立了统一的、多民族的中央集权国家，之后，又派兵平定了闽越和南越地区。当时，秦朝所面临的一个重要问题，即采取什么样的行政体制统治刚统一的帝国。丞相王绾主张恢复西周分封诸侯的制度，廷尉李斯极力反对，他说："周文武所封子弟同姓甚众，然后属疏远，相攻击如仇雠，诸侯更相诛伐，周天子弗能禁止。今海内赖陛下神灵一统，皆为郡县，诸子、功臣以公赋税重赏赐之，甚足易制。天下无异意，则安宁之术也。置[①]诸侯不便。"（《史记·秦始皇本纪》）李斯认为，只有实行郡县制才是安宁之

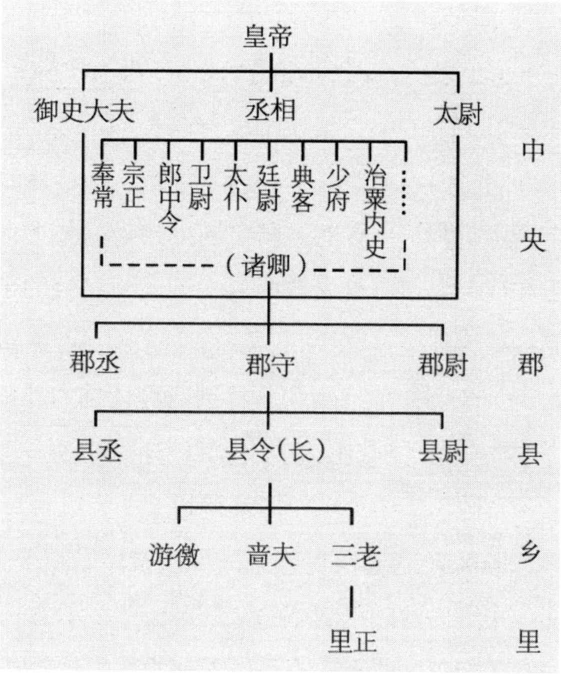

秦代郡县制结构示意图

术。秦始皇采纳李斯的建议，废除了分封制，在全国范围内推行郡县制，并作为帝国的基本政治制度。

唐代思想家柳宗元在《封建论》中，从权力结构的角度对封建[②]制和郡县制作了比较和颇为深刻的分析。他说：殷周“封建”是“私其卫于子孙也。秦之所以革之者，其为制，公之大者也；其情，私也，私其一己之威也，私其尽臣畜于我也。然而公天下之端自秦始”。柳宗元认为，秦始皇实行郡县制也是出于一己之私，是要树立皇帝和皇权至上的权威，使天下所有人都臣服于他。但是用郡县制代替封邦建国的封建制，作为一种制度却是最大的“公”。废除分封制，以天下为“公”是从秦朝开始的。柳宗元是进步的思想家，他认为用郡县制代替封建制是一种历史的进步，是从私天下转向公天下的很重要的一步。明清之际的思想家王夫之说，“秦以私天下之心而罢侯置守，而天假其私以行其大公”，他的观点与柳宗元是一致的。

实行郡县制，贵族可以食封租税，官吏可以领取俸禄。官吏与皇帝的关系，不是资本主义的雇佣关系，也不像周天子与同姓子弟的关系。官吏实际上是职业化的官僚队伍，其封赏均来自皇帝，并随时可以被皇帝剥夺。秦始皇以郡县制代替分封制，是为了强化皇权，让皇位传“二世三世至于万世”，这当然是“私天下之心”。然而，历史的发展并没有遂他的心愿，秦朝只传二世而亡。对于秦朝灭亡的原因，后世有很多争论，有人认为，秦灭亡的原因在于没有继承分封制而实行郡县制，使得王室孤立。柳宗元则认为，秦“失在于政，不在于制”，即秦朝亡于它的暴政，而不是亡于它的制度。

秦亡以后，郡县制的行政体制没有废除，而是随着历史的发展不断地改善，保证了统一的中央集权国家得以长期延续。然而，郡县制代替分封制不是一帆风顺的。西汉初年，刘邦为了稳定统治，恢复分封制，分封异姓诸侯王和同姓诸侯王，构筑皇权的屏障。同姓诸侯王权力很大，可以自行征收赋税、铸造钱币和任免官吏，结果与中央专制主义皇权的矛盾日益激化。汉景帝时御史大夫晁错建议“削藩”，引起吴楚“七国之乱”。叛乱被平定后，诸侯王的地位和权力大大削弱，郡县制和分封制两种体制的斗争才告结束。汉武帝时颁布“推恩令”[③]，从王国分出许多改由郡统辖的小侯国。诸侯王只能享受封国的租税，不能干预政事，中央集权国家得到进一步巩固。

顾炎武说：“汉兴以来，承用秦法以至今日者多矣。”中央集权制度是2000多年中国封建政治制度的基础，自“汉承秦制”之后，历隋、唐、宋、元、明、清各主要王朝，无一不引作国家的基本政治制度而沿袭下来。

二、秦汉中央政府的机构设置及其职能

秦汉中央政府在皇帝之下设丞相、御史大夫、太尉，合称三公。丞相“掌丞天子，助理万机”，统领百官政务。御史大夫又称副丞相，主管监察百官。太尉掌管军事。从西汉到东汉，三公名称有些变化，亦称为大司马、大司徒、大司空，或称作太师、太傅、太保。

三公之下设有九卿，是分管各项具体事务的官员。九卿名称前后也有变化。《汉书·百官公卿表》记载的九卿实际上有10个：

奉常，掌宗庙礼仪。

郎中令，掌宫殿掖门户。

卫尉，掌宫门卫屯兵。

太仆，掌舆马。

廷尉，掌刑辟。

典客，掌诸归义蛮夷。

宗正，掌亲属。

治粟内史，掌谷货。

少府，掌山海池泽之税。

中尉，掌徼循④京师。

从九卿的设置可以看出，其职责主要是管理国家的租税收入、财政开支、刑狱审理、宫殿和京城的警卫、皇帝的生活起居、皇室和宗庙的事务以及少数民族来朝事宜。由三公、九卿及其下属官吏所组成的中央政府是秉承皇帝旨意、执行皇帝命令的国家统治机构。中央政府的首要任务是为皇权服务，国家机器本质没有变化。

封建中央集权国家的最高权力属于皇帝，皇帝可以按照自己的意志决定一切。西汉有一个廷尉叫杜周，他在审理案件的时候，专门揣摩皇帝的意图，秉承皇帝的意旨决定要重判还是要轻判，而不是根据案件本身的是非情况审理。因此，有同僚批评他"不循三尺⑤法"。杜周说："三尺安出哉？前主所是著为律，后主所是疏为令；当时为是，何古之法乎！"（《汉书·杜周传》）杜周的说法不一定被所有的封建官吏所认同，却说出了专制君主希望独擅权势的政治理念。《史记》记载，秦始皇"刚戾自用"，"天下之事无小大皆决于上"，这是专制主义发展到极致的一种表现。秦亡汉兴，汉初的统治者奉行黄老清静无为学说，是"衣食滋殖，刑罚用稀"（《汉书·刑法志》）的时期，但是专制主义皇权的神圣地位并没有动摇。

汉武帝是一位很有作为的封建君主，他在位期间抗击匈奴对汉朝边郡的侵掠，打通内地和西域的联系，开发西南夷地区，实行盐铁官营和改革币制等经济统治措施，打击不帮助公家之急和牟取暴利的富商以及放高利贷者，同时大力表彰儒家学说，提拔大批儒生充当各级官吏。这些政策措施，使封建中央集权制度得到进一步加强，巩固了多民族国家的统一。但是，作为专制君主，他没有可能摆脱独擅权势的政治理念。有一位名叫汲黯的大臣，性格耿直，曾经批评武帝说："陛下内多欲而外施仁义，奈何欲效唐虞之治乎！"（《汉书·汲黯

汲黯画像 文化传播 / 供图

传》）说武帝内心私欲太多，在表面上施仁义，怎么能够达到唐虞的境界呢？武帝听后虽然恼怒，但表现得比较大度，并没有治汲黯的罪。

武帝为了加强皇帝决策的实权，对中央政府的权力结构进行了重大的改组，提拔一些秩位较低的官员和上书言事的士人，进入禁中[6]参与决策，形成“中朝”，又称“内朝”。原来位尊权重的丞相则大权旁落，以丞相为首的公卿“外朝”变成一般政务的执行机构。“中朝”由侍中、中常侍、给事中组成。后来，掌管呈递文书的尚书也进入“中朝”，其职权逐渐扩大了。到了东汉，权力结构比武帝时有了进一步的变化，三公虽然爵高禄厚，实权则转移到尚书台。东汉政论家仲长统说：“虽置三公，事归台阁（尚书台）。自此以来，三公之职，备员而已。”（《后汉书·仲长统传》）这种情况一直持续到汉末。汉末，以武力起家的曹操当了丞相后，权力结构又发生了变化，很多实权重归丞相府。

从汉代中央政府权力结构的前后变化可以看出，专制主义皇权制度本身具有无法避免的弊病。中央集权是中央政府和地方政府权力分配的问题，如皇权至高无上，中央集权就变成了皇帝独擅权势，就成为君主专制制度。即使很有作为的皇帝，权力过分集中和膨胀，也难免决策错误。武帝晚年好大喜功，劳民伤财，又迷信鬼神，挥霍无度，极大地加重了农民的负担，引起各地农民强烈反抗。在这种情况下，武帝不得不检讨自己急功近利、劳民伤财的错误，晚年放弃在西域轮台实行屯田，并下了一个诏令，后代称之为《轮台罪己诏》，他在诏书里强调，当今之务是要“禁苛暴，止擅赋，力本农”，就是在政策上、法律上要缓和，不要乱摊派、乱征税，把以农为本提到最重要的地位。“以明休息，思富养民”，在政策上作了一个重大的调整，避免了重蹈秦朝灭亡的命运。

皇权至高无上，但是皇帝不可能单独一个人来行使这种权力，必须依靠自己能够信任的集团和一定的权力结构进行统治。外戚和宦官之所以能够掌握朝廷大权，肆无忌惮地为非作歹，就是倚仗封建专制主义皇权作为靠山。当他们剪除异己、势力强大之后，往往又成为架空皇权、削弱皇权的力量。这是封建专制主义的一种悖论，也是封建专制政权难以克服的痼疾。西汉中后期，朝政开始衰败，元、成、哀、平四个皇帝中，成、哀、平三个皇帝都是年少继位，由母后临朝，造成了外戚和宦官两个集团争权夺利和轮流执政的局面。汉元帝的皇后王政君以太后听政，最终导致王莽篡位，改建新朝。东汉和帝时，窦太后父子兄弟并居列位，充满朝廷，刺史、郡守、县令多出其门，窦氏家族的奴客依仗权势为非作

汉成帝刘骜即位之初，即封皇太后兄弟五人王谭、王商、王立、王根、王逢时为侯，主持朝政而致外戚日盛，最终埋下王莽篡汉的祸根。图为明代张居正编撰《帝鉴图说》描绘这一史实的插图《五侯擅权》

歹，强夺财货，以至于商人如避寇仇，都不敢上市了。顺帝到桓帝的 20 多年间，外戚梁商、梁冀父子相继掌握政权，《后汉书·梁冀列传》记载："百官迁召，皆先到冀门笺檄谢恩，然后敢诣尚书。"年少的质帝，不满梁冀专权，只因说梁冀是个跋扈将军，就被梁冀下毒害死。桓帝时，单超、徐璜、具瑗、左悺、唐衡五个宦官合谋消灭了梁氏的势力，从此，朝政的权力完全转移到宦官集团手里。宦官当权也是一样，兄弟、亲戚都是宰州临郡，纷纷到地方做官，残害百姓，无恶不作。灵帝依靠宦官张让、赵忠聚敛钱财，自己还经常公开讲，张常侍是我公，赵常侍是我母，把两个宦官当作父母。桓帝、灵帝时期，一些正直的官僚和太学生，对宦官把持朝政十分不满，士人之间形成一种"清议"，拥戴李膺、陈蕃这些官僚攻击宦官，结果被宦官诬告共为部党，诽讪朝廷，有的被捕杀害，有的被禁锢终身，即一生不许做官，这就是东汉末年有名的"党锢之祸"。直到黄巾起义以后，东汉朝廷为了镇压农民起义，才宣布赦免并起用党人。宦官集团能够假借皇权制造党锢事件，充分说明专制政治的绝对权力会产生政治的绝对腐败这个真理。

军队是国家机器的重要成分，秦汉帝国特别重视对军队的控制。九卿中的卫尉率领南军，负责宫殿的警卫。同是九卿的中尉率领北军，负责京城的警卫。南北军是西汉主要的军队，警卫的重点一是京城，二是皇宫。北军的数量比南军多，因此控制北军比控制南军更重要，控制京城比控制皇宫更重要。西汉初年，吕后的侄子密谋夺取政权，首先就是部署控制南军和北军。但是，拥护刘氏宗室的大臣陈平、周勃先行一步。周勃得到了掌管兵符的官员的帮助，拿到了调兵的符节，诈称奉皇帝之命，直接进入北军大营内控制了北军，然后又派兵强行进入皇宫，把诸吕一网打尽，平定了这场叛乱。之后，迎立代王为皇帝，即文帝。可见，军权、财权、用人权是封建国家最重要的责权。

三、秦汉地方政府的机构设置及其职能

秦汉地方政府基本上是郡、县两级建制。郡县制的全面推行，对中央加强

对地方的控制和管理、巩固国家的统一、促进社会经济与文化的发展都起了重大作用。

京师为帝王所居，比一般的郡重要。秦汉帝国均十分重视对京畿地区，即长安及其附近的地区的控制。秦朝以内史掌治京师，相当于九卿。汉承秦制，亦以内史为京师最高行政长官。汉景帝时分置左右内史。武帝时右内史更名为京兆尹，左内史更名为左冯翊，都尉更名为右扶风。京兆尹、左冯翊、右扶风，是共同治理长安城及其附近地区的行政长官，称为三辅。三辅的地位和秩禄都高于一般的郡守，相当于九卿，可以参与朝议，很受皇帝倚重。政绩卓著者常常可以升任九卿，乃至于擢升三公。东汉迁都洛阳以后，三辅官的旧名仍在，但其地位已经被河南尹所代替。

郡是秦汉时期十分重要的地方行政机构。郡的长官是郡守，景帝时更名为太守，统管一郡的行政、财政、司法和教育。郡守的助理是郡丞，另有郡尉协助管理军事。云梦秦简记载，郡守不但有考课县官的权力，而且可以颁布一些地方性的法律法规。郡守还有权任命和推荐自己的幕僚、属吏，推举孝廉、贤良方正[7]、文学[8]、明经[9]之士到京师做官。郡守政绩优秀者，通常可以提升到中央政府任公卿。汉宣帝特别重视郡太守的选用和考察，他常说，庶民所以安其田里而无叹息愁恨之心者，都是因为“政平讼理也。与我共此者，其惟良二千石[10]乎”，希望各地的郡太守能成为“良二千石”。

郡以下的行政机构是县。万户以上的县设县令，不满万户的设县长，掌管全县的政务。县令（长）的佐官是县丞、县尉，下面还有功曹、廷掾等小吏。郡县的一些小吏，受过专门的法律和文书训练，称为文法吏。县以下的基层行政组织是乡、亭、里。乡和里实际上扮演了基层行政组织和民间社区的双重角色。据《汉书·百官公卿表》记载：“乡有三老、有秩、啬夫、游徼。三老掌教化。啬夫职听讼，收赋税。游徼徼循禁贼盗……皆秦制也。”可见，教化、听讼、收税和治安是封建基层行政组织的主要任务。亭在春秋战国时期本来是诸侯国在边境伺警敌军和接送来往宾客的机构。秦统一六国之后，在各个县、乡设置亭，并推广到全国各地，赋予亭“禁盗贼”的职能。

乡、亭、里之间究竟是怎样的关系，史学界对此有过长期的讨论。《汉书·百官公卿表》说秦汉基层行政组织是“大率十里一亭”，“十亭一乡”。照此说法，似是乡辖亭，亭辖里。但《续汉书·百官志》注引应劭《风俗通》又说“国家制度，大率十里一乡”。著名历史学家王毓铨先生提出乡、里与亭是不同性质不同行政系统的见解，得到了多数学者的赞同。但是，为什么秦朝在乡和里之外，还要另设亭作为一级机构呢？

乡和里是具有自治功能的聚落共同体，当统一的中央集权国家建立之后，原先的民间秩序仍然起着重要作用，乃至于影响了国家政令的贯彻，出现了漏洞。如反秦的农民起义领袖张耳、陈馀逃亡，秦朝在全国通缉。“张耳、陈馀乃变名姓，俱之陈，为里监门以自食。”（《史记·张耳陈馀列传》）他们还利用里监门的身份，在闾里发号施令。可见，秦朝建立一个完全由中央集权国家直接控制的政权系统，以弥补乡和里在治安方面可能出现的漏洞，也就不足为奇了。此外，亭的职责并不限于“禁司奸盗”。秦朝统一以后，朝廷和郡县文书的传递，各级官吏来往的接待，乃至赋税、徭役的解送，任务都比统一前大大加重了，这也是秦王朝把亭的设置推广到全国基层行政组织的另一个重要原因。

四、秦汉帝国行政管理的运作方式

秦汉帝国有一套相当成熟的制度保证其行政运作。秦始皇统一文字、货币之后，统一度量衡，为帝国的政策法令在全国范围内推行提供了必要的条件。出土的秦简表明，皇帝的诏令和国家的法律规定，已经能够下达到西南、西北等边远和偏僻地区的基层。汉代的交通比秦代进一步发展，传递公文文书的驿站网络形成了一定规模，从考古发现和文献记载都得到证明。1987年发现的敦煌悬泉置驿站，有官卒徒御三四十人，负责传递文书的传马40匹左右，可见传递公文文书和接待过往官差、使节任务的繁重。按规定，地方政府对皇帝的诏令应该向民间宣布。史书记载，“文帝时，山东（指崤山以东）吏布诏令，民虽老羸癃疾，莫不扶杖而往听之”。武帝时，国力强盛，开始进军西南夷地区，征发巴蜀地区人民修治道路，引起民众惊恐骚动，武帝特派司马相如为专使，赴巴蜀安抚百姓。司马相如到达巴蜀后，发了一道檄文说，通西南夷是让少数民族归顺朝廷的重要措施，先前派去的那些官吏，擅自以军法兴师动众，“惊惧子弟，忧患长老，郡又擅为转粟运输，皆非陛下之意也”(《汉书·司马相如传》)，把责任推给先前负责此事的官吏。“已亲见近县，恐远所溪谷山泽之民不遍闻，檄到，亟下县道，咸喻陛下之意，毋忽！”(《汉书·司马相如传》)檄文中特别规定，文书到达以后，一定要发到县和道。道是少数民族地区的行政单位，要把皇帝的意思传达到底，让百姓都知道。可见，汉代，特别是武帝时期，中央政府的政令在各地传达的渠道比较畅通，也比较正规。当然，是否真正都执行了那是另一回事。

秦汉时期，已有制度化的朝会和廷议，一些重要的政策法令和决定，通常要通过有关的主管部门提出方案和意见，经皇帝批准后，才能生效和下达。每遇到重要政务，皇帝总要召集有关大臣进行讨论，集思广益，推动封建国家机器的正常运转。秦始皇虽刚戾自用，但在统一六国之后，召集大臣们议帝号，除了丞相、御史大夫和廷尉这些高级的大臣以外，还有博士、儒生也参加了讨论。汉代朝会议政更是经常，议政的内容也非常广泛，仅史书记载，就涉及立太子、宗庙祭祀、列侯封赏、减租救灾、修订法令、征伐用兵。武帝组织对匈奴进行大规模的军事反击，大臣意见不一致，也是经过和大臣们充分讨论后才决定下来。昭帝即位后，霍光辅政。始元六年（前81）召开盐铁官营会议，在朝的大臣以及郡国所举贤良文学都参加讨论盐铁是否官营，这是汉代政治和社会生活中的一件大事，说明汉代政权运作，确实有一套比较成熟的制度。

秦汉中央政府的各个部门，有一定的人员编制，不同级别的官吏各司其职。三公、九卿在其职权范围内可向地方政府下达指示，郡县行政长官在其职权范围内也可自行处理一些事务，但重要事情则需要向中央政府呈报或得到批准。《汉书·周勃传》中说，汉文帝时，周勃为右丞相，陈平为左丞相。一次，文帝想多了解一些情况，就问周勃说，“天下一岁决狱几何？”“勃谢不知。”文帝又问：“天下钱谷一岁出入几何？”“勃又谢不知。”文帝后来转问陈平，陈平很聪明，他说，陛下问决狱，责廷尉；问钱谷，责治粟内史。文帝听了很不高兴，就问陈平负责什么。陈平说："宰相者，上佐天子理阴阳，顺四时，下育万物之宜，外镇抚四夷诸侯，内亲附百姓，使卿大夫各得任其职焉。"称宰相的任务就是让卿大夫各任其职。文帝听了非常高兴。这件事确实也显示陈平的水平比周勃高出许多。

国家机器是阶级统治的工具，封建王朝也不例外。恩格斯说："一切政府，甚至最专制的政府，归根到底都只不过是本国状况所产生的经济必然性的执行者。"汉初的社会经济在连年战乱之后还是一片荒凉景象，经过六七十年的休养生息，到武帝即位之后，社会经济才得到恢复和发展，但社会的贫富分化和土地兼并开始变得严重，阶级关系和社会秩序也发生了重要的变化。西汉中期，景帝、武帝以后，在国家权力系统之外，又出现了一个社会权力系统，即在地方上由不法官吏和地主豪强勾结起来产生的一股社会势力。如武帝时，酷吏宁成因犯法被废黜罢官，回到老家后，利用原有的政治资源、经济力量买了千余顷的土地，出租给农民，"役使数千家"（《汉书·酷吏传·宁成传》）。灌夫也是因为犯法被贬回老家，家中有大量的土地，"家累数千万，食客日数十百人。波池田园，宗族宾客为权利，横颍川"（《汉书·窦田灌韩传》）。宣帝时，涿郡有大姓西高氏、东高氏，横行乡里。"自郡吏以下皆畏避之，莫敢与牾，咸曰：'宁负二千石，无负豪大家。'"（《汉书·酷吏传·严延年传》）老百姓宁可得罪官府，也不敢得罪地主豪强。国家权力系统受到威胁和削弱，自然引起皇权的严重不安，所以，景帝、武帝和宣帝这几位强势的皇帝，都重用一批酷吏打击不法豪强，以加强专制主义中央集权。

汉代皇权虽然不允许不法豪强胡作非为，但是封建国家政权和封建地主阶级，毕竟是共生共存的关系，根本不可能消除两个权力系统并存的局面，也不可能阻止地主豪强势力的膨胀。西汉末年，由于土地兼并造成大量农民破产，引发社会危机。朝廷曾经商议要限制诸侯王、列侯、公主和吏民占有土地的限额。此消息传出之后，土地和奴隶买卖的价格大幅度下降，市场也陷入混乱。由于朝野的阻力太大，限田、限奴婢的方案终于成为一纸空文。到了东汉，贵族、官僚地主、豪强地主和商人地主的势力进一步膨胀，政治上与国家权力分庭抗礼的形势也更为显著。《后汉书·仲长统列传》中说："井田之变，豪人货殖，馆舍布于州郡，田亩连于方国……不为编户一伍之长，而有千室名邑之役。荣乐过于封君，势力侔于守令。"

东汉朝廷由于外戚、宦官两个集团争权夺利，互相残杀，大伤元气，面对各地豪强地主势力的崛起，完全丧失了国家权力系统应有的权威。黄巾起义后，朝廷不得不依靠各地的豪强，对农民起义进行镇压。正是由于以朝廷为代表的国家权力和以各地豪强为代表的社会权力，两种力量的矛盾和勾结，才形成了东汉末年各地军阀割据混战的局面。

五、秦汉行政建制中的监察制度

秦汉时期从一开始就设置专司监察的权力机构和专门从事监察的官员，这是中国政治制度史上的重要举措。秦朝的御史大夫地位相当于副丞相，其一项重要任务是主管监察，具体工作主要由御史中丞负责，并派监御史监察诸郡。武帝为了加强监察制度，设十三州部刺史，秩位六百石，主要职责为监察郡国，明确规定"以六条问事"。"一条，强宗豪右田宅逾制，以强凌弱，以众暴寡。二条，二千石不奉诏书、遵承典制，倍公向私，旁诏守利，侵渔百姓，聚敛为奸。三条，二千石不恤疑狱，风厉杀人，怒则任刑，喜则淫赏，烦扰刻暴，剥截黎元，为百姓所疾，山崩石裂，祆祥讹言。四条，二千石选署不平，苟阿所爱，蔽贤宠顽。五条，二千石子弟恃怙荣势，请托所监。六条，二千石违公下比，阿附豪强，通行货赂，割损正令也。"(《汉书·百官公卿表》注引《汉官典职仪》)可以说，六条问事对官吏的监管相当严格，所监察的官吏也不限于二千石。武帝之所以任命秩位较低的刺史来监察二千石的高官，是有便于加强皇权的深意的。顾炎武在《日知录》中说："夫秩卑而命之尊，官小而权之重，此小大相制，内外相维之意也。"武帝用秩位六百石的刺史去监察秩位二千石的高官，以小制大，小大相制。这些刺史秩卑而临尊，责任重大，政绩显著者还可受到重赏或提拔，自然都对皇帝感恩不尽，恪尽职守，敢于奏办不法官吏，使贪官污吏有所畏惧。何武任刺史时，二千石有罪，他就按照六条去举奏。再如，有的地方官听说到任的刺史非常威严，就弃官逃走。十三州部刺史的设立，对于澄清吏治、加强中央集权起到了较好的作用。但是，封建国家机器的阶级本质，决定了它自身无法肃清贪污，更多的刺史还是利用职权为己谋私。成帝时，薛宣为御史中丞，是御史大夫中负责都察部刺史的官员，他在给皇帝的奏书中就指出："部刺史或不循守条职，举错各以其意，多与郡县事，至开私门，听谗佞，以求吏民过失。"（《汉书·薛宣朱博传》）即有的刺史不按照条例所规定的职责做事，任意执法，直接干预郡县的行政，甚至开私门，听信谗言，搜求吏民的过失。

由于六条问事所查的范围非常广泛，刺史职权很容易膨胀，并且干预郡县行政长官的政务。日久之后，刺史就逐渐演变为超越郡守之上的一级行政建制。成帝时，把刺史改为州牧。东汉初年一度恢复刺史的名称，后又改为州牧，秩位已经提升至二千石，甚至中二千石，并且很多刺史由重臣出任。刺史名称的改变，实际上其专司监察的职能也已改变，这正反映了封建中央集权制度由于结构性的矛盾，从强化皇权而走向反面，结果导致皇权衰落。

秦汉监察机构是封建国家机器的一部分，它从根本说来是维护以皇帝为首的封建统治阶级的工具。刺史、州牧之所以演变为州郡行政长官，也正是由于它的这种阶级本质所决定的。

六、秦汉官吏的问责制度

国家的产生是公共事务和阶级统治的需要。秦汉封建中央集权国家通过各级官僚机构处理公共事务和实行对人民的严格统治，为了保证国家职能的有效运作和皇帝意志的贯彻，对于各级官吏有一套严格的问责制度。

封建国家的职能体现在经济、社会、军事和思想文化等各个方面。《汉书·食货志》说，西周时期已把组织和管理农业生产当作考核官吏成绩的重要内容，有“三载考绩”的制度。此说虽未必可靠，但到了秦汉时期，封建国家确实把组织和管理农业生产当作考核官吏的一项重要内容。秦律规定，地方官吏要定期向上级报告雨情和谷物生长的情况。为了保护自然生态，每年春二月禁止到山林中砍伐林木，不到夏季不准捕捉幼兽幼鸟。

秦汉还建立了官吏考课以及相应的赏罚制度。“上计”是对地方官吏考核的重要内容。“上计”制度在战国时期就有了，到秦时已经比较完备，成为中央政府考核地方行政长官政绩的主要依据。史书记载，郡国在“秋冬岁尽，各计县户口垦田、钱谷出入、盗贼多少，上其集（计）簿”，“丞尉以下，岁诣郡，课校其功”。汉代制度规定，每年快到年终的时候，郡太守要把他所属的各县的户口、垦田、钱谷出入、盗贼多少报告中央政府。郡国把各县的“上计”材料汇总后，再派上计吏携计簿赴京师呈报丞相和御史大夫。上计吏通常都由郡丞、郡尉担任，但有时郡守也亲自赴京上计。“上计”制度是考核地方官员政绩的重要依据，政绩优异的列为最，受到嘉奖，政绩差劣的列为殿，要受到谴责乃至惩罚。

“上计”要求有具体的数据，但“上计”的统计材料不实，是各级官吏的普遍问题。有的官吏为隐瞒课赋垦田或虚夸政绩，就虚报“上计”。胶东相王成，向朝廷报告说安置流民八万余口，得到宣帝褒奖，赐爵关内侯。后来，宣帝从郡国上计吏得知，王成弄虚作假以邀奖赏。颍川太守黄霸，“上计”报告说，颍川户口岁增，吏民教化很好，孝子贞妇日益众多，田者让垄，道不拾遗等，后来有人揭发他弄虚作假，被贬了官。对于“上计”出现的这种虚夸现象，主持“上计”的丞相，乃至皇帝本人也有所了解。宣帝在诏书中说：“方今天下少事，徭役省减，兵革不动，而民多贫，盗贼不止，其咎安在？上计簿，具文而已，务为欺谩，以避其课。三公不以为意，朕将何任？”（《汉书·宣帝纪》）宣帝是一位比较精明的皇帝，他对各级官吏上计弄虚作假，也感到非常无奈。可见，在封建专制主义制度下，要真正贯彻实行官吏问责制是很困难的。

地方政府的“上计”虽有造假的情况，但是对于官吏的政绩考核还是有一定作用的。武帝时，兒宽为左内史，他通经明史，体国恤民，宽征税赋，奖励耕作。在收租税时，兒宽审度百姓生活是否窘迫，量力而收，有的还缓征田租，颇得人心。可是，到“上计”时，因税入不够，“课殿”，被考核为最末一个。按规定，课殿应免职。百姓听说后，唯恐失去一位好官，纷纷备齐钱米，“大家牛车，小家担负，输租襁属不绝，课更以最”（《汉书·公孙弘卜式兒宽传》）。武帝因此更加器重兒宽。

秦汉官吏的问责制度，并不限于“上计”考核。云梦秦简记载，秦朝对农业生产、田租增收、生态环境的保护和关于手工业管理都有一套规章制度，而有关的官吏对于这些规章制度的贯彻执行都负有责任。秦简《法律答问》规定，地方官吏如果已经向百姓收取田赋而没有上报，就是犯“匿田”之罪。官吏对盗窃罪犯审讯不时，或者判刑不当也要受到惩处。还有其他一些规定，应该讲是相当烦琐的。一般说来，问责过于苛刻不一定实事求是，过缓也容易纵容一些不法官吏弄虚作假。问责无论宽、严，实际上都是对皇帝负责，官吏是否失职、渎职往往也是凭皇帝的意旨来决定，并没有一个明确的法律规定。

封建国家机器的阶级本质决定它归根结底是为以皇帝为首的少数剥削阶级服务，并且不能摆脱“其兴也勃焉，其亡也忽焉”这样一个周期率。封建专制主义中央集权制度在中国历史上有积极的作用，也有消极的作用，我们需要用马克思主义、历史主义的观点加以科学总结，既不能简单否定，也不能任意美化，要按照历史的本来面目研究历史。总之，要多一点两点论，不要一点论。比如说秦皇汉武是中国历史上很杰出的政治家，但是他们也有很多缺点，不能美化。

历史是一部教科书。邓小平同志说：“要懂得些中国历史，这是中国发展的一个精神动力。”了解秦汉封建专制主义中央集权制度的基本脉络，可以帮助我们了解中国2000多年封建政治制度的基本特点，增长我们的政治智慧。应用辩证唯物主义和历史唯物主义的观点，对历史上治国安邦的经验教训加以科学总结，识别历史遗产中的精华和糟粕，是我们每个干部一项重要的学习任务。

注释：

①置：设立（《古代汉语大词典》）。

②封建：即封国。与今义不同。封国：古代帝王把爵位、土地分赐给诸侯，使其在封定之区域内建立邦国，谓之封国，又称封建（《中国历史大辞典》）。

③推恩令：汉代法令。据《汉书・主父偃传》，汉武帝为削弱诸侯王势力，于元朔二年（前127）采纳主父偃建议，颁行此令。规定诸侯王得推恩将其封地分封给继承王位的嫡长子以外的子弟，并上报朝廷，由皇帝制定列侯封号，诸侯王无权废除或更改。此后，诸侯王权势、封地愈益缩减，名存实亡（《中国历史大辞典》）。

④徼循：巡查缉捕盗贼（《古代汉语大词典》）。

⑤三尺：古代把法律刻写在三尺长的竹简上，故称法律为“三尺”。

⑥禁中：也称省中，即宫禁之内（《中国历史大辞典》）。

⑦贤良方正：选举科目。始于汉文帝年间，全称举贤良方正能直言极谏科。常与“贤良文学”并称（《中国历史大辞典》）。

⑧文学：汉代察举科目之一，多与“贤良”连称为“贤良文学”（《中国历史大辞典》）。

⑨明经：选举科目之一。即将通晓经学之人推荐于朝廷。始见于汉，自武帝尊崇儒术后，颇盛（《中国历史大辞典》）。

⑩二千石：汉代官吏以所得俸禄表示官秩等级，习惯称郡守为“二千石”。

（讲座时间　2010年）

张大可

司马迁笔下的明君贤臣与开明政治思想

张大可

张大可，1940 年生，重庆人。1966 年毕业于北京大学中文系古典文献专业。曾任兰州大学历史系教授、北京外国语大学中文系教授、中央社会主义学院教授。社会兼职有：中国历史文献研究会常务理事、中华伏羲文化研究会常务理事、中国史记研究会会长。享受国务院政府特殊津贴。

长期从事中国历史文献与秦汉三国史的

张大可

教学与研究，在这两个学术领域发表论文150余篇。出版学术专著10余部，主要有《史记研究》《〈史记〉文献研究》《史记论赞辑释》《史记精言妙语》《司马迁评传》《史记新注》《三国史研究》《三国史》《三国十二帝》。其中有六种论著获全国及省部级优秀图书奖。主编高校教材三种:《中国历史文选》《中国文献学》《史记教程》。《中国历史文选》在2008年被评为教育部“十一五”国家级规划教材。

司马迁所写的《史记》总结了中国古代3000年的历史，提供了治国理民较为完备的资料，今天要谈的内容主要分为三个部分。

在此先要简单介绍一下司马迁的创作之路。

家学渊源。司马迁在《太史公自序》中追述司马氏世系，源远流长，始祖是唐虞之际的重黎氏，历唐、虞、夏、商，世典天官，至周世典周史。这是司马迁自认为最为光荣的家世，即史官世家。

司马迁的师承和友谊。汉武帝时代，有几位影响历史深远的大学问家。一位是经今文学大师董仲舒，一位是经古文学大师孔安国，还有一位天文学大师唐都，均因司马谈的关系，使得司马迁有幸拜他们为师。司马迁出仕为郎，又与大文学家司马相如、严安、庄助等为友，所得良师益友古代没有第二个人。

二十壮游。汉武帝元朔三年（前 126），司马迁 20 岁，正当盛壮之年，怀抱着凌云壮志，奉父命漫游全国，首创走出书斋读无字之书，向社会调查。

奉使西征。奉使西征巴蜀以南，这是司马迁青年出任郎中后所做的第一件大事。司马迁在今云贵两省及四川西部地区工作了半年时间，设置了武都、文山等郡。由于使命是安抚新区少数民族，司马迁提出了“以故俗治”的办法，开创了尊重少数民族风俗习惯的施政大纲，承认少数民族的自治权力，是了不起的先进思想。

司马迁得天独厚的家学渊源和师承，培植了他的学；壮游和受祸，锤炼了他的识；史官世家的传统和气质，涵育了司马迁的德。这些主客观条件是《史记》成为不朽著作的根本原因。

一、《史记》是一部人人必读的人伦道德教科书

众所周知，《史记》是一部文史名著，它既是史学，又是文学，以人物为中心，帝王称“本纪”，人臣称“列传”，合称纪传体，但这是就其主要方面说的。《史记》内容极其丰富，它是一部融史学、文学、历史哲学于一体的旷世大典。司马迁自己定位《史记》是效《春秋》而作的人伦道德教科书。孔子为何作《春秋》？司马迁在《孔子世家》《十二诸侯年表》《儒林列传》《太史公自序》等篇章中均有记载。这些记载的大意是：春秋末年，周室衰微，王道中断，孔子为救世而周游列国，宣传王道，但各国诸侯都不能用他。晚年的孔子受获麟的鼓励而作《春秋》。《春秋》笔削严谨，辞约旨博，字里行间蕴含了许多“义法”，孔子就是通过这些义法来评价历史和现实，以“使乱臣贼子惧”。《史记》以人为中心述史，就是要效法《春秋》从道德评判出发，树立社会楷模，整齐社会秩序。司马迁非常自信，他以承接道统而自居，所写《史记》是一部新时

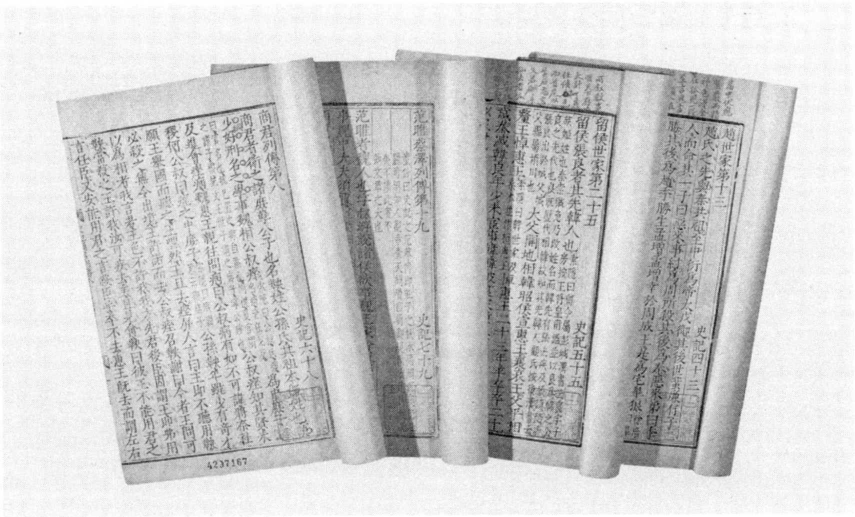

《史记》书影

代的王法，因此是人人必读的《春秋》。《太史公自序》说：不读《春秋》，“君不君，臣不臣，父不父，子不子”。如果读了《春秋》，就会懂得礼义道德，君为明君，臣为贤臣，父慈子孝，社会和谐。司马迁说的《春秋》，实指《史记》。

下面集中来谈司马迁笔下的明君贤臣，他提供的榜样是什么样子呢？

二、司马迁笔下的明君贤臣

（一）司马迁笔下的明君

1. 帝王无私，要天下为公

《五帝本纪》写尧、舜、禹禅让，揭示上古帝王无私的伟大精神。尧年老，他的儿子丹朱不成才，尧要找一个人接班，众臣推荐了舜。舜继承帝位，天下的人得利，而丹朱一人不利；丹朱继承帝位，丹朱一人得利，天下的人都要受害。两相权衡，尧说“不以天下之病而利一人”，即不能让全天下的人受害而使一人得利。这个人即使是自己的儿子也不行。尧作出了榜样，舜年老，没有把帝位传给儿子商均而是传给了大禹。

2. 帝王成事，要任贤使能

贤才决定事业成败。《匈奴列传赞》说：“尧虽贤，兴事业不成，得禹而九州宁，且欲兴圣统，唯在择任将相哉。”《高祖本纪》载刘邦以弱胜强，他自己总结楚亡汉兴的原因说：“夫运筹策于帷帐之中，决胜于千里之外，吾不如子房。镇国家，抚百姓，给馈饷，不绝粮道，吾不如萧何。连百万之军，战必胜，攻必取，吾不如韩信。此三者，皆人杰也，吾能用之，此吾所以取天下也。”

治平天下需要众多的贤才。贤才如此重要，大道理人人都懂，凝聚人才的办法也很多，如重金招聘、伯乐推荐、毛遂自荐、积资升迁等等，但都不是要害。帝王任贤，最核心之点是要有容人之量，也就是帝王气度。刘邦以一介布衣登天子之堂，成功的秘诀就是他有帝王气度，能够役使高于自己的命世大才，所以他取得了成功。刘邦有过人之处，就是他能识人、用人。刘邦有一句口头禅，叫“为之奈何”，这件事怎么办？降下身份，不耻下问，承认山外有山，这就是刘邦识人的秘诀。

3. 帝王要兼听，察纳雅言

圣明君主亲信贤人，远离奸佞，能够倾听不同意见，择善而从。如果择非而从，那就不叫纳谏，不是圣明之君，喜欢阿谀奉承，那就是昏暴之君。司马迁批评殷纣王拒谏，“智足以拒谏”，纣王的小聪明只用在拒谏上，甚至剖心杀了忠臣比干，最后的结果是破家亡国。司马迁称许汉文帝为仁君，他真诚纳谏，有两个举措为后世君主树立了榜样。一是下诏求言，创立了举贤良制度。此制由大臣和地方长吏推举贤良文学到京都议政，入选条件是“能直言极谏之士”，颇具现代议会风采。二是明确宣布言者无罪，言事者无论对与错都不承担责任。汉文帝认为，纳谏的后果由君主承担责任，“国之大患”是“择者不明”。汉文帝开明的流风余韵，一直影响到昭宣中兴。昭帝始元六年（前 81）的盐铁会议，创立了中国古代开明议政的典范，为两汉的政治转轨，奠定了舆论基础。

4. 帝王要勤政

凡雄略之主，都有勤政的精神。秦始皇办公，课以日程，批阅公文，每天定量批阅简牍120斤，不完不休息。司马迁批评秦始皇“贪于权势如此”。司马迁所讲的“勤政”，指勤于关心民生，而不是具体的政务。恰恰相反，帝王不要去干预臣工的政务。明君之“明”，是明于国家大体，把握方向，创建制度，要了解民情，像黄帝、尧、舜那样，一年四季巡视百姓，“未尝宁居”。

5. 帝王节俭爱民

汉文帝没有惊天动地的伟业，但他十分珍惜民财，非常节俭。他所宠幸的慎夫人，只穿短裙，帷帐不准绣花。汉文帝要修一个观景台，一说是观天文的高台，需要一百金，相当于十户中产人家的收入，汉文帝停建。汉文帝临终时下诏，臣下守灵，只在早晚各哭15声，举行一个仪式就停止。下葬器具不用金银，只用陶器。汉文帝还解除了很多禁令，让天下平民有更好的生产环境。减轻一半农业税，汉初十五税一，汉文帝减为三十税一，后来又免除全部农业税。所以，司马迁称许汉文帝为“仁”。《史记》只写了一个“仁”君，这个仁君就是汉文帝。也就是说，仁君的典型就要像汉文帝一样，心中装有人民，并能给黎民百姓带来幸福生活。

汉文帝刘恒画像

（二）司马迁笔下的贤臣

1. 居官理民，要为民办事

西汉萧何“因民之疾秦法，顺流与之更始”，想民之所想，疾民之所疾，司马迁称许说“何之勋烂焉”。曹参继萧何为相，启用不善言辞的厚重长者，贬黜巧舌如簧、只说漂亮话、不办实事的官吏。曹参遵守前任萧何行之有效的好政策，不标榜个人，不擅改政令，史称“萧规曹随”。万石君（石奋）一门贵盛，碌碌无为，一生谨慎，只仰承天子鼻息，但能“为百姓言”。是否与民办事，是贤臣的最高标准，在当时是了不起的先进思想。遍查中国古代典籍，只有《史记》写有“为百姓言”几个字。

2. 张释之为廷尉，天下无冤民

在古代断狱判案是国家施政的重中之重。刑措不用，是太平盛世的标牌。在古代行政干预司法，尤其是君主干预司法，往往使国家陷于深重灾难。汉武帝时，酷吏张汤、杜周断案，往往使国家陷于深重灾难。张释之，字季，南阳堵阳（今河南方城东）人，西汉著名贤臣，汉文帝时廷尉，执法公正，认为法律是天下人的法律，不是皇帝个人的意志。张释之劝谏汉文帝带头按法律办事，为天下人的表率。

3. 为官要清廉，不与民争利

木雕《公仪休拒鱼》

刘朔 / 供图

公仪休是春秋时鲁国国相，他为官清廉，公私分明，一尘不染的高风亮节，给为官的人树立了一面高悬的明镜。公仪休喜欢吃鱼，有人投其所好，专程送来了几条鱼，公仪休坚辞不受。他对送鱼的人说：“我正因为喜欢吃鱼，一份微薄的俸禄还吃得起鱼。如果我收了你的鱼，丢了俸禄，那时谁来送鱼呢？”一席话说得送鱼人哑然失笑，公仪休的话既拒腐，又委婉，一针见血地揭穿了送鱼人请托的目的，却又在幽默诙谐中做了说服教育工作。公仪休的夫人勤劳贤淑，亲自种菜织布，公仪休劝说不听，休了夫人，说她争夺了士农工商的口食。公仪休防微杜渐，制止当官的亲属与民争利。这种精神无比崇高，但休妻之举，未免过分和迂腐。

4. 救民水火，甘冒斧钺

汉武帝时，河内郡发生火灾，烧了一千多

家。汉武帝派汲黯去巡察。汲黯路过河南，那里发生了大旱灾，接着是水灾，颗粒不收，地方对此瞒报。汲黯见此，自作主张打开粮仓救灾，这是要冒杀头危险的。汲黯的行为，急民之所急，不顾个人安危，汉武帝赦免了他的罪过，还称赞汲黯是“社稷之臣”。

5. 当官要自律，职位是责任

春秋晋文公时，晋国最高司法长官李离，办案五年没有出过差错。公元前632年，李离的部属错判了一件死刑案，李离自责，向晋文公请求死刑。李离说：“我是最高司法长官，俸禄最多，职位最高，俸禄多就要担负最高责任。臣不能平时享受高位高禄，有了过错推给下属。”李离不接受晋文公的赦免，自杀而死，承担责任。

6. 治理积弊，要有智慧，启迪民智

如何处理尖锐复杂的矛盾，解决积重难返的社会问题，作为一个手握权力的长官，是用暴力推行善政，还是用智慧让恶人现身说法，教育人民群众觉醒，两种办法，两种效果。褚少孙所补《滑稽列传》中的战国时西门豹治邺，提供了一个以人为本、运用智慧办事的典型。西门豹也用暴力，一是有限度，二是只用于惩办首恶。

邺城是魏国的领地，在今天河北临漳县一带，经常闹水灾。那里的官绅和巫婆结成一伙坑害民众。他们每年都要为河伯即河神娶媳妇，家家都要出钱，搜刮民脂民膏。有钱的出钱免灾，没钱的就带着女儿逃匿流浪。西门豹到任后，了解情况后，决定革除陋俗，动员民众修水利。但面对在强大黑恶势力笼罩下尚未觉醒的民众，强力推行很难奏效。西门豹不动声色，他也声称要参加河伯娶媳妇的典礼，并以县长之尊做主持人。当娶媳妇的典礼正式开始的时候，西门豹声称要查看女子是否漂亮，然后要求巫婆向河伯报信。说时迟，那时快，没等西门豹话音落地，捕快就把巫婆投入水中筏子上随水漂去。西门豹装出一副严肃认真的样子，等待回音。巫婆久久未回，西门豹声称派巫婆的弟子去催促，不容分说，又把巫婆的两个徒弟先后投入水中。用此办法，西门豹把一个欺压百姓的地方官吏投入水中，吓得其他官吏叩头如捣蒜。现身说法，揭穿骗局，退出赃款，全体百姓受到教育。西门豹趁热打铁，组织全县百姓挖沟修渠，共修通了12条渠，彻底免除了水患。

三、司马迁开明的政治理想

司马迁生活的时代是秦汉大一统盛世。这个新时代来之不易。历经春秋战国500多年的战乱，秦国从秦孝公变法起，经过六代人的努力才完成了统一。秦始皇认为战乱是诸侯造成的，废分封，行郡县，要传之万世，结果二世亡国。西汉统一虽然只经过五年，可是死了几百万上千万的人，血流成河，人民付出的代价太沉重。西汉能长治久安吗？怎样才能长治久安？这是统治者要解决、要思考的问题，也是全国老百姓要思考并期盼的问题，更是先进思想家要思考、要解决的问题。

司马迁的回答是“述往事，思来者”，又称之为“志古自镜”，在总结历史经验中塑造明君贤臣的典型，并把构想的政治蓝图寓于叙事之中。

司马迁的政治思想是为秦汉大一统政治服务，他拥护皇帝集权制度，但主张皇帝权力要为人民办事，要有制度约束，统称为开明的政治思想。古代的开明，与今天的民主有很大的差别。开明是自律透明，民主是制度透明。但两者有一个共通点，以国家服务于民生为最高原则，所以司马迁讲的古代历史，是可以“志古自镜”的。

司马迁的开明政治思想，从以下三个方面来评说。

（一）司马迁开明政治思想的内容

1. 主张大一统，颂扬秦始皇汉武帝之功

《秦始皇本纪赞》云：“自缪公以来，稍蚕食诸侯，竟成始皇。”《六国年表序》称赞秦取天下多暴，“然世异变，成功大”。《太史公自序》肯定汉武帝的功业，说：“汉兴五世，隆在建元，外攘夷狄，内修法度，封禅，改正朔，易服色。”西汉人不承认秦王朝，说它充其量只是一个闰统，司马迁批评这些人是

"耳食之儒"。秦朝国运短祚是亡于暴政，而不是秦始皇所建立的制度。司马迁不遗余力宣扬大一统，构建了民族共同心理的历史哲学。

2. 主张顺民之俗，颂扬无为政治

如高祖、吕太后、孝文帝诸本纪赞，律书序，萧、曹世家赞等篇。汉高祖刘邦，起自匹夫而得"天统"，是因为他顺民之俗，"承敝易变，使人不倦"。吕太后无为，"民务稼穑，衣食滋殖"。汉文帝"能不扰乱，故百姓遂安"，司马迁许之为"德至圣"的"仁"君。治国的最高原则是"顺民之俗"，要办老百姓希望办的事。怎样才能做到？西汉初的无为政治就是顺民之俗。当时民无盖藏，急需休养生息，国家施政以休养生息为要务，因此"无为"不是不做事，而是量力而行。具体说，有两条最基本的国策：第一，君臣无为，不举措暴众，不滥用民力。该办的事，能办则办，不能办等到条件成熟再办。第二，民众则是有为，士农工商全面发展。"无为"是道家的语言，老子主张"绝圣去智，灭去人欲"。恰恰相反，司马迁主张一个人要积极用世，提倡立德、立功、立言的"三立"精神，人生的追求是"不令己失时，立功名于天下"。司马迁不认为人欲是洪水猛兽，而是发展生产的动力，鼓励人人发财致富。国家施政，不是阻遏人欲，而是"善者因之"，即最好的办法是因势利导，让人民富裕，构建和谐社会。国家怎样施政才能达到这一境界呢？那就是君明、臣贤。明君的榜样是汉文帝，带头执法不干预臣职。贤臣的榜样是张释之和冯唐。张释之依法审案，冯唐直言切谏。《汉文帝本纪》与《张释之冯唐列传》描绘了一幅开明施政的蓝图。

3. 崇尚德治，反对暴政

在司马迁笔下，"德治"与"暴政"两相对立，褒贬倾向极为鲜明。《太史公自序》将古圣先贤禹、汤、文、武称颂为德治之君，将夏桀、殷纣、周幽王、周厉王以及秦始皇、秦二世这些昏暴之君，贬抑为"暴"。司马迁用这一政治观念模式总结历史经验，指出暴力不可恃。司马迁用古今的历史事实来说明"得民心者得天下，失民心者失天下"这一民本思想，可以说是贯穿《史记》全书。但司马迁没有到此为止。他不仅认识到了人民力量对历史的演进起最后的决定作用，而且肯定人民的反暴斗争，大声赞美革命行动，颂扬汤武诛暴，为项羽立本纪。司马迁写《刺客列传》和《游侠列传》，大旨都是颂扬反暴的精神。司马迁歌颂他们，表现了他同情广大人民的反暴愿望，这已经超出了传统的儒家思想，受到正统史家的非难。但这正是司马迁思想的精华之一。

（二）创立民族共同心理的历史哲学

司马迁熔铸于《史记》叙事中丰富的历史哲学思想内涵，是一种民族特征在文化上的表现，它表现了共同的社会心理追求。这里单说司马迁构建的大一统历史观，在中华民族发展历史上起了无与伦比的凝聚作用，为中华民族所认同。中华民族历经夏商周到秦汉已基本形成，并突破中原界限而实现了大一统局面。这一历史过程为古代思想家所捕捉，经过孔子、董仲舒，到司马迁首次做了完整的构建。司马迁所写的《史记》，上起黄帝，下讫汉武帝，象征历史从统一到统一的发展，就是突显大一统的历史观（见附表:《司马迁大一统历史观简表》)。在司马迁笔下，从黄帝到秦皇、汉武的大一统，象征着历史发展的方向，象征着帝王德业的日益兴盛。中华民族不断壮大，各民族互相融合，远方殊俗日益统一，这就是司马迁大一统历史观的内容。

司马迁从三个方面提出了系统的理论建构，至今是中华的民族魂、爱国主义的思想源泉。

1. 天人合一的历史观

《史记・天官书》把天上的星空分布，按人间的政治结构来附会。实际上，天上的秩序是把地上大一统的模式搬到天上。反过来说，地上大一统的中央集权是符合天道的。古代天文学家解读的天人关系为现存的政治制度服务。

2. 中华民族皆黄帝子孙

《史记》开卷为《五帝本纪》，塑造了人文始祖黄帝统一部落、草创国家的生动形象，成为中华民族的共同祖先。三皇五帝的传说是华夏文化多元民族融合的反映。黄帝子孙这一民族大一统观念，数千年来激励了无数的仁人志士为中华民族的生存、繁荣和进步而斗争。

3. 民族统一观

自古以来，中国就是一个由多民族组成的国家，中华民族的历史是汉族和各少数民族共同创造的历史。司马迁首创民族史传，把华夏周边民族说成是同祖同源。都是黄帝子孙，中国之虞与勾吴是兄弟之邦，主张周边各民族有参与中原事务的权力，并提出了民族地区“以其故俗治，毋赋税”的主张，尊重民族的生活风俗。

（三）树立了认识事物先进的历史观

这里着重谈司马迁对《史记》自己评价的3句话15个字：“究天人之际，通古今之变，成一家之言。”

1.“究天人之际”，就是研究天与人的关系

今天看来，天人关系即人与自然的关系。但在古代，除了自然之天外，还有意志之天，即上帝；命运之天，即某种具有循环周期的天道。所以，“究天人之际”在古代是上层建筑领域的一个重大问题。天能支配人事，这一观念是维护统治权的理论基础，所以它总是统治阶层的官方哲学。司马迁作为史官维护天的权威，这一点丝毫没有动摇。司马迁之伟大，他是用“天人之际”来代替董仲舒的“天人相与”。“天人相与”，只讲天人合一，强调天能支配人事。“天人之际”，既讲天人合一，又讲天人相分。“际”，指两墙相合之缝，既相与又相分。司马迁讲的“相与”是一种哲学观念，告诫人要敬天、畏天，要贯彻天道惩恶佑善，约束自己，尤其是帝王不能为所欲为。“相分”，讲天是天，人是人，天不能支配人事，人世间的事由人世间自己来做。也就是说，司马迁对天是抽象肯定，认为只是一个维系人心的信仰，而做事是靠人为。所以，《史记》在具体讲历史变迁和评价人物的时候，是看不到天命论的。

2.“通古今之变”，“变”是司马迁朴素唯物主义历史观的核心

他认为宇宙间一切事物都在“变”，只有用“变”的观点才能探究事物的规律。他说：“无成势，无常形，故能究万物之情。”从“变”的理论观点出发，决定了司马迁用发展变化的眼光看待人类社会的历史。通观整部《史记》，司马

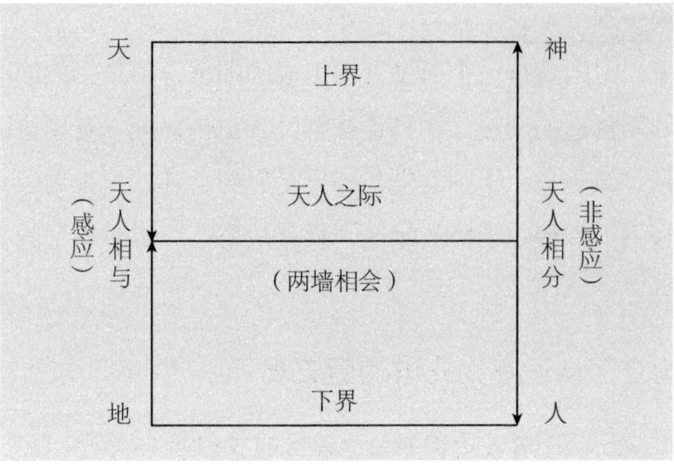

“天人之际”示意图

迁“通古今之变”是围绕以下几个层次全方位展开的：一是时势之变，二是兴亡之变，三是成败之变，四是穷达之变。总之，“变”是历史进步的永恒法则，“物盛而衰，固其变也”（《平准书》）。国家施政要不断地调整、变革，这是避免革命发生的途径。《史记》写了许多变革事例，供人采择。

3.“成一家之言”，“言”就是议论、理想和主张

这表明，司马迁述史并不是历史资料的汇抄和事实的堆积，而是要阐明自己的理想。司马迁“成一家之言”，有两大原则值得我们借鉴。第一，建立新思想，要吸收以往的全部知识。司马迁称之为“网罗天下放失旧闻”。第二，融会贯通，自成一家之言。

综上所述，司马迁塑造明君贤臣的榜样，用以构建他理想的开明政治蓝图，核心思想是两个方面：第一，贤者在位；第二，言路畅通。落实在帝王身上就是“用贤”与“讷谏”。无论是古代的“文景之治”“贞观之治”，还是近世的“康乾之治”，历史学家总结经验，不出这两条，比如范文澜的《中国通史简编》，也大体如此。“用贤”与“讷谏”放之四海而皆准，大道理不难懂，关键是国家施政怎样才能落实“用贤”与“纳谏”。司马迁升华为“贤者在位”与“言路畅通”，构思制度建设，不仅是超越了前人，而且是超前以至于今，司马迁的开明政治思想在今天仍然光芒四射。

其一，贤者在位。司马迁讲的“贤者在位”，有三个突破：第一，“贤者在位”，不是单纯地用贤，而是包括君主在位，也要贤者，明君、贤臣，缺一不可。第二，治平天下，需要众多贤才，“三代之际，非一士之智也”。第三，智不可专，民间有贤才。

其二，言路畅通。司马迁讲的“言路畅通”，也不是单纯的“讷谏”与“兼听”，而提出“言者无罪”，帝王要像汉文帝那样下诏求言，听取民间意见。

司马迁不只是思想境界的突破，他进一步提出怎样才能保证“贤者在位”与“言路畅通”的方法，提出了贤者要集体推荐，试用考察，民心拥护，君臣在位都要遵守制度约束、司法公正等先进思想，至今仍有借鉴价值。

（讲座时间　2011 年）

附：

司马迁大一统历史观简表

〔**说明**〕华夏民族皆黄帝子孙，此即司马迁大一统历史观，《史记》结构亦由此构成。这是为西汉一统理论提供的历史见证。此表据《史记》各本纪、世家及三代、十二诸侯、六国等年表资料综合制成。

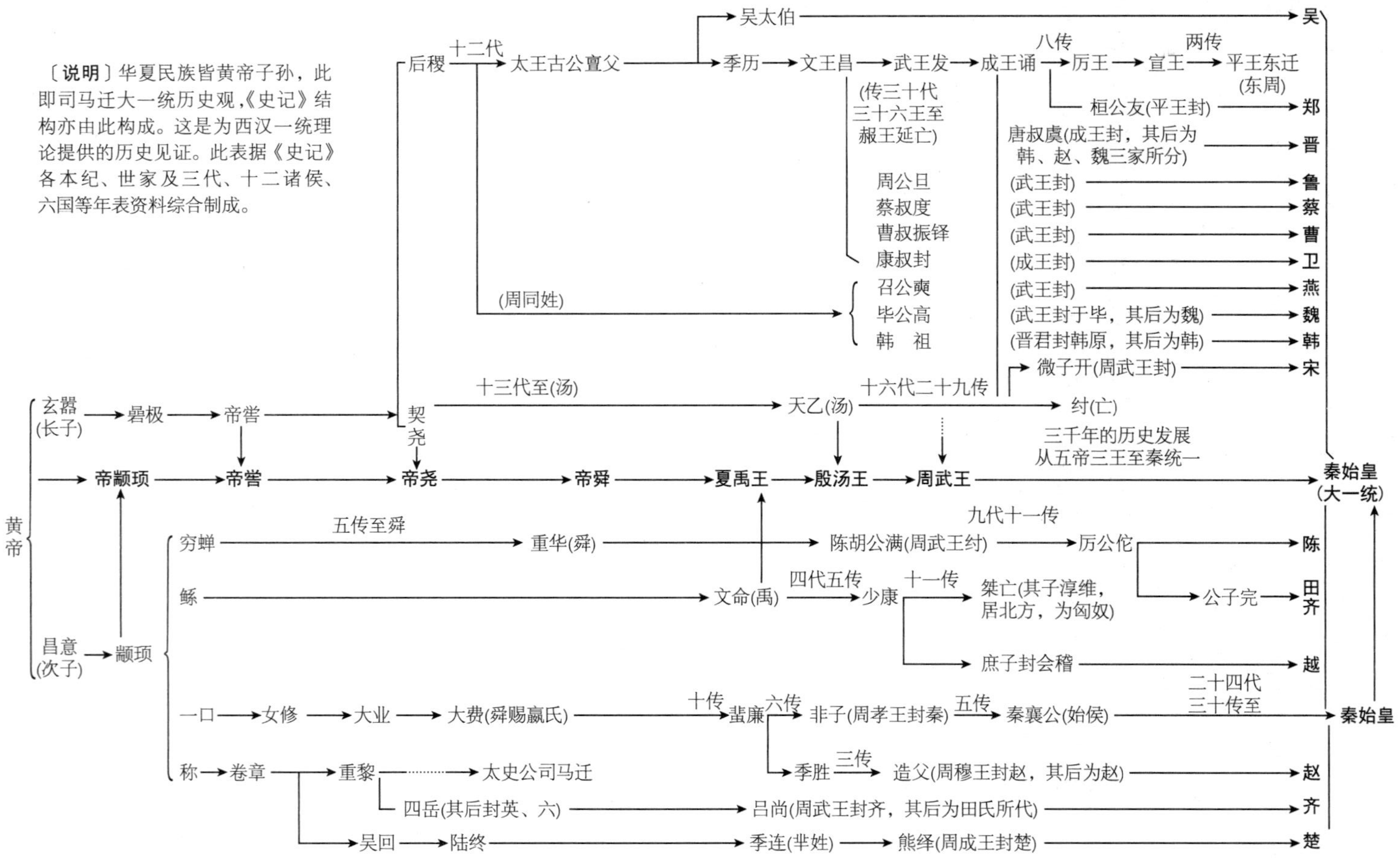

熊召政

张居正与万历新政

熊召政

熊召政，1953年生，湖北英山人。诗人、作家、书法家。现任中国文联全国委员会委员、中国大众文学会副会长、湖北省文联主席兼文学艺术院院长、湖北省政协常委、湖北中华文化促进会主席、湖北省文史馆馆长，并兼任中国人民大学、武汉大学、中南财经政法大学、西安建筑科技大学等多所大学教授。

从事文学创作30余年，研究国学及中国

熊召政

历史20余年，已出版小说、散文、诗集、旧体诗词集、历史札记、书法集及演讲集等著作30余种，并获得多种创作奖项。其中，政治抒情诗《请举起森林一般的手，制止！》获1979—1980年全国首届中青年优秀新诗奖，长篇历史小说《张居正》获得第六届茅盾文学奖第一名。

大家都知道，张居正目前是我们比较关注的一位历史人物，他的一生非常不平凡：教育、辅佐幼主10年，并在担任首辅10年间大刀阔斧地推行新政，政绩卓著，一举扭转了明朝持续走下坡路的颓靡政局，史称“万历新政”。今天，我想从以下几个方面介绍一下“张居正与万历新政”。

一、张居正担任首辅前的经历

张居正自幼有“神童”之称。历史上关于他是神童方面的传说也很多。据说他出生前一晚，其祖父梦见自家大水缸里有一只白色乌龟从缸底缓缓升起，于是就给他取名白圭。13 岁时，张居正考中秀才，是当时全省年龄最小的秀才，得到荆州知府的接见。那时候他的个头不高，而衙门的门槛很高，一脚跨不过去，知府就笑着说：“秀才脚短。”他应声即答：“天子门高。”这位知府觉得他是个很有才华的孩子，只是觉得名字不雅，遂为其改名为“居正”，就是勉励他做君子，居正位，做大事。张白圭从此改名为张居正。

张居正 16 岁应考举人，考试完毕，三位主考官一致推荐一份考卷列为乡魁，送到时任湖北巡抚的顾璘（号东桥居士）那儿去评判。顾璘也认为此卷是篇锦绣文章，于是提出要见写此卷之人，把卷子考号拿来一对正是张居正的。当 16 岁的张居正到来时，顾璘大为惊讶。经过一番交谈，这位顾东桥大人非常兴奋，他当时就把自己腰上的犀牛角腰带解下来送给张居正，说：我将这条腰带送与你以作纪念，但我知道你将来是腰玉之人，不会系犀牛角腰带。在古代，官服上所系的腰带显示着官员的级别：若是首辅，腰带就是玉带。巡抚大人的这番话给了张居正很大的鼓励，而大家也都以为新的乡魁定是神童张居正。可令人诧异的是，第二天放榜张居正却名落孙山。原因何在？原来，巡抚顾璘在与张居正谈话之后，说了这么一番话：这孩子聪明，但若没有人生的历练，最终他的聪明会演变成恃才傲物，不切实际。我不希望这世上再多一个唐伯虎，而希望多一名能够燮理阴阳的治国栋梁，所以要给他一点挫折。3 年之后，19 岁的张居正再次赶赴乡试才考中举人。

之后，张居正的仕途就相当顺利了。他 23 岁考中进士，并被选拔为庶吉士。当时，在全国考取的近 200 多名进士里面，要选拔其中的 1/10，即 20 多人，到翰林院继续深造。这 20 多人当时称为庶吉士，相当于今天的博士后。他们是吏部和礼部联合挑选出来的成绩最好、最有培养前途的人，以作为国家的储备人才。用现在的话讲，能够入选庶吉士，就意味着驶入了选拔领导干部的快车道。

一般来讲，庶吉士毕业以后有三种前途：一是词臣，给皇帝起草文件、起草圣旨，叫待诏；二是讲臣，专门给皇帝和太子授课，叫侍讲；三是给国家编制各种制度及研究历史得失、研究国家政治走向，叫编修。待诏、侍讲、编修全是做案头工作的读书人，而且都是从这 20 多人中产生。

两年后，张居正庶吉士毕业，由于他思维敏捷而且严谨，所以他的第一个职务是编修，即研究历代政治。此时，朝廷政权掌握在奸臣严嵩手中，国事一塌糊涂。张居正目睹了严嵩卖官鬻爵的作为，觉得自己有责任向皇帝进言。于是，这位 25 岁的年轻人就给皇帝写了一份奏章，就五个方面对国家的时弊进行了批评，并指出改正的方法。其中有一条是批评官员的党同伐异、贪污渎职等行为。这封奏疏很具危险性，稍有不慎就会大祸临头。因在当时，反严嵩的人很多，都付出了惨痛的代价。免官、流放还算好的，最重的是被腰斩。但奇怪的是，无论从张居正自己的传记中，还是明史所有的记录里都没有就这篇文章的后果给予交代和说明。我猜想，应该是当时的翰林院掌院学士徐阶保护了张居正。这位老谋深算、胸有韬略的政治家，深知在当前形势下跟严嵩斗无异于

位于湖北荆州的张居正故居　　杨兴斌 / 供图

飞蛾扑火、自取灭亡，于是采取了保护措施，没把他的奏疏送出去。所以这一份将会给张居正带来毁灭性打击的文件，并没有给他带来任何伤害。

徐阶这位精明的政治家看中了张居正的才华，将其收至麾下并加以培养和保护。张居正在翰林院编修的位子上度过了平淡的5年。眼看严嵩当权积弊日深，张居正深感失望。于是，30岁的张居正决定离开官场，他向吏部请假回老家养病并获得批准，一住就是3年。这3年他走遍了湖北、湖南、江西、安徽等周边的很多地方，实际考察民间，对底层老百姓的喜怒哀乐有了一个比较客观、全面的了解。

3年后张居正回到京城，此时的徐阶已是朝廷次辅。他安排张居正兼任国子监司业。因为有了翰林院学士和国子监司业这两个身份，张居正也就具备了给储君做侍讲的资格。这一步安排为张居正日后成为隆庆皇帝（当时为裕王）的"裕邸旧臣"，并最终成为万历时期的首辅做了铺垫。在明代，每逢新皇帝登基，第一件事情就是换首辅，而首辅的人选一般都是自己的老师。

再次回到京城的张居正已不像年轻时那样喜形于色，从他的老师徐阶那儿，张居正学会了隐忍。虽然他仍反对严嵩，但在严嵩大寿之时，张居正竟还写了篇洋洋洒洒的寿文，为其歌功颂绩，令严嵩对他放松警惕。两年以后严嵩倒台，徐阶担任首辅。张居正一年之内连升四级。从礼部右侍郎、吏部左侍郎、礼部尚书，再在这个基础上成为内阁辅臣，时年42岁。张居正仕途顺利，从他23岁考取进士，25岁任职于翰林院，到42岁成为内阁辅臣，其间只担任过编修和侍讲，可谓一名纯粹的学者。

张居正从政经历的简单与明代的用人制度有着一定的关系。明代的体制就是首辅从不选用封疆大吏，内阁辅臣几乎清一色都由翰林院出身的大学士担任。原因有二:（1）明朝走专家治国路线，首辅必须是一位职业的政治家，能够从国家的大政来考虑问题;（2）若选封疆大吏任首辅，恐其不能一视同仁，将来会对某一地区存有偏心，给予政策上的特别关照。基于这两点，在翰林院中研究历朝经籍典故、治国用人之术的庶吉士就成了首辅的最佳储备人选。而封疆大吏，因为他们有长期的基层工作经验，了解各地方需要怎样的官员，所以吏部尚书的选任是从封疆大吏中产生，一般我们称之为“天官”。在明代，天官和首辅是平级的，只不过在位置上，首辅居左，天官居右。

二、张居正静待改革时机

张居正进入内阁以后，两大强人徐阶、高拱的政治斗争越发激烈，张居正只能静待改革的时机。随着二人相继离开内阁，张居正以为改革时机成熟了，因为隆庆皇帝是位忠厚的人，而自己则是皇上的老师，于是便把改革的思路提出来，写了第二封改革的建议书，叫《陈六事疏》，就是国家要从六个方面进行改革。孰知皇上这次仅批示了七个字“知道了，具见忠忱”，再无任何下文。这个时候张居正才感觉到，隆庆皇帝还不是一位有魄力、能够扭转乾坤的皇帝。因为改革势必要打破固有的老路、打破各个利益集团原有的格局，没有雷霆万钧的力量，改革是不可能的。

隆庆皇帝是位弱势的皇帝，这与他的经历不无关系。隆庆直至登上帝位都未曾被封为太子，因为嘉靖皇帝听信道士陶仲文“二龙不能见面”的言论，不肯明确储君，害怕“小龙克老龙”，短自己的阳寿。因此，隆庆皇帝就是处在一种压抑的环境中长大的，时时需要小心，处处须得求人，形成了一种求人的心态。所以等到隆庆登上帝位时，已然不懂得如何强势地行使皇帝的权力了。举一例说明：隆庆喜欢吃千步廊卖的胡桃酥。有一天他发现一盒胡桃酥竟用了5两银子，就问：我当年买是5个铜板，怎么现在价格竟如此之高？报账之人回答：因为皇上爱吃，别人也就都爱吃了，所以价格上涨。很明显，报账之人是在欺骗他。隆庆皇帝完全可以派人查办情况是否属实，并对报账之人进行惩罚。可是隆庆竟然只是笑了笑，说：那我以后少吃。所以说，张居正要强势地推进改革，隆庆皇帝没有这个胆量。

因隆庆皇帝不敢采纳张居正的改革建议，张居正明白时机还未到，只能继续等待。6年之后，隆庆皇帝去世，当时只10岁的朱翊钧继位，即万历皇帝，选中张居正任首辅，到这时，改革的机缘才得以成熟。

三、张居正改革

当天时、地利、人和各种因素具备的时候，一个政治家方可成就一番伟业。

万历 10 岁登基时，还只是一个刚开始认字的孩子，虽是皇帝，但只会听三个人的话：一是其母后，即李太后；二是其“大伴”，即冯保；三是其老师，即张居正。

李太后是泥瓦匠的女儿，她出自民间，深知百姓疾苦，而改革首先是要破除特权，因此，深有体会的李太后是支持张居正改革的。冯保则是因为前两任首辅都压制着他，不让其当内相，所以他千方百计扶起张居正。事实上，在这之前，张居正与冯保已经达成默契。说到冯保，我个人始终认为，他是太监里面了不起的政治家。他跟严嵩不一样，严嵩贪而无底，冯保虽爱财，但在政治上始终对张居正还是配合的。除了个人的品质外，在改革大政方针的推行上，冯保是起到了推动作用的。

孔子曰：“唯女子与小人为难养。”而张居正的改革就是在一个女人和一个小人的帮助下全面展开的。28 岁的李太后、56 岁的冯保，再加上 48 岁的张居正，这权力的铁三角在公元 1573 年拉开了一场为时 10 年的万历新政的改革大幕。

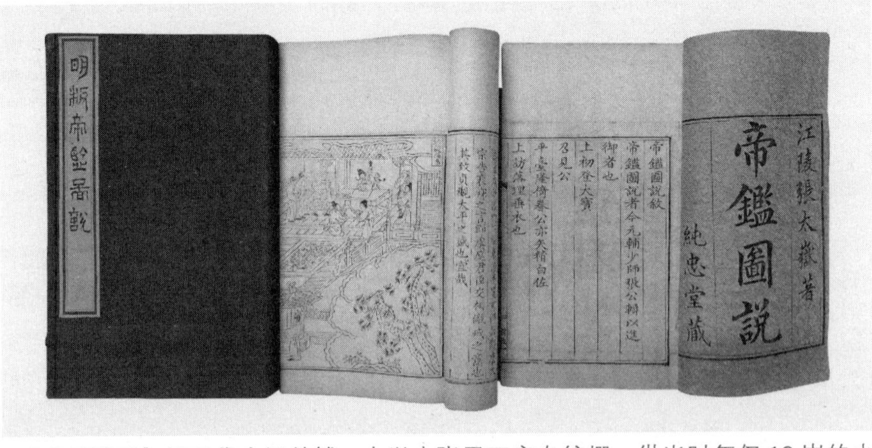

《帝鉴图说》是明代内阁首辅、大学士张居正亲自编撰，供当时年仅 10 岁的小皇帝——明神宗（万历皇帝）阅读的教科书。图为《帝鉴图说》书影

（一）吏治改革

任何一场改革，实际上是将社会各个利益集团之间的关系重新进行调整，让社会资源的分配模式更加合理。就张居正而言，他的改革是从整顿吏治开始的。

1. 重用循吏，慎用清流

张居正上任不到一个月，就提出京察。所谓京察，即考察中央机关的领导干部。凡是四品以上的官员，直接给皇帝写述职报告，五品到九品的官员，给吏部写报告，内容是在隆庆皇帝的6年期间，你做了些什么，你做了哪些是你应该做的事情，有哪些你应该做的没有做，统统写出来，然后决定其去留、升降、罢免。

京察完成后，腾出一些位置。第二步就是举荐干部，把一些有能力、有事业心的人才选拔到重要岗位上。每一个省级干部向朝廷推荐三个人才。经吏部汇总，被推荐的人得票最高的是海瑞（号刚峰）。吏部尚书杨博把推选干部的整个情况汇报给张居正，并问道：海瑞这个人您看怎么用？张居正回答说：此人不能用。杨博大为吃惊。原来当年嘉靖皇帝去世后，张居正请徐阶出面释放海瑞并委以重任。海瑞担任应天巡抚后，负责管辖当时中国的财富重地苏浙一带，结果3年下来，当地的财政收入减少了一半，当地官员纷纷要求调动。所以，张居正就说：我现在要选用能臣为朝廷做事儿，是要选好官而不是选好人。好人就是大节不亏，不贪不懒，做事有规矩；好官则不然，上要让皇帝放心，为朝廷负责，下要为百姓造福，上下通气这才是好官，是循吏。海瑞是一个好人，清廉且有气节，可谓一介清流，这都是好的；但如果搞得国家的财政收入大大降低，百姓的生活也不能提高，两头都不踏实，就不是好官。与其这样，倒不如保全海刚峰先生的高风亮节，让他在家做好人。张居正终生弃用海刚峰，这是他重用循吏、慎用清流的一个最显著的标志。

2. 知人善任

知人善任是张居正研究历代政治得失、万历时期社会的种种乱象之后，在用人方面作出的另一决策。

张居正知人善任，并不一味地任人唯亲。譬如说他起用亲家王之诰担任刑部尚书，这一任用并没有招致非议，因为王之诰政声卓卓，是个很有建树的官员。因此，如果张居正用了某个同年、同乡或者朋友，那这个人一定是人才，而不是庸才。历史上包括他的敌人、后来攻击他的人，从来没有在这种事情上攻击过他。

另外，张居正本是铁血宰相，但在对待戚继光方面，不仅重用他，而且极富人情味儿。在他任次辅期间，将戚继光从浙江调任蓟辽总兵。戚继光在蓟辽总兵的位置上干了 13 年，由他拱卫京师，负责蓟辽一线，蒙古鞑靼部骚扰明朝的事情就再没有发生过。张居正深知戚继光做事必须有定夺权，做不了二把手，跑不了龙套，所以，在处理总督和总兵的矛盾问题上，始终支持戚继光。每一个总督上任，张居正都要求他支持戚继光的工作。所以在知人善任的问题上，张居正的改革首先保证了改革团队的生机勃勃。

（二）经济改革

孟子曰："为政不难，不得罪于巨室。"而政治家管理国家就是让强势集团得到遏制，让弱势集团增加社会福利与权益。因此，政治家要平衡各种利益集团，就不能像孟子那样谦谦君子不得罪于巨室，而是必定要得罪于巨室。

京察之后，张居正开始向所有的贵族利益集团开刀，以解决各大利益集团的利益再分配问题。

1. 清丈田亩

张居正提出清丈田亩，这是一件很为难的事情，就是将各个贵族利益集团之间的利益再分配，就像今天我们要把一些大的行业进行反垄断调查一样。

当时，皇帝的田庄、皇亲国戚的田庄都是免税或减税的，所以就出现了挂田、寄田这种现象以逃脱赋税。还有一些富人侵占很多土地，但不登记，因此也不用缴纳税费。经过这次清丈，仅京津等北京周边地区就清理了 6 万多顷皇亲国戚的土地；全国仅查出的新增土地的赋税收入，就够全年军费的开支。

2. 削减皇室开支

在古代皇帝的眼里，是没有国和家的分别的，国是我的，家是我的，供用库的钱是我的，国库的钱也是我的。张居正改革就是要把国和家分开，把国库和供用库分开。所有的赋税收入进入国库，用于行政、军费、河防水利、赈灾的开支；而所有矿山收入和榷场收入则进入皇宫供用库，用于皇帝及后宫的开支，且皇室的开支每年要有预算。通过这项措施，基本上扭转了滥用无度的宫廷开支。

张居正的改革不仅削弱了贵族阶层的利益，也在很大程度上削弱了皇权，这正是他悲剧结局的原因之一。

可以说，张居正的改革是从吏治、经济入手开始的，其推行速度和节奏都非常快。而张居正每做一件事，配套工程都会考虑得很周全，推进的每一项改革措施，除了有思想还有很强的执行力。经过吏治整顿，张居正的改革班底可谓充满了活力和生气，并且在今天看来可以称为“专家治国”。比如说，户部

北京明城墙遗址

尚书王国光的《万历会计录》，当前专攻经济的人依然在学习；工部尚书潘季驯的束水攻沙的理论，在今天我们修三峡、修葛洲坝、做长江截流的时候，依旧在沿用。这个改革班底既懂政治也懂专业，用现今的话讲就是“精英团队”。在经济改革方面，最重要的就是财富的积累。明朝隆庆六年（1572）到万历元年（1573），国库亏空的银子达1100多万两，而张居正任首辅之后，通过一系列的改革，最终能够把长城修起来，可见其改革成效之显著。

四、万历新政的功绩

改革10年间，张居正除回家葬父3个月外，未曾踏出京城一步，真正做到了“坐而论道、燮理阴阳”的宰相职责。大量的案牍如山的事情从不积压；任何一个问题，风起萍末之时，必解决之。短短10年，万历新政就取得如此大的成就，站在今天改革的角度，我认为有六方面的经验值得我们探讨：

第一，沿用历代奉行的政治制度。张居正的改革主要侧重于吏治和经济两个方面，并未在政治制度上触动贵族阶级的利益。现在看起来，他这样做充满了智慧，坚持好的制度，只改革不完善的方面，从不在政治上做伤筋动骨的事。用现在的话说，叫“不折腾”，一门心思搞经济。

第二，始终如一推行富国强兵的策略。国家财政不能空虚，中央政府的权威要树立。由于地方利益错综复杂，多民族、多地区、多种文化的原因，必须强调中央政府的权威。全国统一部署富国强兵，这是国家的方向，各种地方工作都要围绕这个方向展开。

第三，解决财富的分配模式。从他接任首辅一职到他去世，官员的工资实际增加了5倍，而百姓的生活水平也实实在在得到提高，整个社会的财富都在迅速增加。

第四，让农民安居乐业。因为从陈胜、吴广开始，历代的改朝换代的主力军就是离开土地的流民，所以让农民安居乐业是整个社会的重中之重，是稳定政权的基础。农民安居了，然后城市就开始发展。在万历新政期间，明代掀起了城镇化进程的一个浪潮，整个的社会组织在发展，很多新的商业、交通及流通组织的出现，导致城镇规模的扩大，这也为流民提供了就业机会，从而对社会的安定起了很大的作用。

第五，加强了对官员的考核和约束力。他采用“考成法”考核官员。过去，皇帝下一道圣旨，然后执行情况如何没有检查。针对此情况，张居正设计了3个本子，分别掌握在内阁、吏部和当事人手上。圣旨出来到通政使司，再由通政使司转到当事人手上，层层领旨，都要注明准确的时间。每一道圣旨的落实都是倒计时计算。3年考察，每个官员把自己的本子拿出来看，你是否按时按质完成了上级交代的任务，一目了然。凡是在规定时间内完成任务的，且做出成绩的就升官；延长时间完成的，留任但要警示；没有完成的降职；完全搞砸的免职，并承担责任。因此，由于“考成法”的实施，朝廷行政系统的办事效力显著提高。

第六，“肃贪治庸”。张居正提出一个观点：贪官害国，庸官误国。关于肃贪方面不必多说，而治庸，就是用“考成法”，让那些不求有功但求无过、被动完成任务的官员能够主动地、想方设法地做事情。因为朝廷官员的数量是有限的，多一个庸官就会少一名干实事的官员。

五、结语

改革家是要付出成本的。一个国家、一个执政团体为改革要付出成本，一个主持改革的政治家更要付出。这个成本不仅是此时此地，更是千秋万代。作为万历新政的总设计师与总工程师，张居正真正做到了“鞠躬尽瘁，死而后已”。

张居正去世时，备极哀荣。可第二年，万历皇帝就开始对其进行清算，他的家人为此遭受了巨大的磨难。张居正的大儿子因不堪忍受严刑拷打，最终悬梁自尽；其他儿子要么被发配边瘴之地，要么被贬为平民。张献忠农民起义之时，找到张居正的小儿子张允修，邀其一起起义，但张允修宁愿选择自焚也不背叛朝廷。张居正的曾孙张同敞在桂林反抗大清入侵的一场战役中被俘。清军听说他是张居正的后人，认为这是一门忠烈，便要留住他且以礼相待，但张同敞宁死不屈，写下绝命诗，在桂林就义。张居正的后人们最终都以这种惨烈的方式为大明王朝殉节了。

而在大明王朝风雨飘摇的时候，不少朝廷官员顶住压力，站出来为张居正讲话。其中有一个最典型的例子。这个人叫邹元标，他曾因反对张居正改革被打断腿，张居正死后他作为“反张功臣”重返朝廷，官至大九卿。当他看到张居正之后的官场，贪污盛行，党同伐异，世风日下，邹元标很是痛心，他一再恳请朝廷为张居正平反。他说：我年轻时懵懂，看重清流，不懂政治的复杂性，不会审时度势，所以反对张居正。但如今，国事糜烂到这种地步，才感到张居正是真正的宰相之杰，可惜世上已无张居正！

如果说不是张居正教育有方，那么他的儿孙们怎会选取这种方式来维护他一辈子的事业和他服务过的这个王朝？如果张居正不是这样充满了人格魅力的人，一个当年为反对张居正被打断腿的臣子，最后又岂会如此怀念并推崇他？而后人在评价拥有276年历史的明王朝时，又怎能说出“明只一帝，太祖高皇帝是也；明只一相，张居正是也”这句话呢？

（讲座时间　2011年）

葛剑雄

户籍制度的前世今生

葛剑雄

葛剑雄，1945年生，浙江绍兴人。历史学博士，复旦大学资深教授、博士生导师。曾任复旦大学中国历史地理研究所所长、历史地理研究中心主任、图书馆馆长。兼职有：中国地理学会历史地理专业委员会主任、中国秦汉史研究会副会长、教育部社会科学委员会历史学部委员、上海市历史学会副会长、联合国“未来地球计划”中国委员会委员、上海市政

葛剑雄

府参事、全国政协常委等。

长期从事历史地理、中国史、人口史、移民史、文化史、环境史等方面研究。主要著作有:《西汉人口地理》、《统一与分裂：中国历史的启示》、《中国人口史》(主编，第一卷作者)、《中国移民史》(主编，第一、二卷作者)、《中国历代疆域的变迁》、《未来生存空间·自然空间》、《悠悠长水：谭其骧传》、《葛剑雄文集》等。

想要研究历史、了解社会，制度是需要认真解读的至关重要的一项内容。在中国长期实行的制度中，户籍制度是历时最长、最为稳定的一项。户籍制度为何能在中国历史上起到如此重大的作用，直至今日依然如此，还得从户籍制度的起始讲起。

一、《周礼》的记载

在儒家经典《周礼》中有不少关于当时户籍制度的记录，但是有一点需要讲清楚:《周礼》并非西周存在制度的实际记录，而是儒家学者通过周朝制度来阐述自己的理想。因此,《周礼》中记录的一些制度并非已经做到，而是最大限度地反映了儒家学者对未来制度的一种理念。譬如:

“小司寇之职……及大比，登民数，自生齿以上登于天府。”

“小司寇”是一官职，其职责就是在每次统计时全面登记民众数量。其中所谓的“自生齿以上”是指婴儿以上，意思就是包括婴儿在内的所有民众数量都要汇总。

“司民掌登万民之数，自生齿以上，皆书于版，辨其国中，与其都鄙，及其郊野，异其男女，岁登下其死生。及三年大比，以万民之数诏司寇，司寇及孟冬祀司民之日，献其数于王。王拜受之，登于天府。内史、司会、冢宰贰之，以赞王治。”

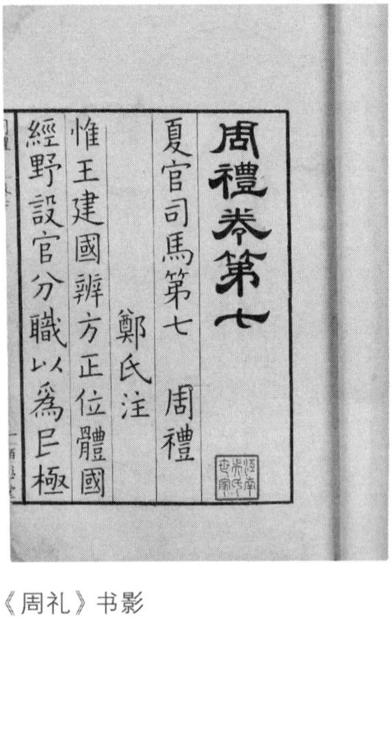
周禮卷第七
夏官司馬第七 周禮
鄭氏注
惟王建國辨方正位體國
經野設官分職以爲民極

《周礼》书影

“司民”一职，掌握万民之数，将婴儿在内的所有人口进行登记，且要标明住处（城里、城边、城外）、性别、出生和死亡时间。每到三年调查之际，司民就要把统计结果上交司寇，而司寇则要在孟冬时节祭祀司民的这一天将其献给王。王在内史、司会、冢宰这些官员的见证下，恭敬地接受并将其放在档案馆内。

此外，《周礼》中还记载了其他官职，譬如：大司徒，掌握国家及各诸侯的地图和人口数量；媒氏，掌握成年男女的姓名及出生日期；遂人，记录人口数量、财产以及是否存在需要优待抚恤的对象；小司徒也拥有与遂人差不多的职权。

从上述情况看，周朝的该项制度应该是比较完善的了，但事实并非如此。根据现有其他史料，包括考古证据，周朝并不具备《周礼》中所记载的那些能力。譬如《国语·周语》中有这样的一段记录：

周宣王战败后决定前往太原（今陕西关中一带）调查人口，大臣仲山父对其进行规劝：“民不可料也！”意思就是，老百姓不可以随便调查。因为即使王不调查，也能够从官员上报的数字汇总中得知人口数量，譬如：“司民”掌管需要优抚照顾的对象，“司商”管理正常普通的百姓，“司徒”管理军人，“司寇”管束犯人，还有其他的那些管工匠、管物资、管仓库的官员。王只要将这些官员管理好，令他们各司其职，自然就能通过他们掌握的数字，汇总得出人口数量了。即使没有数字，通过仓库中的物资也能推算出大致的人口多少。所以王做好官员的管理，做好农业生产的管理就可以了，何必还要亲自调查人口呢？反之，如果王去做了这件事，会显得官员匮乏，以致各诸侯不再服从。故仲山父提出来“无故而料民，天之所恶也，害于政而妨于后嗣”。意思是：无缘无故地调查人口，老天也不喜欢。这样做既会影响政治治理，又会贻害后代。然而，周宣王不听其劝，执意前往。到了周幽王的时候，西周就灭亡了。

根据这段记录，我们推算此事件大致发生在公元前 788 年或者稍后一二年。这一记录也说明直到公元前 788 年仍然没有统一的户籍制度。不同的人由不同的官员负责，其中有些人口登记了，有些却没有登记，只能推算。出现这种情况的原因很简单：周朝不是中央集权，各诸侯、各地方由各自管理。因此，这种情况下最高统治者自然没有必要亲自调查人口数量。这也间接证明了《周礼》中所记载的制度于当时并不存在。

二、人口调查制度始于商朝

中国究竟何时开始有户籍制度？我和同事们曾做过一番研究，认为人口调查制度始于商朝，但不似《周礼》所记载的那般完善。之所以作出这个推断，是因为有征兵、征赋税、统计及分配俘虏、统计及分配奴隶、追查逃亡、杀人殉葬等需要。而之所以判定为商朝，原因有三：一是国家的建立、奴隶制的确立，虽然关于商朝当时是否是奴隶社会，史学界存有分歧，但奴隶制存在这一点是肯定的；二是甲骨文中已有复位数，最多数为三万，这一点证明当时的商朝已具备了统计能力；三是卜辞中有登人（征兵）一二万的记录。所以，我们推测在商朝已有了早期的人口调查制度，而人口调查的目的主要还是为了征兵、征税这些事。

随着时间的推移，户籍制度在战国后期及秦朝已经逐步地完善。尽管战国后期仍未统一，但各诸侯国内部已经开始实行直接的行政管辖，再不是之前那种大诸侯管小诸侯、一级级分封的形式了。另外，各诸侯国之间也存在着激烈的争斗，为提高国力，它们既要征兵又要征税，还要招徕或掠夺人口。这一切都与户籍制度紧密相关。

三、秦国至秦朝的户籍制度

秦始皇统一六国，其成功在一定程度上与户籍制度不无关系。早在秦献公十年（前 375），已实行“以户籍相伍”的制度，即通过户籍编制人口。到了秦孝公六年（前 356），商鞅变法的一个重要内容就是实行“五家为保，十保相连”，即五家为一保，作为一个基层；然后十个保相互株连。意思是，无论哪一家出现问题，其他九个保都将被一并牵连。这是人口管理的一项制度。此外，商鞅变法在废井田制后，又实行了“既收田赋，又出口赋”的赋税制度，即百姓们既要交土地税，又要交人头税。这两项赋税都必须是在掌握人口数量的基础上才能够做到。因此，《商君书》中将“壮男壮女之数，老弱之数，官士之数”列为强国必须掌握的资料。因为壮男要打仗，壮女要生产，老弱要救济，官士数量必须由官方掌握，这是管理一个国家的重要资源。

到了秦王政十六年（前 231），户籍制度更加严密，规定“初令男子书年”，即不仅登记人口数量，还要记录男子的年龄。之所以记录男子年龄，是因为征兵服役主要以男性为主，毕竟正常情况下是不需要动用妇女的。秦始皇统一六国后，这一制度就成为全国性制度。

公元前 206 年，刘邦军队进占咸阳，在其他部将抢夺珍宝美女时，萧何却“收秦丞相、御史律令图书藏之”，使刘邦知“户口多少”。譬如，刘邦到了现在河北北面的曲逆城，他站在城楼上说：我走遍天下，除了洛阳，还没见到这么壮丽的城市。于是就问御史城中民众的数量，御史告知以前有三万户。这个数字完全是秦朝的统计，因为战乱期间无法对现有人口进行调查。

四、秦汉时期户籍制度的具体化

（一）上计制度

从战国后期，历经秦朝，直至汉朝，都在实行一种上计制度。何谓上计？即地方官每年或每三年把所管辖的郡县的人口数量、粮食产量、犯罪率这三项数字直接上报国君。

此前是分封制，那个时候国君不管理这些事情，只要诸侯们按规定每年进贡就可以了，至于进贡的物品，有些有价值，如粮食、燃料、当地特产等。有些不过是象征性的，如楚国给周王的贡品就只有两样：一是柑橘，因为北方没有；二是干的茅草，茅草的用处是周天子祭祖时，将酒撒在上面，意味着给祖宗饮用。这些物品其实可有可无，但象征着忠于并服从王室。分封制取消后，到了战国后期，诸侯被废除，国君直接管理所有郡县，派去的人员就是历史上最早的郡县长官。县官所管理的一切都属于国君，自然不需纳贡，但需将前面提到的三项数字上报国君。有了这个转变，秦始皇时期才能实行中央集权制。到了汉朝时，上计制度也越发具体化，有上报的规定时间和具体内容，还有专职的上计吏。

（二）案比、算民

人口调查手续很复杂，要案比、算人。案比就是对照上一年资料一一核对，查看有无死亡、新生变化，并记录。然后在此基础上进行算人，也称算民。调查的时间一般都在农历八月（公历 9 月或 10 月间）。之所以选择这一时间段，有两个原因：一是当时都是单季粮食，这个时段正是黄河流域秋收以后的农闲时间，便于官员下乡核查；二是新年之时皇帝会举行朝会，文武百官要见证各地的户籍资料，以象征全国服从皇帝的统治。在这里，不得不解释一下当时的新年时间。秦始皇规定农历十月初一是元旦，新年的开始，直到汉武帝时才将新年改为正月初一。因此，只有“八月算民”才能保证新年前将户籍资料送抵首都长安。

（三）户籍登记内容

根据现有发现的实物，当时户籍制度已比较具体化，登记内容包括：姓名、性别、年龄、住地、爵位（职位）、身高、肤色，如出土居延汉简提供的实物：

河南郡荥阳桃邮里公乘庄盼，年廿八，长七尺二寸，黑色；居延都尉给事佐，居延始至里万常善，年卅四岁，长七尺五寸，黑色。

这里记载的肤色全是黑色。出土的实物，没有白色，最多青黑或黄黑。在当时，如果一个人又白又胖，那是相当了不得的一件事。有记载：王陵被判斩刑，但监刑官见此人又白又胖，认为是有福之人，于是将其赦免，果然王陵后来官至丞相。

上述为个人户籍记录，下面是家庭户籍记录：

永光四年正月己酉，

橐驼吞胡隧长张彭祖符。

妻，大女，昭武万里□□，年卌二。

子，大男，辅，年十九岁。

子，小男，广宗，年十二岁。

子，小女，女足，年九岁。

辅妻南来，年十五岁，皆黑色。

户籍内容是：永光四年正月己酉，在橐驼的边疆烽燧，一个叫吞胡隧的边防哨所，给其长官张彭祖一份证明文书。其妻为成年妇女，住在昭武万里，四十二岁；大儿子为成年男性，名辅，十九岁；小儿子，未成年，名广宗，十二岁；女儿，九岁；儿媳南来，十五岁；肤色皆黑。这就是一家人的户籍。无论迁移或是出关都要携带供人核对、检查，相当于现在的集体护照或通行证。

五、晋朝至唐朝的户籍

随着东汉蔡伦造纸术的推广，纸张的普及使得户籍记录较之从前有了很大的改进，内容也更加详细；纸质户籍的保管较之从前的木片、竹片也更加方便。因此，制定户籍也更加容易。举一例说明：在甘肃敦煌发现了西凉建初十二年（416）11户户籍的残片，其中记载敦煌郡、敦煌县、西宕乡、高昌里，可见户籍的制定管理已涵盖乡村。而据史料记载，西凉是一个存在时间不长且政权分裂的小国，它仅控制今甘肃、内蒙古一些地方，可谓国小民穷。可就是这样一个小国就有如此详细的户籍资料，那么中原地区的户籍资料应该更为全面。

在晋朝，户籍有了专属称谓“黄籍”。户籍封面是黄纸，皆一尺二寸长，记录每个有身份的人的名字，不似秦汉时期只登记人员数量。到南朝时，规定黄籍每三年一造，并用于“揭发巧伪”，即揭发伪造家庭出身，以防止门第混杂。之所以如此，是因为从魏晋时期开始实行的用人制度不是根据个人能力或科举考试，而是根据家庭出身、门第高低，有些职务只能高门大族才能担任，有些职位根据门第高低采取优先任用原则。因此，在当时，门第非常重要。于是，就有人开始伪造门第，户籍的作用就体现出来了。无论你如何伪造个人出身，祖辈几代的情况不是那么容易伪造的，通过核对官方的“黄籍”，就有可能揭发出那些精心炮制的伪造世系。户籍“揭发巧伪”的这一功能直到南朝后期，随着几次变乱，用人制度的废止而寿终正寝。

到了唐朝，由于政治制度比较完善，户籍制度也达到了一个新的水平。按照规定，户籍每三年一造，须在三月三十日前完成；户籍一式三份，县里、州里及中央户部各一份。户籍的完成分两部分，“手实”和“计帐”。“手实”就是基层官员挨家挨户一一核对人口信息，经被核查人认可，将情况如实记录；“计帐”就是把收集来的资料全部汇总。同时，作为工本费，每户需交费一钱。在核查人口信息时，唐朝官员制定了几项措施：一是“貌定”，根据相貌来核对；一是“团貌”，按照地区或集体完成户籍核实手续。然后，在此基础上进行“定户”。在唐朝，不同的门户承担赋税的类型或份额是不尽相同的。譬如：家中只有寡妇、小孩的，免税；一定级别的官员，免税；有男劳力的，根据“五九三疾”决定赋税份额。这里的“五九”指 9 岁、19 岁、39 岁、49 岁、59 岁。不同的年龄，不同的税额级别。而 59 岁特别重要，因为到了 60 岁就可以免去赋役和税费了。至于“三疾”，指不同类型的残疾，也是按照情况的不同减免赋税。不过总体来说，唐朝的户籍比较统一，但到了宋朝，就有些奇怪，出现了多种版籍。

六、宋朝和金朝的户籍制度

宋朝版籍有户籍、税帐、丁帐、保甲簿、拈基簿等，且不同渠道统计出来的数字也是完全不同。表面看，非常混乱，但实则不然，根据各个版籍的数据是可以精确地推算出人口数量的。而宋朝的多种版籍，是宋太祖赵匡胤为防止军人干政、政变，同时为了防止地方分裂而制定的一系列制度的产物。由于每类地方行政机构的管辖范围和职权有限，因此只统计和掌握各自管辖的人口，所以有的是全部人口，有的只是纳税人口或某类特殊人口，数字往往不一致。

到了金朝初期，户籍开始实行“猛安谋克”制度。它规定300户为1猛安，10个猛安为1谋克。相较宋朝，金朝的人口统计更为精确。它登记全部人口，还设定了统计单位。两岁以下叫“黄”，15岁以下叫“小”，16岁称为“中”，17岁叫“丁”，60岁为“老”，没有丈夫的称为“寡妻寡妾”，有残疾的不称为“丁”，这样登记的数字一目了然。

另外，金朝的户籍管理制度也是相当严密的。五家为邻，五邻为保，之间还要相互检查。在城中，京、府、州、县都设立坊正，相当于现在的街道办事处或居民会；在农村，根据户数建立乡村，每乡配有里正一职，负责统计、核实人口，督促催缴赋税，紧抓农业生产等。同时，还在村舍设立主首，协助里正，主要负责治安。主首的数量根据居住人口的多少，超过300户配4名主首，200户以上配3名，50户以上配两名，不满50户只1名。而猛安谋克部规定每50户以上设1名寨使，其职责跟主首相似；寺庙、寺观则设立纲首，管理和尚、道士。这样看起来，金朝的户籍制度显得单一而严密，在其统治了黄河流域后，这项制度被推广开来，并扩展成为全国性制度，规定：户口计帐每三年一次，从正月初一开始，由州县的里正、主首，猛安谋克部的寨使到各家编手实，标明男女老幼的年龄、姓名，并与三年前作比较，新生者增加，死亡者去除。到了正月二十日，就要把统计到的实际数字上报县里，二月二十日上报至州里。然后，全国不论远近四月二十日都要报到部里，部里再报到省里。这里的“省”指的是中央，比如唐朝三省六部，省相当于现在的国务院。

到了金朝后期，很多地方事宜已不是一名官员可以解决得了的，中央便派出一批官员代表各个部门前往，称为“行省”。待到元朝蒙古人入主中原后，觉得金朝的这些制度不错，于是也设立行省。他们在户籍管理形式上花样繁多，但内容与金朝无异。

七、明朝的户籍制度

到了明朝，由于明太祖朱元璋出身穷苦，深知民间疾苦，了解过去户籍制度的弊病，因此他决定建立一个他认为最严密、最准确的户籍制度。

洪武元年（1368），朱元璋登基称帝。洪武三年（1370），朱元璋就下了一道圣旨：

如今天下太平了也，止是户口不明白哩，教中书省置天下户口的勘合文簿、户帖。你每户部官出榜，去教那有司官，将他所管的应有百姓，都教入官附名字，写着他家人口多少。写得真，着与那百姓一个户帖，上用半印勘合，都取勘来了。我这大军如今不出征了，都教去各州县里，下着这地里去点户比勘合。比着的便是好百姓，比不着的便拿来做军。比到其间有司官吏隐藏了的，将那有司官吏处斩。百姓每自躲避了的，依律要了罪过，拿来做军。钦此。

朱元璋的这道命令意思表达得很清楚，就是必须把每户情况详细登记，户帖一式两份，中间盖上章，然后分开，百姓一份，官方一份，各保留半个印章。再次核查时，图章、签名能够对齐即可。设想很好，但在实际操作中，总会遇到各种问题。为将旨意顺利执行，达到预期效果，朱元璋采取了一定的措施：动员军队到基层挨家挨户地统计，若遇到百姓隐藏的，便抓来从军；若有地方官敢隐藏的，便判斩刑。这个措施显然很有成效，我们现在可以看到，留下来的户帖记载相当详细。以一户帖实物为例：

一户张得肆，系嘉兴府崇德县梧桐乡二十九都贴字图，本户计今四口。

男子二口：成丁一口，本身，年三十四岁。

不成丁一口，男阿狗，年一岁。

妇女二口：妻宋大娘，年二十六；女阿胜，年四岁。

事产：民田三亩五分一厘，房屋一间一厦。

这样的户帖在当时应是每家都有的。明朝初年，人口量已有6000万左右，加上繁复的调查制度，因此，人口核查每年或每三年进行一次不太具有现实性。到了洪武十四年（1381），明朝就推行了黄册制度，规定全国每十年进行一次人

明代徽州府祁门县江寿户帖

口普查。要求每户人家都需按照官府颁发的格式在一定期限内填写“供单”，内容包括：人口数、姓名、性别、年龄、与户主关系，各种田地数量、坐落地点、应交税粮，房屋类型、间数，牲口头数以及上述各项与十年前比较的增减数。为保障数据能准确而快速地汇总，政府还制定了一套行政流程：每十户设一甲首，每十甲设一里长，里长将统计数据装订成册报州县，州县汇总报府，府汇总于布政司，本司审核后委官一员率府州县官吏亲送户部衙门，将黄册储存于南京玄武湖的后湖。各省的“到湖期限”不尽相同，比如浙江 20 天，云南 180 天。另外，还规定军籍与民籍分开，军籍为世袭，归兵部掌管。其他还设有匠籍、僧道籍等。

自推出黄册制度后，明朝共编黄册 27 次，每一次全国大概有 6 万本。到明朝末年，已积累 170 万本以上，总重超过 4000 吨。黄册存于南京后湖，即使迁都北京，黄册的存储地点依然未变。

依上述，明朝户籍的规章制度已相当严密，按理不应再有什么问题，但实则不然。在清朝接管明朝户籍时，暴露出一个秘密，那就是“崇祯二十四年”的户籍。众所周知，明朝于崇祯十七年（1644）灭亡，何来崇祯二十四年的户籍呢？从这里就要慢慢揭露出明朝制度的一些弊端了。

黄册编辑并不似想象的那般严密，之所以有了崇祯二十四年的户籍，肯定是负责的官员有了这样的想法：十年后或许还得我来编黄册，不如现在就一式两份，将来胡编个数字就好，省得到时再麻烦。而官员之所以可以将此想法实施，又与当时的规章制度不无关系。永乐年间，对户籍核查有了一项要求——“务在不亏原额”，意思就是核查时有一基数，核查的结果只要不比原来的额度少就可以了。此处的“额”，一般指“丁”，就是承担赋役的人。下面的官员自认领会了上面的意思，于是便着重调整“丁”的额度。为使自己压力减小，他们一般会这样做：根据原来的数字，适量增加，只要不亏原额就行。比如：原来数字是 20 人，再次核查时已增至 30 人，那么上报时仅报 21 人即可完成任务。由于这里重视的是承担赋役之人，因此老人、妇女、小孩往往会被忽略。由于统计不精确，明朝有些地方志里出现了“半丁”。可是人哪有半个之说呢？然后就产生了户口的异化，丁额不再仅指人口了，而成为征收粮食或银子的一个纳税单位。这样一来，统计粮食、银两精确到十几位小数点，倒还显得办事人员工作认真、记录精细。

另外，我们还注意到历来户籍都同时存在着隐匿和虚报的情况。为何要隐瞒户口？一般我们认为是贪官要隐瞒，但经过深入研究后发现，隐瞒户口是一个普遍现象。明朝官员的俸禄不高，还要支付所有开支，包括雇佣师爷、衙役开销、办公费用等。因此，为使办公经费有一定的富余，官员们发现隐瞒户口是一个稳妥的留出“小金库”的做法，适当地隐瞒一点户口，收缴的赋税不用全部上交，同时能减轻百姓的负担，毕竟人口少了，税额也就相应地减少。很多地方都有为地方官歌功颂德的文章或碑文，夸赞的事迹中就有隐瞒户口这一项。那么，为何要虚报人口呢？这一做法与政绩挂钩，且一般都是在特殊情况下才发生。譬如大灾害之后，朝廷要求招揽人口，吸引移民开荒。若是上报人口多，就表明事情办得好，那就说明这个官员的政绩好。此外，受灾后，虚报人口数量还可以多领救济粮。当然，隐匿和虚报都存在风险，若被查出，定会问罪。但对于这两种做法，百姓的态度却截然不同：拥护隐瞒，痛恨虚报。可以说，此种情况的出现是由于制度长期积累的弊病而造成的。

八、清朝的户籍制度

我们要了解历代户籍制度，特别是看户籍制度形成的数字，千万不要以为它就是当时中国的实际人口，而是存在着不同程度的差异，毕竟当时调查的重点只是承担纳税、兵役及劳役这部分人。但这种情况到了清朝发生了本质性的变化。

清朝初年虽然还是依照明朝的户籍进行编纂，但是康熙很快发现黄册是毫无用处的。到康熙七年（1668），他就下令停编黄册，改为每年由各地造送丁口增减册，三年编审一次。到了康熙五十一年（1712），规定“盛世滋生人口，永不加赋”。赋税额根据当年的数字定下基数，无论今后人口增加多少，额度永不增加。这一点确是康熙实施的一项德政，还有地方写成“盛世添丁，永不加赋”。这样，户籍就与赋税脱钩了，但百姓们并没有马上相信，有些地方官员也是没有相信，大家还是习惯性地隐匿人口。这样一来就产生了新的问题，朝廷无法了解到真实的人口数量。因此，到了雍正年间又实施一项政策，就是“摊丁入地（亩）”，把税费摊在土地上。根据就是“天下有逃丁，无逃地”。人可以逃亡隐匿，土地总是逃不了、藏不住的。另外，这对于那些没有土地的百姓也是相对公平的，只有拥有土地的人才需交税。这项政策实现了户籍制度跟赋税的彻底脱钩。

到了乾隆年间，皇帝觉得编审丁口已无用处，所以乾隆三十七年（1772）颁布了废除编审丁口的政令。但大家发现，废除编审丁口后，国家就不知道人口数量了。因此，到乾隆四十一年（1776）开始推广保甲循环册，这一制度主

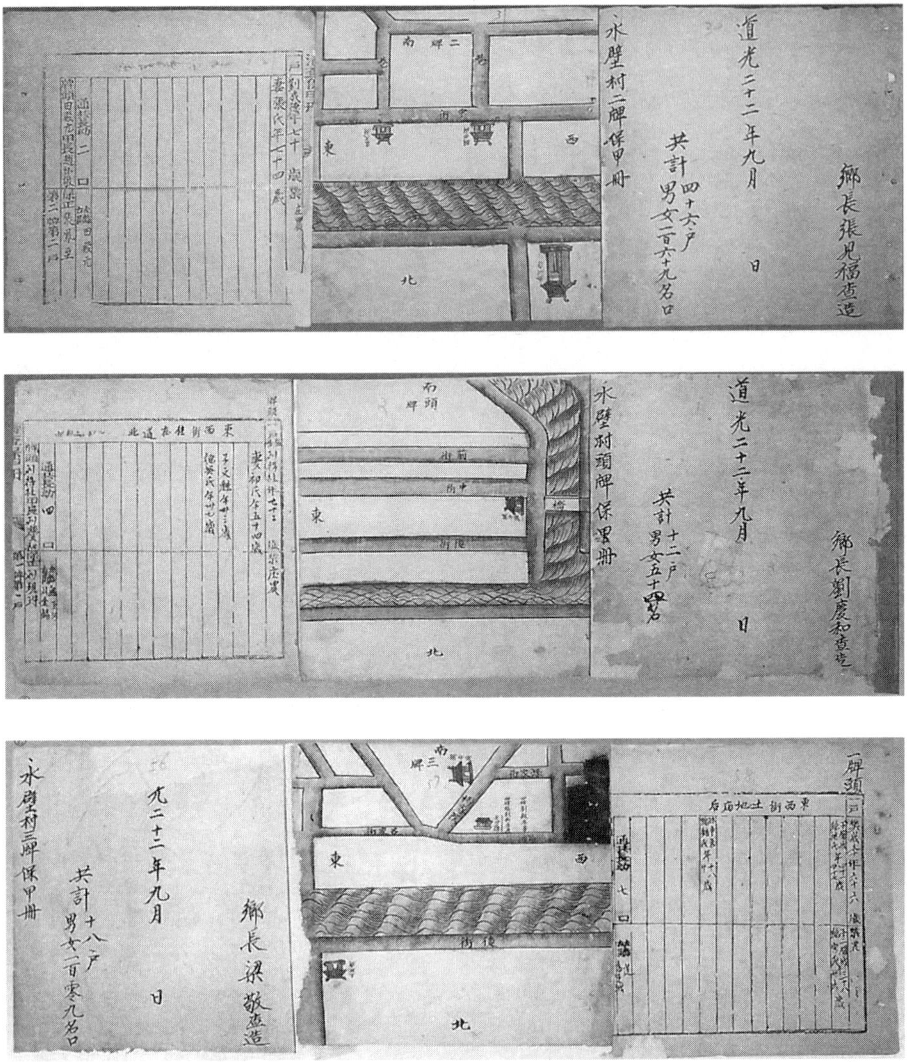

清朝获鹿县永壁村保甲册

要是为了治安。循环册就是把现有人口全部登记，一式两份，一份上报上级机关，另一份留在保甲。保甲的那份用于随时登记，相当于今天派出所里的户口本。到了一定时候，保甲与上级机关交换册子，把上级的那一份进行修订，这样的反复循环，既保证了上级机关及时掌握实际的人口数，也加强了地方的治安。当时有些地方还规定，每户人家门口要挂一块牌子，记录全部人口情况，以保证官方或保甲内部随时核查。这个制度一直实行到20世纪初，直到光绪二十八年（1902）推行警察制，保甲才被取代。

光绪三十四年（1908），内务部设立统计司，制定人口普查六年计划。这是中国中央政府正式设立的人口统计机构，尽管由于辛亥革命的爆发，此计划没有最终完成，但大多数省也已有大致的统计。这次普查是完全根据现代人口普查的要求进行的，从光绪三十四年开始到民国初年，才最终得到统计数据，结果还是比较准确的。数据显示，经太平天国及之后的动乱，中国的实际人口从太平天国战争前夕的4.3亿降至3.9亿左右。

九、中华人民共和国的户籍制度

中国的户籍制度从产生直到民国年间，其主要功能还是征集赋税或社会治安。清朝之前以前者为主，到清朝时就转为以治安、人口管理为主了。中华人民共和国成立后，我们承继了以往户籍的主要功能，一开始是为了社会管理与治安，之后到了粮食统购统销时，又直接为计划供应服务。可以说1949年以后，户籍制度起到了非常积极的作用。到了1958年，户籍制度方面发生了一个重大变化。

1958年1月9日，全国人大常委会通过，毛泽东同志签署一号主席令，颁布《中华人民共和国户口登记条例》，包括常住、暂住、出生、死亡、迁出、迁入、变更等七项人口登记制度，以法律形式严格限制农民进入城市，限制城市间人口流动。

改革开放以来，现行户籍制度成了限制人口流动，特别是由农村向城市流动的最大障碍，也损害了宪法赋予公民的权利。有些人提出来，要求废除或取消户籍制度。其实，各个国家都有不同形式的人口管理制度，只是我国的管理形式和内容与别国不同，所以户籍制度不能取消，只能改革。

我认为，户籍制度应回归至户口管理和登记的基本需求，与身份、福利脱钩；公民应普遍享受全国通用的社会福利和保障，不受户籍的限制；各地的地方性补充福利和保障应有明确、公正的获得条件，不受户籍影响；完善身份证功能，使之具有户籍登记与社会保障双重的功能，进而成为个人信息的唯一证件，建成全国统一的信息库。总而言之，人类对自己的公共管理必定是来自自我需求，然后通过政府或某一团体来实施。我国的户籍制度从商朝始直至今日，其发展与社会发展是密不可分的。无论农业社会、工业社会、后工业社会，还是信息社会，户籍制度都必然是根据社会以及作为社会主体人的需求不断地改革与完善，以适应新的时代。

（讲座时间 2014 年）

邓小南

宋代信息渠道得失谈

邓小南

邓小南，1950年生，北京人。1985年北京大学历史学系毕业，获硕士学位，后留校任教，多年从事中国古代史教学和科研工作。现任北京大学历史学系、中国古代史研究中心教授，北京大学人文社会科学研究院院长。兼任中国史学会副会长、国务院参事。国家级教学名师。曾任中国宋史研究会会长。曾在美国哈佛大学等海外多所高校讲学。其开设的“中

邓小南

国古代史（下）”“中国古代的政治与文化”“宋代政治制度史专题”等课程深受广大师生的好评。

主要研究领域为宋史、中国古代官僚制度史、唐宋妇女史。主要学术成果包括《宋代文官选任制度诸层面》《祖宗之法：北宋前期政治述略》《朗润学史丛稿》《宋代历史探求》等。在海内外学术刊物发表论文百余篇。

信息渠道自古以来都是非常重要的问题，人世间所有的往来互动都与信息沟通相关。信息也是一切决策的基础，治国理政更离不开对信息的掌握。古人所讲的信息，与当今信息的概念是有很大区别的。他们说到“信息”的时候，主要有两层含义。首先是指音讯，包括消息、指令、数据等口头、书面传递的内容与知识；另外凡提及“信息”，大多与“通”“塞”“传送”“隔绝”相关联，显示出其流动的本性及渠道的重要。由于信息的流动性特点，所以我们今天在研究时所要关注的不仅仅是信息本身，更重要的是我们要关注它流动的途径与构成流通链条的各个环节。这是我们在讨论信息渠道时要特别注意的。

中国古代就有“信息”这样的表述，唐宋以来，这种表述愈加频繁。从下面几条材料我们可以看到，宋代人其实对信息是有焦虑感的。

元丰七年（1084），宋廷在今天陕西一带与西夏作战，前线消息有几天没有报到中央，这让宋神宗非常着急，于是手诏熙河兰会路经略安抚制置使李宪：“兰州信息不通已几旬日，可速以重赏募人间路前去问达，及日逐具事宜以闻……力取万全，勿误重事。”派专人去处理信息不通的问题。苏轼被贬黄州时也曾给朋友写信：“黄州真在井底，杳不闻乡国信息。”描述自己身处黄州就像在井底一样，外面的消息完全都得不到。生活在北宋和南宋之交的著名词人李清照，在诗作里也曾写到“不乞隋珠与和璧，只乞乡关新信息”。

这样一些记载让我们看到，当时各个阶层的人，从皇帝到庶民都对信息的获取存在着各种各样的焦虑。

一、宋代官僚体制的基本结构

首先来介绍一下宋代官僚体制的基本背景。这张《北宋前期中枢机构示意图》呈现给我们一个北宋中枢机构的大致面貌。在北宋前期，皇帝与前代一样高高在上。皇帝下设有御前会议，是宋代最高的决策机构。御前会议之下的宋代中枢制度通常会被研究者称为“二府制”。“二府”所指的就是中书门下与枢密院两部分。中书门下是宰相的办事机构，它在当时是主管行政的机构，负责国家所有的行政和民政事务。枢密院则负责国家所有的军政事务。这样分工就是使一个官僚即使位高权重，也不可能掌握所有的权力，从而达到分而治之的目的。二府周边还有一些其他机构，比如负责国家财政的三司、负责监察和进言的御史台和谏院。除了图上列出的几个机构外，还有诸如审官院、审刑院、太常礼院等机构。这些机构都是直接向皇帝负责、禀报的。

所以，宋代的制度结构不是一个层级很多的“金字塔”式结构，而是比较

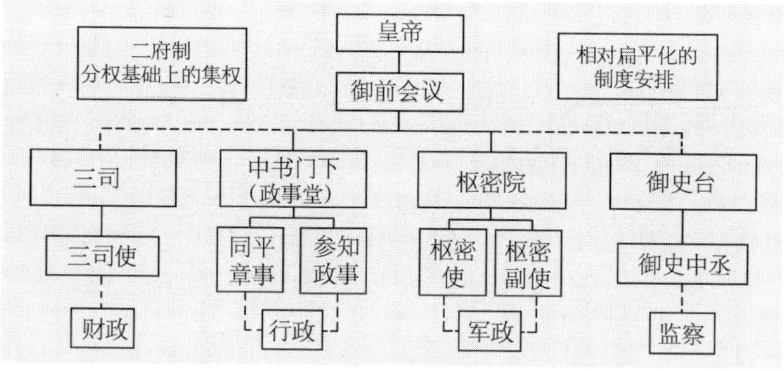

北宋前期中枢机构示意图

扁平化的。其中与“信息”直接相关的，主要是御史台和谏院等。御史台和谏院是当时的监察部门，它们同时都有进言的职责。所以御史台和谏院又被称为“言路”，就是各种各样的言论和意见可以通过这样的一条渠道直接呈递到国家的最高办事部门甚至皇帝。

御史台和谏官其实早在前代就已设立，但宋代这些机构与唐代的最大不同是，宋代的监察机构并不是宰相的属官。他们不从属于中书门下，其职能和中书门下并列并直接向皇帝负责。所以，在唐代的材料里很少会出现监察部门弹劾宰相的情况，但是在宋代就有大量关于监察部门对于当时国家执政群体，甚至是对宰相本人直接弹劾的记载。

北宋前期的制度结构，在元丰三年（1080）有一次基本调整。二府体制变更为三省—枢密院体制，如《北宋后期中枢机构基本体制示意图》所示。但我们通过观察就会发现所谓的三省—枢密院体制中的“三省”，其实是把原有的中书门下一分为三。也就是说，宰相的办事机构分成了中书省、门下省和尚书省，而枢密院没有变化。所以，它从根本上还是二府体制的变体。

三省是有分工的，中书和门下是所谓“造命”的。“造命”就是指国家的政府文件从它们这发出，中书省的中书舍人负责起草文件。而他们起草的文件，并不能马上下发，要经过门下省的给事中审核。门下省如果认为文件符合相关政策，就可以送到“承命”的尚书省执行；假如有不同意见，起草的政令就会

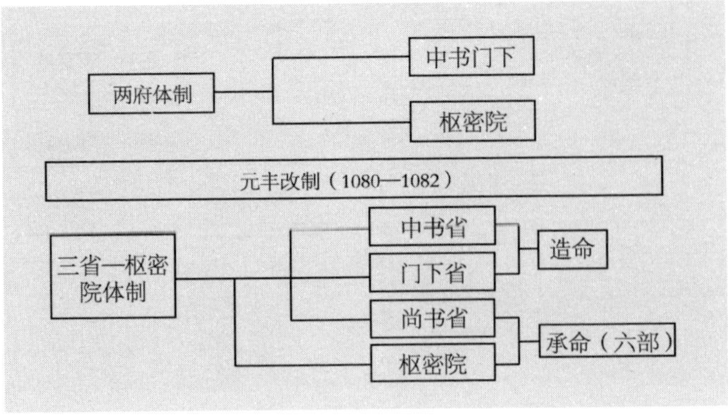

北宋后期中枢机构基本体制示意图

被驳回，重新讨论。所以，中书省的中书舍人与门下省的给事中担负着很重要的责任。这两部分人也被简称为“给舍”。

以上是当时中央的结构，下面我们看一下地方上的官僚结构层级。大体上宋代地方在朝廷之下有路、州府、县三个层级。路就相当于现在的省。府、州、军、监相当于现在的地级市。再往下还有县，与今天的县大致相同。

宋代的路可以看作中央派出的监察区，我们从《宋代地方机构设置示意图》上可以看到，路设有四个主要管理机构，而这些管理机构的权责基本是并列的，没有任何一个能统率其他三个。它们负责的事任不完全一样：安抚使司负责军政，转运使司负责转运钱粮，提点刑狱司负责司法，提举常平司负责地方的灾

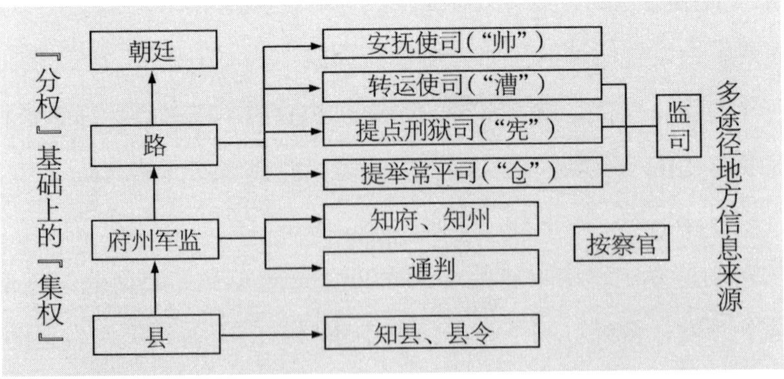

宋代地方机构设置示意图

荒赈济。这四司里边的转运使司、提点刑狱司、提举常平司又被统称为“监司”，也就是说它们都承担着监察地方官员的职责。它们在地方上搜集情况以及向中央汇报都会各自独立进行，互不隶属。

路下面的层级是府、州、军、监，简称“府州”。我们通常提到的官名有“知府”“知州”等，地位相当于现在的地级市。这一级别的官员，一方面要接受监司领导和监察，另一方面也直属于中央，都有直接向中央汇报地方情况的权力。州这一级的官员里也设有“通判”这样专门负责监察事务的官员。所以从朝廷的角度来讲，从地方上得到的信息，实际有多种来源和渠道。

以上就是宋代中央和地方的官僚结构的大致背景。

二、“兼听广纳”：多层多途的信息渠道

下面介绍一下宋代建设的多层多途的信息渠道。所谓多层是指一种纵向的层级，多途则是指一种多元的信息来源。我们可以分为君主与臣僚、内廷与外朝、朝廷与地方这三层关系来理解。

（一）君主与臣僚

南宋的名臣魏了翁曾给宋理宗写过一份报告，在报告里他罗列了宋太祖、太宗时实行过，他认为是值得当今皇帝效法的一些做法。其中就有关于信息的问题。

他说：“所谓宰辅宣召、侍从论思、经筵留身、翰苑夜对、二史直前、群臣召归、百官转对轮对、监司帅守见辞、三馆封章、小臣特引、臣民扣匦、太学生伏阙、外臣附驿、京局发马递铺，盖无一日而不可对，无一人而不可言。”

在这条材料里他说，朝廷的宰辅、皇帝的侍从、经筵的帝师、翰林学士院的学士以及记录皇帝起居的史官等人都可能经常见到皇帝，并向皇帝进言；外地臣僚从地方到中央来述职，或者即将调任的官员也有见到皇帝的机会；在京八品以上的官员也能向帝王转对、轮对。除了官员，老百姓也可以通过登闻鼓

院等机构去诉冤，太学生也有向皇帝进言的机会。对于当时的这种气象，他形容："无一日而不可对，无一人而不可言。"魏了翁在南宋行将衰颓之际和皇帝讲这些，实际上是要提醒甚至批评当朝皇帝，希望他广开言路。虽然他对以往的情形有所美化，但从他的叙述中我们可以看到当时进言途径确实是比较多元的。

魏徵是唐太宗贞观年间以直言进谏而著称的名臣。他曾对太宗说："人君兼听广纳，则贵臣不得壅蔽，而下情得以上通也。"就是讲作为皇帝，如果兼听广纳，贵臣就不可能把信息渠道封闭起来，这样下情就得以上通。因此，兼听广纳并不完全是君主个人开明倾向的表现，事实上也是中国古代君主防范壅蔽的一种统治术。

1. 君臣之间：宰辅·台谏

我们从两类官员来看当时的信息渠道是如何运作的。首先是臣僚里最高层的宰相。作为当时北宋抗金的标志性人物，李纲在南宋时曾回忆道："臣靖康初误蒙渊圣皇帝识擢，承乏政府凡半年。被命宣抚两河，自出师至以疾丐罢，凡五十余日。前后祗受御笔七百余件，装褫成七十轴，宝藏私家。"也就是说，他在担任宰相加上外派的不到七个月的时间里，宋钦宗给他写的御笔有700多份，这体现了战争时期宋钦宗和李纲之间的互动。

另外，宋理宗时的宰相杜范曾对皇帝说："凡废置予夺，（君主）一切与宰相熟议其可否，而后见之施行。如有未当，给、舍得以缴驳，台谏得以论奏。"就是指包括废置予夺在内的任何决定，皇帝首先应和宰相进行非常仔细的商议后才能去实行。如果中书舍人起草时认为不合适，他可以把政令退回。即便起草后传给门下省的给事中，给事中也可以缴驳。给事中如果同意将其颁布，台谏还可以论奏。所以，杜范在这段文字的最后说："是以天下为天下，不以一己为天下，虽万世不易可也。"也就是说，他认为这样的规矩应该要长期延续下去。

从以上两个例子我们可以看到宰相与皇帝间的互动。下面谈当时官员中最重要的监察力量——台谏官。台指御史台，谏指谏院官员，合称"台谏"。因为皇帝深居九重，外间很多事都要靠台谏官才能知晓，所以台谏官又被认为是天子的耳目。

台官和谏官虽然都是有向皇帝进言的权力的监察官，但他们的职责还是各有侧重的。台官的重点在于对政策执行后发生的问题出面纠正与弹劾。而谏官通常的侧重点则是拾遗补阙，他们看到朝政不当的地方可以提出建议和批评。因此两者虽有合作，但彼此分工各有侧重。宋神宗熙宁四年（1071）苏轼在给皇帝的报告里提到："自建隆以来，未尝罪一言者。纵有薄责，旋即超升。许以风闻，而无官长；风采所系，不问尊卑。言及乘舆，则天子改容；事关廊庙，则宰相待罪。"他认为，宋太祖以来从来都没有因为进言而给官员治罪。哪怕是皇帝有一些象征性的处罚，在事后这个官员也会得到提升的机会。最后，他说："言及乘舆，则天子改容；事关廊庙，则宰相待罪。"假如台谏官的意见批评到了皇帝，天子也是要认真考虑这些意见的；假如意见牵连到了朝廷，宰相就要辞职，等待皇帝的处分。所以，台谏官的进言途径以及他们的进言效力在那时的影响是非常突出的。

台谏也被称为"言路"，在宋代有很多的相关记载。杜范曾言："台谏，天子之耳目，朝廷之纪纲系焉。"我们从积极的角度来看，台谏是皇帝和朝廷的耳目。而从另外的方面看，台谏在某种意义上也是朝廷的鹰犬。

如岳飞的冤案，就是御史台一手操办的，那时的御史台受到宋高宗和秦桧的操控。所以，御史台受政治权力干预的现象是十分明显的。这种干预在宋代各个时段的强弱程度不同。但在总体上，宋代台谏作为一种言事监察的机构，他的言事功能比前朝大大强化。有宋人把台谏称为宋代立国的"元气"。

宋代著名的文学家、史学家、政治家欧阳修也曾做过谏官。他在当年给另一位谏官的书信里曾说："我们这些谏官，虽然地位不高，但是我们的作用几乎可以和宰相相比。天子如果说'不可'，宰相是可以说'可'的，天子说'然'，宰相是可以说'不然'的。坐在庙堂之上和天子能够相可否的是宰相。而我们谏官，天子说'是'，谏官可以说'非'，天子说'事必行'，谏官可以说'必不可行'。所以站在殿堂之前和天子争是非的是谏官。虽然宰相地位崇高，可以行宰相的道理；谏官虽然位阶卑微，但我们的言论也有得到采纳的机会。"所以从某种程度上我们可以看到，当时皇帝、宰执、谏官之间也有一种类似三角的制衡关系。当然在帝制社会，不可能有所谓的三权分立，但在这一特定的历史时期下，三方确有一种相互制衡的关系存在。

南宋的笔记《曲洧旧闻》记载了一件描述皇帝与台谏之间制衡关系的鲜活事件。宋仁宗是北宋的第四个皇帝。他当时有一位非常宠爱的张贵妃。张尧佐是张贵妃的叔父。当时朝廷要把张尧佐任命为宣徽使。宣徽使在当时是位阶很高的官员，因此当时朝野有各种各样的议论，最终当然还是皇帝做决定。所以有天皇帝上朝，张贵妃心知今天就要决定她叔父的任职，所以她把皇帝一直送到殿门口，抚着皇帝的后背说："官家今天千万别忘了宣徽使这件事。"皇帝就说："行行行。"就去上朝。在朝堂，皇帝颁布旨意要让张尧佐任职。而这时的御史中丞是包拯。包拯看到旨意后，就去面见皇帝，反复以各种理由拒绝这道旨意。言辞之间说得非常激动，唾沫溅了皇帝一脸，皇帝在这个情况下只能放弃原有的想法。下朝后，张贵妃派宦官去探听消息。得知包拯激烈反对的情况，张贵妃就去向皇帝道歉，皇帝边擦脸边对她说："你只管要宣徽使，你不知道包拯是御史中丞！"这个故事说明台谏官员的意见，有可能扭转皇帝心目中已经决定的事项。

包拯画像

包拯是台官。下面我们再看一个谏官的例子。刘安世是哲宗朝的谏官。当他除授这个职任后，先回家去问他母亲的意见。他说："朝廷不以安世不肖，使在言路。倘居其官，须明目张胆，以身任责。"现在我们认为"明目张胆"是一个负面词，但在宋代这个词基本上都是形容某些人敢于进言的正面评价，往往是指公开直率地向皇帝提出意见。

2. 体制规定内：轮对・转对

台谏都是在言路的官员，除了这些官员外，其他官员也有面见皇帝进言的机会。这就是魏了翁曾提到的轮对和转对。官员轮流地去面见皇帝就是“轮对”，从官员自身角度来说一个转一个地面对君主，就是“转对”，这两个词基本上是指同一件事情。

转对轮对是在宋代体制规定之内的一种制度。从皇帝角度来说，这是一个信息沟通、了解下情的机会，也是考察官员的机会。皇帝通过这项制度能够观察到官员在轮对、转对时能提出什么意见和建议。所以宋代材料里，记载了一些有才能或者有信心的官员天天都在期待自己轮对的日子。而有一些庸庸碌碌的人则非常害怕轮到自己。《宋会要辑稿》里称转对轮对是“旁开求言之路，日引轮对之班”。就是指这是言路官员之外的求言之路，而且在理想状态下每一天都要有官员来轮对。

当时轮对的范围很广，如果一位在京官员一年多都没有遇到轮对的机会，那会被认为是非常特别的。当时在京的官员中的大多数都有通过轮对见到皇帝面谈的机会。官员对此也非常重视。有次轮对苏轼、苏辙兄弟二人被安排在了同一天，所以两个人都觉得非常光荣。苏辙还专门写了一首诗去纪念这件事。

宋孝宗淳熙十一年（1184），某天轮到南宋心学的开创者陆九渊第一回轮对。我们现在在《陆九渊文集》里可以看到他当年向孝宗进言的内容。其中有“(陛下)临御二十余年，未有（唐）太宗数年之效。版图未归，仇耻未复，生聚教训之实，可为寒心”这样的话。面对皇帝提出尖锐批评，是要具备相当的勇气的。差不多两年后，又该轮到陆九渊轮对。结果就在日期快到的时候，他接到宰相把他调往外地的命令。从此以后，陆九渊再也没有回到京城。后来，陆九渊在给朋友写的信里就说明了把他调走的原因。就是因为宰相听说陆九渊这次见皇帝是要弹劾他的，所以宰相就提前给陆九渊安排一个别的职务，把他调走了。因此，李心传曾写道：“士大夫不为大臣所喜者，往往俟其对班将至，预徙他官。至有立朝逾年而不得见上者。盖轮其官而不轮其人，此立法之弊。”所以说，有一些制度虽然我们看起来非常合理，但是制度本身存在上下其手的机会，也有各方面力量的介入和干预。

除了京城里的官员有面见皇帝的可能，当时在各地的州一级的重要官员在他们离开朝廷以及回朝廷述职的时候，都有面对的机会。这种状况从宋太宗时就开始了。到了后来，一些重点地区的主管，皇帝还是会逐一谈话；对于一般的官员，这项制度就变成了一种集体会见的仪式性安排。

3. 体制规定外：留对 · 夜对 · 小官言大事

在当时制度规定之外，也有一些奏对的机会，比如讲筵的留对。讲筵又称经筵，是一些官员给皇帝讲经史的地方。宋神宗时司马光因为与王安石意见不合，两人不能共事。但皇帝十分需要多方面的意见。所以皇帝就安排他在经筵讲《资治通鉴》。从前些年发现的《司马光日记》的记载中，我们看到，司马光在给皇帝讲完《资治通鉴》后，皇帝往往会把他留下，命座赐茶，然后皇帝就会问到一些外朝的事情。宋神宗经常征询司马光对新法的意见和对高级官员的看法。他们之间的谈话非常坦率和诚恳，就像朋友一样。

在南宋有很多像司马光这样的讲筵官员，在他们的文集里都会清楚记录下皇帝在问他们什么。有时问如何应对敌方使者，有时问地方物价几何，有时问纸币的贬值，有时问朝廷征发对地方骚扰的程度，等等。这些事情皇帝经常是在这种非正式场合了解到的。

宋孝宗不满足于在众多礼仪限制下与官员对话，经常在晚上把官员召入宫廷谈话。他会召来包括尚书省、中书省、经筵、学士、监察等各类官员夜对。有记载说这些官员见皇帝的时候，“从容造膝，过于南衙面陈”，就是谈话的时间非常从容而且与皇帝十分贴近，所以这些人都觉得十分感动，心里有什么话都想和皇帝讲。因此无论是皇帝问经史、谈时事或访人才，或是谈论对宰执的意见等，这些被召来的官员“凡所蕴蓄，靡不倾尽”。

另外也有一些小官，敢于讲大事。宋徽宗当政的时候“上下俱溺于宴安”。很多人都觉得这种局面是不可持续的。但因为当时蔡京、王黼等人把持的朝政十分黑暗，所以没有人敢说。当时有一个负责校对文献的八品小官曹辅，他就写了一份报告，用非常激烈的语言批评这种局面。皇帝表面上对他很宽容，没有责问治罪。但是当时的副宰相（太宰）是余深，就把他叫来责备说：“小官何敢论大事！”结果曹辅答：“大官不言，故小官言之。”

《皇宋中兴两朝圣政》里记载，宋高宗绍兴八年（1138）宋廷曾和女真人进行第一次和谈。这次和谈其实最终没有成功，但秦桧主政的朝廷里欢欣鼓舞。当时也有一些人出面反对这件事，其中就包括监察御史方庭实，他是御史台里级别很低的七品官。他当时就对高宗说："天下者，中国之天下，祖宗之天下，群臣、万姓、三军之天下，非陛下之天下。"十分清晰地表达了他对于议和的反对。

可见，当年地位低微的小官里确实有一些敢于仗义执言的人。

4. 另类信息渠道：宦官·走马承受·民间百姓

另外皇帝还有一些体制外的另类信息渠道，比如宦官。其中，御药院是一个典型。御药院在宋代是一个非常值得注意的机构。从表面上看，这一机构的职责本应该是限于皇帝的饮食、医药等。但实际上因为御药院的人都是与皇帝最亲密、来往最直接的宦官，所以皇帝有一些不希望某些外廷官员知道的机密信息就通过他们去办。比如皇帝如果要任命宰相，那么任命消息是绝对机密的。任命宰相的文书，不能让本就是宰相办事机构的中书舍人起草而要交皇帝的秘书翰林学士。往往就是御药院的宦官把信息从内廷带给翰林学士。所以，御药院也是信息沟通上的一个重要关节。宋代的很多材料都体现了这一点。

皇帝身边还有一些帮他跑腿、办事的低级供奉武臣。从宋真宗开始，他们中就有一部分被派去做"走马承受"，也就是骑快马专门到地方去搜讨社情民意、地方状况的人。《文献通考》中有这样的记载："走马承受。诸路各一员……无事岁一入奏，有边警则不时驰驿上闻……大观中，诏许风闻言事。"因为他们本就是皇帝身边的人，所以可以直接入禁中，消息的往来途径非常迅捷。走马承受在北宋后期又被称为"廉访使者"。

我们还会看到君主还有一些非常私人的信息渠道。这样的渠道几乎在宋代史籍里找不到任何正式的规定，但是这一类的材料其实有很多。例如，宋真宗对一名外任官员十分满意，于是就和宰相说，等这个人任满，要把他提成路级的官员。后来这个人任满到朝廷述职，皇帝就又和执政说到这件事，执政官员就去起草任命了，准备第二天上朝时公布。散朝后执政回到家，这个官员便到执政家里拜访。第二天上朝，执政请皇帝批示之前拟好的命令，皇帝却不同意提拔，这件事情便没有办成。宰相奇怪皇帝为什么变了主意，于是就去打听，后来才知道有人向皇帝报告了这个人到他家去的事情。所以皇帝觉得这个人到处攀关系，决意不能拔擢。从这个事情，一方面我们看到皇帝不喜欢那些为了名利而奔走竞争的人，另一方面，我们也看到皇帝有一些个人的、不为朝廷所把握的信息渠道。

另外，宋代专门针对百姓有登闻鼓院。老百姓如果对地方官员不满意，可以去击登闻鼓申冤，这就有下情直达朝廷的可能性。

宋太宗的时候，有老百姓到登闻鼓院，说他家的猪丢了。宋太宗知道了这件事，就给他一千钱作为补偿。后来宋太宗就跟宰相说："似此细事悉诉于朕，亦为听决，大可笑也。然推此心以临天下，可以无冤民矣。"这其实是当时皇帝作出的一种亲民姿态，当然也是一种了解民间事务的途径。

（二）内廷与外朝

下面我们来看内廷和外朝之间信息传递的关系。从《宋代行政文书流程图》上我们会看到，当时正常的上行、下行文书都要经过二府。二府就是中书省和枢密院。重要的核心事务会通过二府报到禁中。以往我们认为皇帝所说的都是圣旨，禁中的所有意见都要照办。实际上，即使皇帝认可的事情，如果没有经过二府、宰相机构的讨论，那么这件事可能不被认为是圣旨，不一定要执行。

我们会看到，图的右侧有一行是虚线，括号里面写的是御笔、手诏。御笔、手诏就是皇帝亲手批出来的条子。这些条子皇帝不愿意让它经过宰相部门讨论，而是会派人直接送到某一个部门去执行。这样的条子，在当时叫作"内降"。宋仁宗批条子比较多，群臣也有意见。仁宗就表示，"凡事必与大臣佥议，方为诏敕"。他虽然这样表态，究竟外朝官员敢不敢抵制呢？

《宋史·杜衍传》记载当时的吏部侍郎、枢密使杜衍负责管理部分人事。皇帝有时会安排自己亲近的人做官或提升，内批给杜衍让他办这些事。杜衍放在一边没有执行，待这些条子攒上十几份以后，一块儿拿到皇帝那儿，退还给皇

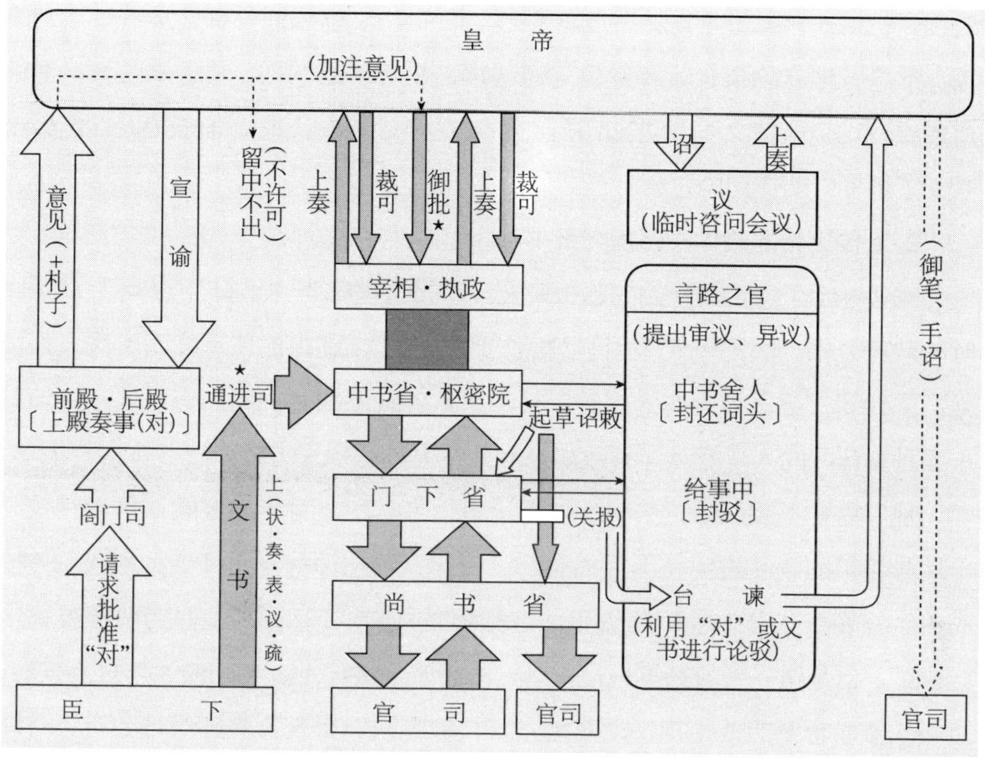

宋代行政文书流程图

帝。当年欧阳修是谏官，皇帝就问他，外人知不知道杜衍封还内降。然后皇帝就解释说："凡有求于朕，每以'衍不可'告之而止者，多于所封还也。"意思是表白自己不是随便批写条子，已经制止了很多这种请求了。通过这个例子可以看出，在正常的政治环境下，即使君主的内降，外朝官员也可能予以抵制，这也是内廷和外朝之间关系的反映。

（三）朝廷与地方

信息从内廷颁布到外朝后，如果没有问题，便会传递到地方，地方有事也会汇报给中央，本节主要说明朝廷与地方的信息传递。

1. 上传下达的枢纽：都进奏院

朝廷与地方的文书传递有一条十分清晰的路径。内廷出来的文书有一个总的传递机构——都进奏院。内廷的诏敕、符牒等文书要通过都进奏院传达到地方。反之，地方的报告、章奏也是通过都进奏院传到朝廷。将送来的材料交给通进银台司。这些文书通进部门所在地距皇帝日常办公地点非常接近，这样就减少了很多中间传递的过程。

2. 上传下达的载体：邸报与批书

宋代继承了唐代就开始的邸报制度。邸报又被称为“小报”，实际上就是当时的政府公报。因为宋代采用了刻印的印刷技术，邸报的传播度比唐代大为增强。宋代邸报会送到所有的州府，其中包括各种不同方面的内容。地方官员对于当时朝廷内的人事变动、行政动态等都是通过邸报来了解。

地方需要了解朝廷，中央也需要了解地方。中央对于地方的信息尤其是对于地方官员的政绩表现是十分关心的。因此，各州郡每一年都会有考核。考核的内容写在一张官方盖印的纸上。这张纸就称作“印纸”，上面的内容被称作“批书”。但是这一考核基本只是记录，不涉及等级评定。各州的通判负责按察，路级的监司也会四处巡视，评鉴地方官员的等级。中央监察部门也会有针对性地了解一些情况。特别是如果地方上有人反映官员不廉洁，朝廷通常就会派人到地方上去实地“体量”。最终，中央人事部门会把各个部分报来的消息放在一起汇总比对，在这个基础之上，决定对地方官员的奖惩。

2005 年，浙江金华的一座被盗墓中出土了 4 万多字的文书，现在称为《徐谓礼文书》。这是南宋一位叫作徐谓礼的官员在做官的 31 年里 13 次升迁任免的任命文书和考核记录，使我们可以清晰地观察到当时考核文书的内容。

1235 年，对徐谓礼溧阳知县任内的考核中写道：“无已获强盗，无未获强盗；无已获窃盗，无未获窃盗。”看上去他就任的这个地方就像世外桃源一样。其实，这条印纸只是一种情况记录。而这个情况汇报是否准确，却是另一回事。

比如某地上报没有强盗窃贼，其实可能存在百姓报案而被官府销案的情况。其他的事情同理甚至更为复杂。印纸本来是朝廷的一种信息征集系统，但是这一系统的准确度，在很大程度上受到人为因素的影响。

3. 上传下达的保障：保明、按察与巡视

《徐谓礼文书》中有多处“诣实”“勘验”“核验”“照验”等验证方式的表述，也有“证应”“磨勘”“驱磨”“钩稽”这些连带责任保证的方式。相关的官员在后面签上名字，并保证信息的准确性。将来如果发现信息有问题，所有签名的人都要负责任。这是当时朝廷保证信息准确的一个最主要的操作方式。

这种操作方式在宋代也被称为“保明”，就是要有人为事情的准确性来担保。宋代有很多专项信息搜集，比如财务审计、人才荐举、民间动向、边地军情等，这些信息的搜集整理等都需要有人保明。

保明对任职官员来说是一种法定义务，只要是职权范围内的事就必须做担保。为什么如此强调？范纯仁曾经说：“一切付之群臣有司，如此则将来成败各肯任责。”这是保明法的真正意义所在。让官员保证事情将来成败各肯任责。如果没有人出面来保明，将来事情成败真假，便没有人负责。他也曾说，有一些权力要相应地放到地方。地方有了权力以后，也要让他们来负责。在当时，纵向有次第的不同层级的保明，横向的有共同层级的不同机构的保明。因此保明就像织成一张网，把所有的事情和人固定在网结上，通过这样的方式来达到保明的目的。

宋代有一些官员被称为按察官，按察官大约有两类情况：一类是那些常驻地方专门负责监察的官员；另一类是中央派出的一些出巡地方的官员。他们在调查地方官员和事件时，会使用称作“访闻”“体量”的调查方式。

访闻指这些监察官员主动调查，利用他们各种各样的关系网络去采访，了解地方情况。体量则是指派人到实地去体察、衡量。体量的对象不光涉及官员，也涉及地方上的各种事项。不光有朝廷对各级监司、州县官的体量，也有对他们下属的体量。所以总体来说，这也是对于地方信息了解和汇聚的重要途径。

宋代也有“巡视组”，特别是在改革时期。庆历新政期间，在改革还没有正式推开时，欧阳修就曾提出要选择精明强干、比较廉洁的官员去了解地方治绩。范仲淹提出了新政的十条纲领，其中第四条就是“择长官”，他对此非常强调。而“择长官”，就是派一些按察使到地方去巡视，巡查地方官员是不是真正能够

尽职尽责。

当时范仲淹、富弼、欧阳修等精心挑选了一批官员，除授按察使的职任，到各地去考察地方官，特别是府州一级的地方长官。考核的结果本应是把最好的和最不称职的两类都报上来，但是结果被弹劾的多，而能够表彰的很少。这样一种情况就引起了中层官员强烈的反弹。因为北宋统治到这时已经80多年，地方上的官员，从来没有受到这么多规矩的制约。现在又是巡视，又是报告，开列出来很多巡视条目。结果，就像包拯当时说的："天下官吏各怀危惧。"南宋人李焘也曾说："按察使多所举劾，人心不自安。"庆历新政后来的夭折与这些原因是有直接关系的。但以上的材料也体现了当时朝廷派到地方去巡视的按察使，实际上也是一种信息集散的枢纽，地方信息靠他们带上来，中央政策靠他们带下去。

三、"制度文化"：信息渠道通塞的重要因素

以上我们介绍了宋代君臣之间以及朝廷和地方之间的一些信息收集方式。我们会看到，尽管有各种各样的制度设计，但是制度运作的实态，其实并不尽人意。那么，这种状况究竟是为什么？我想，可能和当时环绕在制度周边的政治文化氛围有关系。当年的信息渠道是通还是塞，这是一个非常重要的因素。

王安石在给《周礼义》写的序里曾写道："制而用之存乎法，推而行之存乎人。"也就是说，制度规定和人事操作，这两者是不能分开的。制度能不能按照设想去实施，一是要有相应的技术手段，有严格明确的评判标准和方法。另外，我们也要看制度的效果靠什么来保证，会有什么样的风险？

我们注意到，与信息相关，既有体系性的风险，也有个人的风险。在特定的官场生态下，如实反映信息，有时反而会给提供信息者带来政治风险。

官场文化和官员的价值观会影响到制度的选择，也会影响到制度运作的实际效果。信息有需求方、供给方、传输方、筛选方。信息渠道由一个个的环节构成能够运行的链条。各方面的利益表面上看起来是一致的，都是想要收集、

了解真实的信息，但实际上他们深层的关切，存在较大的区别。比如地方长官在了解信息时，究竟是鼓励下级呈报真实可靠的消息，还是希望呈报能够支持长官政治主张的信息？这种情况往往是有权衡的。下级也是一样，他是如实申报很多上司不爱听的事，还是说他要选择性地上报？这里也存在着权衡，有其个人风险的考虑。

上文提到很多人要负责“保明”。作为保明者，一方面这是他们的权利，一方面这也是他们的责任。这些保明者是不是真要保证材料是真实的？还是说，他们明明知道材料其实不真实，但仍旧作保？在这里，他们也会有所考虑，也会权衡可能的政治风险。所以，我们很难说经过保明的事情究竟是不是真实的。只能说，如果不出现重大变故，这些事不太可能被倒查。那么，我们就认为它是真的，就接受这种结果。所以，宋代虽然非常强调各种信息之间的核验，但在地方上处理这些信息的人，包括他的政策导向都是有特别趋向的。上级往往是进行选择性的抽查。而且我们也会看到，选择性抽查过程中，既有主观的目标，也存在一些有意或无意的疏漏。所以，要真正保证信息渠道畅通和信息真实，实际要考虑到很多方面的因素。皇帝，包括朝廷，对于信息的问题都是很焦虑的。但是，这并不意味着他们真正重视信息渠道的建设。

南宋卫泾做著作郎的时候，给宋光宗打过一份报告，报告里说：“陛下每于臣僚奏对，言虽讦直，必务优容，可谓有容受之量。然受言之名甚美，用言之效蔑闻。”宋理宗时的杜范，是殿中侍御史，他也曾对皇帝说：“陛下但知崇奖台谏为盛德，而不知阻抑直言之为弊政。则陛下外有好谏之名，内有拒谏之实。天下岂有虚可以盖实哉！”这两个例子都显示了“焦虑”与“重视”之间的不对等关系。

即使君主在各种场合表示很希望获得各种各样的意见并建设了多层多途的信息渠道，设置有核验的措施，但是最终还是不能完全掌控充分、真实的讯息。究竟问题出在什么地方？我认为，这与君主官僚体制是有直接关系的。信息渠道上的关节是由人控制的。官场生态对于官员的驯化起了很重要的作用。一方面，有些人是有意的虚报瞒报，另一方面也有大量的官员是在特定制度文化的前提下选择性提供信息。

南宋时江西发洪水，几个县都被冲毁，百姓的生存条件受到了非常严重的影响。但是这件事孝宗当时根本就不知道。直到后来有人说起，他才听说。事后他就来追问宰相和参知政事（副宰相），当时的参知政事蒋芾就解释说："州县所以不敢申，恐朝廷或不乐闻。"也就是说，从一开始州县就没有把这条讯息上报，因为他们估计朝廷不想知道这件事情。既然州县不报，自然宰相也就不报了。可见，地方官员经常小心窥测皇帝"玉色"，观察朝廷的动向，揣摩朝廷的意志以及朝政的趋向，然后再决定要提供哪类信息。

北宋中期范祖禹做监察官员。当时地方上报用度不足，朝廷中就有人建议派郎官到地方上巡视，算一算到底有多少亏空，如何解决。范祖禹听说后，就提意见说："若其数不多，则朝廷可以应副；若其数浩大，不知朝廷能尽应副邪？"所以，他的意见就是朝廷不要直接了解此事，免得自寻烦恼，不如睁眼闭眼，皆由地方自己想办法，避免朝廷陷入面对巨大亏空的尴尬境地。这些都反映出他对朝政的揣摩、趋势的分析。同时表明，在信息沟通过程中有很多的机巧博弈，并不是只强调真实准确就可以奏效。

另外，也有一些博弈与制度实施的一些内在缺陷有关。有记载表明监司去审查州县治绩时，他们都会事先通知地方。每次他们出去以前，都会给地方发一份公文（牒）。文牒里面就有这次巡视的项目内容。地方上就会根据这些内容"刷牒"，就是把牒上的内容，事先逐一清查补足。监司到地方后看到的不见得是真正的材料，而是地方上为了应付检查编制出来的一套材料。这就反映了制度实施过程中在程序以及方式上存在的一些内在问题。

信息的实与不实，其实涉及一些根本性问题。首先应该追问：谁真正关心信息是否准确，是信息的申报者，还是汇集者，是筛选者，还是朝廷的决策者，究竟是谁真正关心这个问题？

一般认为，所有人都应该关心。但在这种官场生态里我们其实会看到有不同的情形。官员有的是有意隐报瞒报的，有的是因为他无所作为，也有的是因为他揣测上级的意图，把一些事情搁置或者淡化。这样使得信息不能及时充分地报到上面来。

这种不同利益、核心关切和利益的诉求，往往会成为信息保真或者失真的一种动力。在这种情况下，我们不能简单地认为信息非真即伪，可能存在着真伪杂糅的情况。我们也不能认为宋代的信息渠道是完全成功的，或者是完全失败的。因为它其中既有成功的因素，也有一些导致无法掌握真实信息的问题。宋代信息渠道得失的因由，其实是蕴含在它的操作方式里的。我们要关心信息处理背后体现出来的利益倾向，才能够真正了解这一制度在现实环境里运作的逻辑。

信息渠道并不是通畅的道路，渠道路途中有重重关卡。在程序周密、制度严格的表象背后，有制度悬浮虚置的可能。“人事”网络的作用从来不容忽视。

在帝制社会中，朝廷关注的重点在于国家的政治秩序。对官员治事实绩的追求，是从属于维系整个官僚体制的需要、从属于政治安定之大局的。这样就决定了所谓追求实绩的努力，并不是没有条件的。这种安定当头的思维模式，对于一个视政治为头等大事的朝廷来说，是自然而然的。恰恰是这种上下认可的倾向与习见做法，决定了宋廷追求实绩的努力只能是不完全和不彻底的。

所谓的制度文化，不是一种纯粹的规范体系，它不仅仅指制度的规定本身，而是指制度实施的一种氛围，是多种因素互动产生出来的一种综合状态。包括制度的制定者和执行者，包括制度的漠视者和扭曲者以及制度的抵制者，这样一些人的意识、态度、行为，共同构成了制度实施过程中包裹在它周围的一种制度氛围或者说是制度文化。应该说，制度文化是一种弥漫性的制度生态环境，它渗透在制度里，影响着制度的生成和制度的活动方式。纵观中国历史上的各个时期，几乎没有任何制度按照它设计的那种模式原汁原味实行，调整、修正以至于变形和变异，大体上是制度运行的常态。或许我们可以说，制度的生态环境就决定了制度实施的基本前景。

（讲座时间　2017 年）

张晋藩

中国传统法文化的历史地位与史鉴价值

张晋藩

张晋藩，1930 年生，辽宁沈阳人。1952 年中国人民大学法制史专业研究生毕业。1952—1983 年在中国人民大学法律系担任讲师、副教授、教授、博士生导师。1983 年至今，在中国政法大学从事中国法制史教学与研究工作。1988 年被评为国家级重点学科法制史学带头人，1991 年起享受国务院政府特殊津贴，2001 年被聘为中国政法大学终身教授，2012

张晋藩

年入选“全国杰出资深法学家”。1986 年 8 月为中共中央书记处讲授法制课，1996 年和 1998 年两次为全国人大常委会讲授法制课。现任中国政法大学终身教授、中国政法大学法律史学研究院名誉院长。

主要研究方向为中国法律史。著作有《中国法律的传统与近代转型》《中华法制文明史》《中国监察法制史稿》《中国宪法史》《中国刑法史新论》《清代民法综论》《依法治国与法史镜鉴》等 30 余部。主编《中国法制通史》（2003 年获第三届中国高校人文社会科学研究优秀成果法学一等奖）、《中华大典·法律典》、《中国少数民族法史通览》等。发表学术论文 300 余篇。

习近平总书记在党的十九大报告中强调，要“坚守中华文化立场，推动中华优秀传统文化创造性转化、创新性发展”。法文化是中华传统文化的重要组成部分，传承优秀法文化，对于推进全面依法治国有着重要的启示意义。

中国是世界著名的文明古国，有着五千余年辉煌的历史，而且辗转相承、从未中断，这是世界文明古国中所仅有的。法文化史是中华文化史的重要组成部分，同样源远流长，具有系统性、完整性和典型性，在世界法文化史中处于卓尔不群的地位。

一、关于法律起源的文献记载

谈起中国传统法文化，首先面临的就是中国法律的起源问题。这方面的文献虽然不多，有些却很有价值，如《尚书·吕刑》记载：“苗民弗用灵，制以刑，惟作五虐之刑，曰法。杀戮无辜，爰始淫为劓、刵、椓、黥。”苗民是活动在长江流域的一个先进的部落，又叫三苗。苗人最早摆脱了神权的羁绊，制定了五种刑罚，古代的刑和法是相通的，刑也就是法。

那么，法律为什么最早起源于苗民呢？根据古书的记载，这是因为苗部落中出现了饕餮之徒，“贪财为饕，贪食为餮”，这些贪财又贪吃的人造成了阶级的矛盾和社会的混乱，人们都不讲信用，为非作歹。为了控制这样的局面，就需要制定刑罚。所以，苗民最早摆脱了宗教神灵的控制，制定了阶级统治需要的法律。古书中关于法律起源的这一记载，与马克思主义的法律起源论颇有暗合之处，即经济的发展产生了剩余，从而出现了阶级分化和阶级斗争。为了避免斗争造成两败俱伤，就制定了法律。苗民的刑罚对后世产生了影响，夏、商、周三代所用的刑罚都传自苗人，一直到汉文帝废除肉刑才改变了三苗传来的五刑。

除此之外，古代思想家们还提出了一些关于法律起源的学说，其中比较有代表性的有两种。一是刑起于兵说，也就是法律起源于战争说。因为氏族社会末期经常发生战争，为了在战争中约束军队，就需要制定相应的制度。《易经》中记载：“师出以律。”也就是部队出征打仗的时候，需要有强制性的约束，这个约束的方法就是法律，恩格斯在《家庭、私有制和国家的起源》中也谈到了这一点。我们还可以用稍近一些的历史来说明这个问题。那就是清政权在皇太极时期，经常对明政权和漠南蒙古部落发动战争，皇太极每次出征之前都会颁布军律，规定打仗时后退的斩首，前进的有功，部队之间要互相联系，不允许随意屠杀和拆毁房屋，等等。这说明，“师出以律”的法律起源论有一定可据性。

另一种说法是定分止争说。定分也就是定上下、贵贱、尊卑的名分，规定相应的权利和义务，使人们各安其位、各守其分，以避免纷争。这一法律起源学说，不仅古代的儒家、法家认同，近代的改良派也多有认同。管子说："律者，所以定分止争也。"荀子也表示远古之时，物少人多，"物不能澹则必争，争则必乱，乱则穷矣。先王恶其乱也，故制礼义以分之，使有贫富贵贱之等"。这些学者都认为，氏族社会末期，物少人多引起了争夺和混乱，因此有圣贤出，用法律规定了贵贱上下的等级名分，避免相互争斗。

清太宗皇太极画像

在法律起源的学说中，刑起于兵说和定分止争说的影响是最广的，因为它们带有一定的朴素唯物主义成分。

二、德法共治的由来及历史发展阶段

习近平总书记在党的十九大报告中提出："坚持依法治国和以德治国相结合。"德法共治在我国有着悠久的历史，是中国法治文明发展史的重要组成部分。

（一）德法共治的由来

中国古代的思想家并没有明确提出"以德治国"，但是诸家的论述中都隐含了德治的内容。孔子说"为政以德"，也就是用德来治理国政。他认为如果能做到这一点，四方就会都来归附，如同北极星被众星拱卫一样。孔子所说"为政以德"的具体表现是什么呢？一个是以德教民，用德来教化百姓。另一个就是胜残去杀，克服残暴的统治，不滥杀无辜。除了孔子之外，我们还可以举皋陶的例子。皋陶是虞舜时代的司法官，他提出要用九德之人为官执政，九德指正大光明、博爱、恭敬、仁慈等德行，这也隐含了以德治国的意识。

古人对于德治的表述，大多集中于讲以德化民、以德化性，也就是用德来教化百姓，使老百姓内心趋于良善，远离犯罪，从而达到移风易俗、安定国家的效果。但是单纯讲以德治国还不足以治理好国家，孟子说："徒善不足以为政。"也就是说，德化、德政并没有强制性，所以要把德治和法治相结合。在此种思想的指导下，中国历朝历代的统治者都重视德法共治、互补互用。

（二）德法共治的历史发展阶段

德法共治在中国历史上经历了三个发展阶段。第一个阶段是周朝。西周王朝建立时期，周公总结了商朝败亡的教训，他认为，商朝本是一个强盛的奴隶制王朝，拥有庞大的军队，最终却走向覆灭，这是因为它以残酷的刑罚治理百姓，导致失去了民心，因此前徒倒戈，迅速灭亡。由此，周公非常重视现实中的民心所向，提出了"重民"思想。他以"人无于水监，当于民监"来警示周朝统治者，认为统治者不应该用水当镜子，而应该以老百姓作为镜子，经常照一照自己的统治。周朝把施政重点放在重民上，提出"明德慎罚"的治国方略，这是历史上第一次把德和法结合在一起。

根据周代典籍的记载，德包含三方面内容，一是正直，二是刚克，三是柔克。德的第一要义就是正直，东汉许慎在《说文解字》中这样解释德（悳）："悳……从直，从心。"把正直放在心上，就是德。刚克就是坚定、坚毅，柔克就是谦逊、和善。这三个方面是周人讲德的主要内容。那么，明德慎罚也就是以德来指导刑罚的使用，使明德和谨慎用刑结合在一起。

明德是慎罚的精神主宰，慎罚是明德在法律上的具体化。明德慎罚是周初重视人事与人命的人本主义的体现，由此形成了一系列慎刑、恤刑的法律原则。例如，周人提出"区别用刑"的刑罚原则，强调要区别惯犯和偶然犯罪、过失犯罪和故意犯罪。对于惯犯和故意犯罪者，处罚要从重；对于偶然犯罪和过失犯罪的，则应该从轻处罚。这一原则一直沿用至今，体现了中华法治文明的先进性。除此之外，周人在司法上还很注意倾听各方面的意见，重视刑罚的宽严适度，这些都是明德慎罚思想的具体体现。

明德慎罚的治国方略，为周朝带来了“四十年刑措而不用”的成康之治。西周时期的德法共治表现了中华民族卓越的政治法律智慧，对后世产生了重大影响。

德法共治的第二个历史阶段是汉朝。汉朝在明德慎罚的基础上，进一步提出了“德主刑辅”的主张。西汉统治者总结秦朝二世而亡的历史教训，得出了“秦朝之兴，兴于重法治，秦朝之亡，亡于毁法治”的结论。汉代统治者意识到，要建立稳定的统治，就不能采用暴虐的刑罚，应该讲德治和礼治。由此比较完整地确立了“德主刑辅”的施政模式。

如果说，西周和汉初的统治者对德主刑辅模式的推崇，是出于经验性的总结，那么西汉中期董仲舒对德主刑辅的阐述，则将其上升到了理论论证的层面。董仲舒以“天人感应”学说和阴阳相辅相成的理论，来论证德主刑辅模式符合天道运行的规律。他说：“天道之大者在阴阳，阳为德，阴为刑，刑主杀而德主生。是故阳常居大夏，而以生育养长为事；阴常居大冬，而积于空虚不用之处。以此见天之任德不任刑也。”因为阴要服从于阳，所以刑要服从于德。董仲舒的理论为统治者构建更完备的德主刑辅模式提供了理论指导，受到了汉武帝的肯定。不过，汉武帝虽然听从了儒家的见解，却

汉宣帝刘询彩塑 聂鸣 / 供图

并没有充分重视儒家的代表人物。一直到汉宣帝时期，朝廷仍然重用那些主张用法为教的文法之吏，汉宣帝的太子对此提出了异议，宣帝回应道："汉家自有制度，本以霸王道杂之，奈何纯（任）德教，用周政乎？"所谓"霸王道杂之"，指的就是外儒内法，德法互补共治。

东汉时期，著名的儒家学者王符、王充、仲长统等人摆脱了董仲舒的阴阳五行之说，立足于国家统治的实际，进一步论证了德法互补的重要性。王符在《潜夫论》中说："圣帝明王，皆敦德化而薄威刑。德者，所以修己也；威者，所以治人也。"王充在《论衡》中说："治国之道，所养有二：一曰养德，二曰养力……夫德不可独任以治国，力不可直任以御敌也。"仲长统《昌言》说："德教者，人君之常任也，而刑罚为之佐助焉。"经过东汉儒家的反复论证，德主刑辅的治国方略得以稳定地实施，影响深远。

德法共治的第三个历史阶段是唐朝。唐朝是中国封建社会的盛世，经济的恢复与迅速发展，国家的统一与稳定，文化的繁荣兴盛，使中国傲然自立于世界文明强国之林。唐朝的社会历史条件为中华法治文明走向辉煌创造了必要的条件。唐朝思想家在"德主刑辅"的基础上，进一步提出了"德本刑用"的思想，这也就是《唐律疏议》序言中所提到的"德礼为政教之本，刑罚为政教之用，犹昏晓阳秋，相须而成者也"。唐代思想家不仅阐释了德礼刑罚之间的本用关系，还将这种关系比喻为"昏晓阳秋"的自然现象，以示永恒不变。德礼为本，刑罚为用，意味着刑罚的作用不单单是惩罚罪人，其更重要的功能是明刑弼教，即通过刑罚来教育百姓，让大家都知道为非作歹会受到法律制裁。

从周初的明德慎罚，到汉代的德主刑辅，再到唐代的德本刑用，德法共治的发展大致经历了这三个阶段。德法共治是中国传统法文化中的重要内容，也是中华法系的特点之一。早在先秦时期，韩非子便提出"明主之所导制其臣者，二柄而已矣。二柄者，刑、德也"。随着历史的发展，德的内涵不断充实，远远超出了周初的三德之说，诚信、博爱、忠孝、善良等品性都被纳入德的范围。而德化的作用就在于唤起人们内心的善良天性，使之自觉地远恶迁善、趋吉避凶，不仅远离犯罪，更能达到一种高尚的思想境界。可见，德之用在于润人心，法之用在于安天下。

为政以德、以德化民、德法互补、德主刑辅、明刑弼教都是中华优秀传统法文化的鲜明特色，体现了中华民族的智慧和创造力，它们所提供的历史经验很有借鉴意义。

三、中国古代立法的成就及其世界影响

中国的法治文明发达很早，马克思在谈到古代东方时，特别提到中国是早熟的文明。中国的法律不仅起源早，而且长期居于世界法律文明的前列，这雄辩地说明了中国古代法律体系的伟大成就和历史地位。

中国古代的许多立法原则都非常有价值，如立法须适应国情特点。中国古代以农立国，因此在法律体系中，有关农业生产、土地、畜牧、水利、捐税等内容在立法中占有重要比重，甚至《睡虎地秦墓竹简》中还以法律规定了每亩地播种种子的数量。在司法上，为了不误农时，从四月到八月期间为法定的“入务期”，也就是农忙季节，这期间一般不接受农民的民事案件，称为“务限法”，一直延续到清朝。

除此之外，针对中国作为统一多民族国家的实际情况，古代法律制度还非常重视民族立法。在这方面清朝的历史实践给我们留下了重要的立法资料。清代针对民族地区的具体情况，制定了《蒙古律例》《理藩院则例》《回疆则例》《西藏章程》《青海西宁番夷成例》等法律。值得一提的是，我们今天依然适用的金瓶掣签制度就是清代西藏立法的成果之一，这体现了清代民族立法的伟大成就。民族立法的原则是因族制宜、因俗制宜，也就是根据各民族的风俗来制定相应的法律。例如，乾隆皇帝曾经下令不许苗人出行随便带刀，后来他废除了这道敕令，因为他意识到出行带刀是苗族的习惯，法律的制定应该考虑不同地区的具体情况。

另外，中国古代立法很强调随着时代的变化和社会的发展，要相应地变法，也就是韩非子所说的“法与时转则治”。所以 4000 多年的中国法治文明，虽然

是纵向传承、自成系统，但却代有兴革，每一代对于前代的法律都有所改进，有所废除，唐不同于汉，宋不同于唐，清不同于明。中国法律在数千年的发展中并非一成不变，而是按照螺旋上升的轨迹在发展前进。在共同性中，又显示出特异性和差别性，这成为中华民族的一项优秀法律传统，其现实意义不言而喻。

此外，中国古代的立法还很重视在总结司法经验的基础上进行立法，也就是以经验为基础的立法原则。这一立法原则可以追溯到中国最早的司法官皋陶，皋陶从自己担任司法官的办案经验出发制定了法律。古书说“孔子垂经典，皋陶造法律”，将皋陶制律和孔子作《春秋》相提并论。皋陶之刑的主要对象是“昏、墨、贼，杀”。“己恶而掠美为昏，贪以败官为墨，杀人不忌为贼”，也就是欺诈、贪污、杀人，这都是从现实社会生活中的犯罪案例总结而来。皋陶一方面作司法官，一方面从办案经验出发，将个别的案例审判上升为法律制度，这对于中国古代立法影响深远。这一点清朝的实践很能说明问题。《大清律例》从乾隆五年（1740）制定以后，律文部分就固定下来，之后变动的地方都以条例来补充。各省督抚把他们所处理的有典型意义的案件上报朝廷，经刑部遴选之后做成条文呈给皇帝。皇帝批准之后，这些具体的判例就能固定为一般的调整，成为律文成法的补充。重视将司法经验上升总结成为法律，是中国古代立法的一项悠久传统。

中国古代立法最主要的成就是《唐律疏议》。唐朝经济发达，人民富足。据《贞观政要》记载，唐太宗统治期间，“商旅野次，无复盗贼，囹圄常空，牛马布野，外户不闭，又频致丰稔，斗米三四钱，行旅自京师至于岭表，自山东至于沧海，皆不赍粮，取给于路”。也就是说，社会治安非常好，没有盗贼，牛马放到野地里不担心被偷走，晚上睡觉也可以不用关门，从西安去广州，从关内到岭南，不管到哪，当地老百姓都可以请你到家里来吃饭。虽然古书中难免有溢美之词，但是唐朝的富庶程度的确达到了一时之盛，唐代的法治和典章制度也达到了空前的完整和成熟。以《唐律疏议》为代表的唐代法律体系，是中国法律发展的巅峰之作。

唐高宗永徽二年（651）制定《永徽律》。永徽四年（653），为了统一解释律文，又制定了《律疏》，合称《永徽律疏》，也就是今天所说的《唐律疏议》。这是保留到今天最完整的古代法典。《唐律疏议》共12篇502条，在传承历代立法精华的同时，又奠定了唐以后的立法基础。

唐律以完备性著称，无论社会、国家、家庭、个人等，都有法律调整，其规范的细密、制度设计的完善、刑法原则的合理、律文解释的准确都达到了历史高峰。唐律对于德礼刑罚功能及相互关系的论述，也在法文化中具有经典性意义。后世立法、司法皆以礼为准，"于礼以为出入"，可以说是受到了唐律的影响。

唐律还具有鲜明的创新性，疏议与律文合编共同具有法律效力，就是历史上的一大创新。《唐律疏议》不仅是中国现存最完整的古代律典，也是现存最早

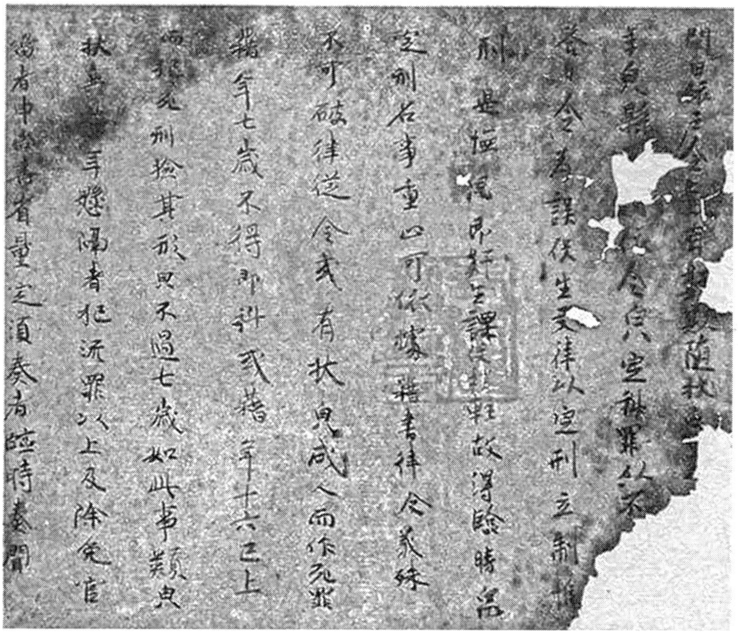

唐统治者为了确保法律适用的统一，使执法官吏懂得每一条文的精确含义，发挥法律的效能，永徽三年，诏长孙无忌等人撰写疏议，对《永徽律》逐条逐句进行解释。律与疏合在一起，称《永徽律疏》，后世称《唐律疏议》。图为《唐律疏议》残片

而又最为严谨的律学著作。以疏议附于律文之后，是唐人在总结魏晋注释律学基础上的一大创造，它便于执法者领略律意，避免在具体实施中出现偏颇。作为官方律注，它既有对法律精神、法律原则与名词术语的规范性解释，也有对实际操作中可能出现的问题的预见和处理。其注释方法融合文理、史源于一炉，文字也符合明白晓畅的要求。

唐律的创新性还表现在根据新出现的社会现象和法律关系，对法律及时进行调整。比如，唐朝是经济发达的朝代，经常来长安进行贸易的外国商人不下十万人，这中间难免会发生法律纠纷。为此，唐律特别制定“化外人有犯”的条款:“诸化外人，同类自相犯者，各依本俗法；异类相犯者，以法律论。”也就是说，外国人之间发生法律纠纷了，以其本属法来处理；外国人和中国人发生纠纷了，按照唐律来处理。这是中国最早的属人主义的立法，也是一个很大的创新。“化外人有犯”的法律规定到清代有了进一步的发展，扩展为属人和属地并用。具体而言，汉人如果在蒙古地区犯法，就按《蒙古律例》处理，蒙古人在汉族地区犯法，就按《大清律》处理，这就把属人和属地结合起来了。

由于唐朝是当时世界上文明较为先进的国家，与各国的经济贸易和友好往来比较频繁，许多国家特别是东亚各国，派遣使节和大批留学生来唐，学习中国的先进文化和各种典章制度。因此，唐律也影响了与中国相邻的高丽、日本、越南等国的法律。这些国家纷纷派遣学者到中国学习法律文化，归国后制定了一系列以唐律为法源的法典。例如，日本制定了《近江律令》《大宝律令》《养老律令》，高丽制定了《高丽律》，安南陈朝制定了《国朝刑律》。这些国家的法律学者在《刑法志》之类的著作中，都明确表示本国法律是仿唐律制定的。所以，这些国家也被纳入到中华法系的系统之内。

不仅《唐律》具有世界影响，《大明律》同样深刻地影响了相邻国家。日本专门派人到中国来搜求《大明律》和《律令直解》，朝鲜王朝还奉《大明律》为母法。如果说，日本学者研究《唐律》者多，朝鲜王朝学者则是研究《大明律》者多。

中国传统法文化影响到了周边国家，使得这些国家的法律制度、社会风气乃至生活习惯都带有中华法文化的烙印，形成了一个以儒家精神为主导的法文化圈。中华法治文明不仅是中国文化宝库中的财富，也被世界公认为人类法制文明的瑰宝。

四、中国传统法文化的史鉴价值

中国传统法文化历史悠久，内容丰富，资料浩如烟海，称得上是一座极其宏伟的智库，具有丰富的历史借鉴价值。

（一）肃清法律工具主义的影响，坚定树立法律权威主义的观念

早在公元前 7 世纪左右，管仲就提出了“以法治国”的主张，这在当时无疑是开先河的篇章。管仲认为，人君如果能以法治国，就能轻易地管理群臣、统治百姓、执掌政令。以法治国的思想影响深远，历朝历代都以法为治国之具。唐朝魏徵将法律形象地比作君主的“执御之鞭策”。也就是说，国家如同一匹奔马，皇帝是骑手，他手中的鞭子就是法律。这个比喻把法律工具论形象化了，可见，中国古代的法治是君主人治下的法治，遇有开明之君，便能发挥法律的作用；遇有昏聩之君，则很可能以坏法为能事。所以，“以法治国”的法律工具主义是有局限性的，它的实施很大程度上有赖于君主个人的素质。除此之外，以法治国还有一个很大的局限，那就是传统法律的特权性与法治的公平性要求是矛盾的。中国封建时代的社会关系由不同的等级构成，因此反映在法律上，不同的等级也是公开不平等的。除了皇帝凌驾于法律之上，法律还公开规定了一些人享有特权，也就是“八议”制度，其具体内容是：议亲，皇亲；议故，皇帝的故旧；议贤，有大德行；议能，有大才干；议功，有大功勋；议贵，三品以上职事官及有一品爵者；议勤，为国家服务勤劳；议宾，前朝贵族等。凡属八议范围内的贵族官僚，如果犯罪了，法官不能直接审理，而要请示皇帝，还能通过种种途径减免罪责。这些亲贵所拥有的特权和法治的平等原则直接冲突，这也反映了以法治国的局限性。

“以法治国”与我们今天的“依法治国”虽然只有一字之别，却有本质上的差异。如果说“以法治国”是法律工具主义，那么“依法治国”就是法律权威主义，任何人都必须在宪法和法律的范围内作为或不作为。为了坚定地树立依法治国的法律权威主义的观念，就必须肃清法律工具主义的残余影响。

（二）善法与良吏须结合，才能发挥“奉法者强则国强”的作用

宋人王安石说：“立善法于天下，则天下治；立善法于一国，则一国治。”同时，他强调：“吏不良，则有法而莫守。”有了反映社会发展要求、符合人民利益的善法，还需要有能够严肃执法的良吏，才能保证善法的实施。唐朝文学家白居易更具体地论证了法与吏的关系。他说：“虽有贞观之法，苟无贞观之吏，欲其刑善，无乃难乎？”白居易是德宗时代的官僚，当时唐朝已经显露颓势，朝堂上君子少、小人多，有法而不能行，所以他发出了上述慨叹。明末清初的著名思想家王夫之，在《读通鉴论》中从总结历史经验的角度提出单纯任法或单纯任吏都不足以为治，从而得出了“择人（官）而授以法，使之遵焉”的结论。所以，善法要与良吏相结合，才能充分发挥善法的作用，所谓“奉法者强则国强”。

（三）严格执法会提高司法的权威，增强百姓对法律的信任度

中国古代不乏严于执法的良吏。汉文帝时，张释之判处一名“犯跸”（冲撞御道）的人犯罚金四两，文帝认为处罚太轻，要求重判。张释之回应道：“今法如是，更重之，是法不信于民也……廷尉，天下之平也，一倾，天下用法皆为之轻重，民安所错其手足？唯陛下察之。”也就是说，廷尉作为最高司法官，是天下的公平所在，廷尉平了，天下都平，廷尉如果有所倾斜，那么天下的执法都会失衡，法律的公平性就会大受侵害。张释之就这样说服了汉文帝。

唐太宗时，官僚中常常有假造履历的。有一次唐太宗发话，再有此类犯罪要判处死刑。不久，又有一个官员被发现伪造资荫，大理寺少卿戴胄根据法律判处他流刑，而没有遵循太宗之前的敕令。太宗责备戴胄，戴胄对道：“法者，

国家所以布大信于天下；言者，当时喜怒之所发耳。陛下发一朝之忿而许杀之，既知不可而置之于法，此乃忍小忿而存大信也。若顺忿违信，臣窃为陛下惜之。”太宗说：“法有所失，公能正之，朕何忧也？”

中国古代严于执法的官吏还有很多。宋朝著名的清官包拯不仅断案公正，而且判案时大开开封府大门，让群众进入旁听。这可以说是中国历史上带有公开审判性质的一个史例。宋以后，明朝的海瑞、清朝的于成龙都是铁面无私、严于执法的清官。严于执法不仅使司法具有权威，还能增强百姓对法律的信任感。从现存的清代资料来看，老百姓遇有损害往往诉诸法律，遇到冤狱时也愿意层层上诉，甚至到京师告状，这都说明清官执法树立了法律的权威。

（四）监察法的制定，有助于监察制度的建设和监察官作用的发挥

中国古代发展出了完备的监察制度，这些制度对于维持国家纲纪，协调百官在法律规定内运行权力，起着制衡机制的作用。

中国在汉武帝时期便颁行了全国性的地方监察法《刺史六条问事》，刺史就是监察官，他按照六条法律的规定来行使自己的监察权力，监察重点是郡一级的高官和地方豪强势力。《六条问事》使监察官的刺史职权得以发挥，有助于中央集权的巩固。唐朝颁行了全国性的《监察六法》，将监察的对象涵盖到所有官吏，而不仅限于高官和豪强势力，使得朝廷纲纪严明。唐睿宗说：“彰善瘅恶，激浊扬清，御史之职也。”唐以后，历代不断修订监察法，其中值得一提的是元朝，元朝并不崇尚法治，却很重视监察制度。元世祖忽必烈曾说：“中书朕左手，枢密朕右手，御史台是朕医两手的，此其重台之旨。”也就是说，中书即中央最高行政长官是我的左手，枢密即最高军事长官是我的右手，而御史台监察官是医治我这两只手的。这一说法充分表明了元代对于监察官的重视。元代地方监察法《行台体察条例》中有一条，说条例里“该载不尽”的，也就是应该规定而没有明确规定的情况，监察官可以便宜行事，这赋予了监察官以极大的权力。监察法发展到清代，达到了法典化的程度。清代编成《钦定台规》，详细规定了监察制度的构建、监察官的职掌权限、监察的对象与事项、监察官对皇

帝直接负责，以及监察官的选任与失职的处罚等事项。

监察立法为监察官行使监察权提供了法律依据，使百官都有所震慑。对于监察官执法犯法予以加等处罚，也使得监察官比较忠于职守。除此之外，监察御史作为皇帝的耳目之司，对于地方上的问题“大事奏裁，小事立断”，也起到了整肃吏治的作用。

以上可见中华法文化底蕴的深厚和影响的深广。传承中华法文化，将会给建设中国特色社会主义法治体系的宏图伟业提供历史借鉴。

（讲座时间　2017 年）

李晓杰

中国行政区划的历史变迁及其基本规律

李晓杰

李晓杰，1965年生，河北唐山人。1996年毕业于复旦大学中国历史地理研究所，获历史学博士学位。现任复旦大学历史地理研究中心教授、博士生导师，政治地理研究室主任。

主要研究方向为历史政治地理、《水经注》、中国古代史及近代中外文化交流等。代表著作有:《东汉政区地理》、《体国经野：历

李晓杰

代行政区划》、《中国行政区划通史·总论、先秦卷》、《疆域与政区》、《中国行政区划通史·五代十国卷》、《中国行政区划通史·秦汉卷》（合著）、《水经注校笺图释·渭水流域诸篇》（主编）等。发表学术论文数十篇。

行政区划是一个国家依据行政管理的需要，将所辖领土划分成有层次的区域的过程。我国历史上的行政区划，从萌芽、出现到完全确立及全面推行，经过了相当长的历史过程。这一过程与中央集权制度的从无到有大体是同步的。地方行政区划的制度全面建立之后，中央政府要将一部分权力下放给地方政府，这便自然会在中央与地方之间因集权问题而产生矛盾，当这一矛盾激化后，就会出现一次中央与地方在权力上的重新调整与再分配。可以说，中国行政区划变迁的历史，也就是中央与地方之间不断调整权力关系的历史。

从政区地理角度上讲，行政区划主要有四个要素：一是层级，即中央到地方分几个层次进行管理，是行政区划体系中最基本的要素；二是幅员，即政区的统辖范围；三是边界，即政区与政区之间的界线；四是行政中心。限于时间，本次讲座在叙述中国政区演变的大致情况时，主要着眼于前三个要素的历代通行内地政区（不包括设于边区的或用于统治特殊地区的一些特殊政区，如羁縻州、镇戍、卫所等）的变化，并进而总结其中的一些基本规律。

一、历代政区层级的变化

中国古代行政区划变迁的核心是政区层级的变更，这一变化集中体现了中央与地方权力之间此消彼长的过程。从建立中央集权的秦代开始，至民国初年，中国政区层级的变迁可以分为三个阶段，即所谓“二千年三循环”。

（一）第一循环：秦汉三国两晋南北朝时期从二级制向三级制的转变

1. 秦西汉时期的郡县二级制

公元前 221 年秦统一天下后，秦始皇废除了分封诸侯制，推行郡县二级制。每郡设郡守、郡尉、监御史等官。郡的官员都由中央朝廷直接任命，可以定期更换。郡下辖县，每个县依据大小，设令（大县）或长（小县）。秦初并天下时，将全境分为 36 郡。之后，随着疆域的扩展与陆续从已置的郡中分出的一些新郡，到了秦代末年，除去都城咸阳附近关中平原为秦内史的辖区外，共设有 48 郡。

汉朝建立伊始，汉高祖刘邦便分封了七个异姓功臣为诸侯王（燕王臧荼、韩王韩信、赵王张耳、楚王韩信、淮南王英布、梁王彭越、长沙王吴芮）。这七位异姓诸侯王早就拥兵自据，与其说是分封，倒不如说是刘邦对他们形成的割据局面的承认。

这七个诸侯王国的封地，不仅占据了当时汉朝整个疆域的一半，而且位于汉疆东部最富庶的地区。相比之下，此时由高祖刘邦所亲自统辖的汉郡却只有15个，出现了诸侯王国与汉郡并存的局面。如此的政治地理格局，使刘邦心中产生不快。分封这些异姓王本不是他所愿意的，又加上这些诸侯王手中握有重兵，不听中央政权的调遣，实际上对刘邦的统治已构成很大的威胁。于是在随后的几年时间里，刘邦千方百计地寻找借口，分别以“谋反”的罪名，将长沙王之外的其他六个异姓诸侯王逐一废除。从此，刘邦下令说：“非刘氏而王者，天下共击之。”

汉朝在基本扫除来自异姓诸侯王的威胁后，并未停止分封举动。而是自刘邦始，又展开了分封同姓诸侯王的进程，借以达到屏藩汉廷，不致重蹈秦朝短命覆辙的目的。刘邦分封的同姓诸侯王国采用的是分封制与郡县制的混合体。在诸侯王国之下，依然有郡县，这些属于诸侯王国的郡被叫作支郡，名义上虽然还是属于中央政权的，但实际上已在诸侯王的直接管辖之下了。

汉初所实行的行政区划，可以用下图直观地表示出来。

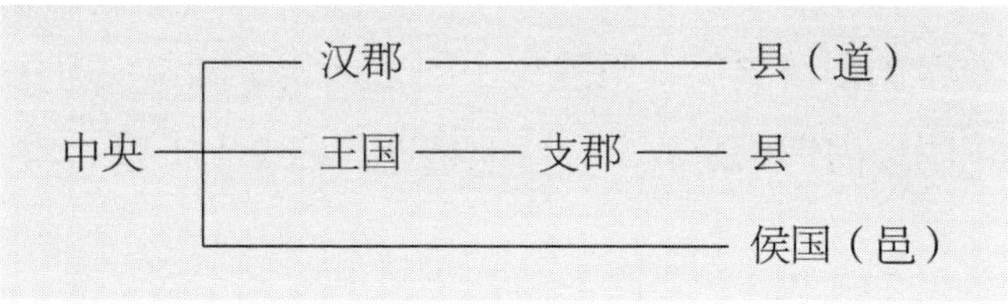

汉代政区层级示意图

其时，这些同姓诸侯王国分布在太行山以东，大的诸侯王国统有六七个支郡，小的也有三四个，它们与长沙国在地域上连成一片，总封域占到当时汉朝整个疆域的一半以上。而汉中央政权直接控制的仅有15个郡，从面积上说，比高祖五年（前202）异姓诸侯王国存在时的汉郡领域还小。另外，诸侯王享有特权，可以任命所辖支郡的郡太守以下的官员及征收赋税徭役。因此，诸侯王国的存在与中央政权之间不可避免地会产生矛盾。

汉文帝采纳大臣贾谊的以亲制疏与“众建诸侯而少其力”的建议，一方面用与自己血缘近的诸侯王国限制与自己血缘远的诸侯王国的势力，一方面又通过分地的方法将诸侯王国的辖境变小，数目增加，借以达到削弱诸侯王势力的作用。

汉景帝时，又采纳御史大夫晁错提出的削藩之策，将诸侯王国下辖的支郡削掉，收归中央。虽然这一举措直接触及了诸侯王们的利益，曾一度引发了吴楚“七国之乱”，但景帝最终平定了这场叛乱，并乘机将诸侯王的支郡收归汉廷所有，使诸侯王国领域变得只有一郡之地。诸侯王的特权也被同时剥夺。如此一来，诸侯王国的地位大大下降，已经变得和一般的汉郡没有太大的差别了。

汉代的行政区划也相应地简化为郡（国）县二级制，具体形式如下图所示。

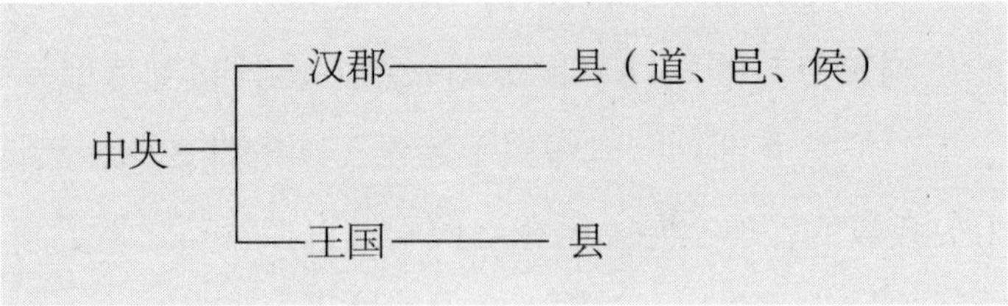

削藩后汉代政区层级示意图

在历经了景帝的削藩之后，虽然每个同姓诸侯王国都变得仅领一郡之地，但是有些大的王国境内仍然是数十座城池相连，拥有上千里的地盘，势力依然不小。

汉武帝执政后，为了防止这些诸侯王国互相联合起来，反抗中央政权，采纳谋臣主父偃的建议，在元朔二年（前 127），颁布推恩令，用以缩小诸侯王国的领地。推恩令这一措施的具体方法是：诸侯王可以用自己的私恩将领地内的土地分给他的子弟，由朝廷定立封号，建立侯国。新的侯国一旦设置后，这块地方就不再从属于原来的诸侯国，而必须改为相邻的汉郡统辖。如此一来，侯国设置的越多，诸侯王国的领域便会变得越来越小。因此，推恩令的实施，效果与削地没有什么实质性的差别，只不过是规模没有削地那么大，并且名义上比削地好听罢了。

实行推恩令，从表面上看好像是诸侯王自己愿意的，但实际上是带有强迫性质的。一个诸侯王有多少个王子，就必须分封多少个王子侯国，而在当时，诸侯王一般都有很多王子，因此西汉所出现的王子侯国前后竟然有几百个，经过几代以后，诸侯王国的领地已大为缩小。到了西汉末年，有的诸侯王国变得只有三四个县的范围。

通过推恩令，诸侯王国的实力已严重削弱，走向衰弱，再也无法构成对中央政权的威胁了。西汉末年，全国共有 103 个郡国。

2. 东汉时期从郡（国）县二级制到州—郡（国）—县三级制的转变

东汉承继西汉的制度，依然推行郡（国）县两级制，并对当时的政区作了一些调整。至顺帝永和五年（140），全国共有 106 个郡国。

在东汉的大部分时间里，州（即“刺史部”，最初是在西汉武帝时出现的，当时主要作为郡之上的监察区出现）还是以监察区域的形式出现，并没有正式成为一级行政区划，这主要是中央政府一直希望采用郡（国）县二级制的方法来管理地方区域。只是到了东汉末年，席卷整个北部中国的黄巾大起义，使得郡太守们束手无策时，朝廷才不得不考虑将州由监察区变为行政区，在郡（国）之上，又设立了州一级的行政区划，形成了州—郡（国）—县三级制。东汉末有 13 个州（刺史部）。至献帝时，东汉共设立了 14 个州。这种制度一直延续到三国两晋南北朝时期。

3. 三国两晋南北朝时期的州—郡—县三级制

在魏、蜀、吴三国鼎立局面形成之后，曹魏的疆域最广，有 12 州之地，下辖大约 90 个郡国，大体相当于今天的辽宁、河北、河南、山东、山西、甘肃以及江苏、安徽、湖北、陕西的大部分地区。

蜀国是三国中地域最小的一国，仅有益州一州之地，下辖 22 郡，大体与今天的云南及陕西南部、四川康定以东、贵州西部等地相当。

孙吴的疆域大约承继了东汉的荆、扬、交三州，其中，荆、扬与曹魏隔江相对，据有江南的一半，交州则是全部拥有。后孙吴政权分交州置广州，共有荆、扬、交、广 4 州，下辖 43 郡。

西晋时期，州是地方最高一级行政区划。到了太康元年（280），西晋最终将长江以南的吴国灭掉，以19州之地统领全国171郡国、1232县。

到了永嘉元年（307），西晋全境增至21州。但是这一州制实行没有多长时间，西晋王朝就在由统治集团内部的宗室王与皇子王的权力争夺而引发的“八王之乱”中，被自东汉以来入居内地的少数民族政权推翻了。之后，广大的北方则长期陷入了五胡十六国的混乱动荡之中。

十六国时期，各国为了“务广虚名”，在各自统治的较小区域之内，任意分置许多的州，汉晋时期的一州之地，往往被分成四五个州，出现了“一郡分为四五,一县割成两三”的情况。于是州制开始发生了混乱。

南北朝时期，每个政权的地盘有限，为了有足够多的州刺史或者郡太守空缺用来封赏，唯一可行的办法就是把现有的州、郡的区域划小，留出空间，建立更多的州郡。因此州郡的数量便渐渐增多起来。到了梁大同元年（535），竟发展到103州、586郡。

北朝州郡的滥置同样十分严重。北魏分裂为东、西魏之后，两个政权共有110余州、410余郡。

此时，南北朝合计，州的数目已达200多，郡数则接近1000。这时有不少的州只管辖一二个郡，一郡只统管两三个或一两个县，有的州竟然没有县可领，有的仅存一个名目而已。

（二）第二循环：隋唐五代宋辽金时期从二级制向三级制的转变

1. 隋、唐开元前的州县二级制

在南北朝后期，州郡的滥置已到了无以复加的地步，特别是州的大量增设，已使得郡一级的区划名存实亡。

针对这种情况，大臣杨尚希向隋文帝建议要对行政区划进行一番改革，“存要去闲，并小为大”。隋文帝对杨尚希的意见十分重视，但他经过认真考虑之后，并没有采取将州郡省并的简单办法，而是把州郡县三级中的中间一级郡去掉，即“罢天下诸郡”，以州直接领县，简化了政区的层级，使行政区划重新又回到了二级制。

隋文帝的这项改革，虽然是一项成功之举，但是，仍然不能彻底解决州县数目过多的局面。隋朝初年，仅州的总数就多达 300 多个。数目如此庞大的州县，让中央政府来直接管辖，其难度是可想而知的。因此，调整州县的数目与范围，就成了隋朝中央政权的又一项重要任务。

这项任务最终是由隋文帝之子炀帝在位时完成的。他先是下令省并州县，随后又把州改称为郡，以回到与秦汉相似的状况。经过这次调整，到了大业五年（609），全国变为了 190 郡、1255 县，县以上的机构与南北朝时期相比大大精简了。

唐初在政区方面又改郡为州，实行州县二级制。不过，州的数目在唐朝兼并各割据势力、重新平定天下之后，又出现了大量的增长。这是因为在隋唐之际群雄并起，那些率兵占据一方的地方豪杰只要归降唐朝，唐朝就会在他们所盘踞的地方设置州县，并给他们一个州刺史的头衔，这样，在不长的时间里，州的数目便自然又膨胀起来。

唐太宗李世民为了改变这种设州过多的局面，继位伊始便着手对一些州进行省并，但是调整的情况似乎并不理想。这便使得中央政府不得不考虑在州县二级制的政区之上再设立一级监察区，对各州刺史的所作所为进行监察，随时将地方官员的情况上报中央。

2. 唐开元至五代时期的道—州—县三级制

早在贞观元年（627），唐太宗便按山川形便将全国分为了关内、河南、河东、河北、山南、陇右、淮南、江南、剑南等 10 个道（地理区划），时或派遣监察人员分道巡察，不为常制。

到了开元二十一年（733），唐玄宗又将贞观十道调整为十五道。每道设置采访处置使（简称采访使），负责检察道内州刺史的非法行为，道便成了正式的监察区。

唐代中期以后，为了防御周边少数民族的需要，又出现了兼统数州的节度使辖区（即方镇，也叫作藩镇）的设置。“安史之乱”爆发后，唐朝政府为了尽快平乱，使本来只设在边疆的方镇，在内地各处也普遍设置起来。

肃宗乾元元年（758），罢黜各道的采访处置使，改置由方镇主帅兼任观察处置使。从此以后，便将本来属于不同区划的采访使道与节度使方镇合二为一了，形成了道（方镇）—州（府）—县三级制。唐末所设立的道（方镇）数量在四五十个之间波动。

方镇的存在严重削弱了中央政府的权力。节度使的职位可以世袭，俨然与朝廷分土而治，有如古代的诸侯，所以又称藩镇。这就是历史上所说的“藩镇割据”。

藩镇割据最终导致了唐朝的覆亡。天祐四年（907），后梁建立。历史进入了分裂动荡的五代十国时期。它们的政区也沿袭了唐朝末年形成的道—州（府）—县三级制。

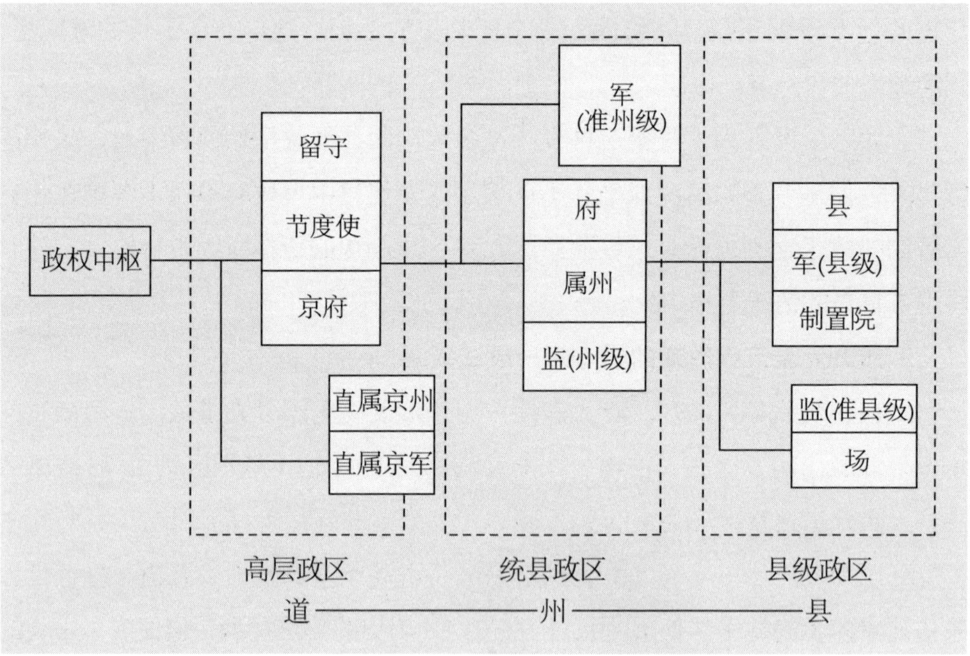

唐末年至五代三级政区示意图

3. 宋辽金时期的路—州—县三级制

行武出身的宋太祖赵匡胤在建立宋朝以后，深知部下握有重兵所潜在的危害性，因此他在统一天下的同时，也在着重思考如何加强中央集权的专制统治，削弱地方权力，以使唐朝末年以来长期存在的藩镇割据局面不再重演，从而避免宋朝成为五代之后的又一个短命王朝。

宋太祖先通过“杯酒释兵权”让节度使们失去军、政、财权，把各地节度使所统领的各州收归中央（夺其支郡）。但是由于其时州的数目很多，中央政府根本无法进行有效的管理，于是又由负责征收和转运地方财赋的各路转运使兼司军民庶政，在州之上设立路制，形成了路—州—县三级制。

不过，因为转运使拥有地方军、民、财、刑大权，并辖有幅员广阔的区域——路，这无疑构成了一种潜在的割据力量。宋朝统治者为了分夺转运使（漕司）的权力，又先后设置了提刑按察使（管监察、司法，宪司）、安抚使（管治安边防，帅司）、提举常平使（管粮储、物价，仓司）。其中，漕、宪、仓司通称为“诸监司”。

这些监司的行政管辖区域都称为路，但在辖区上并不一致。在转运使司看来是一路的，在提刑按察司却可以是两路，在安抚司则又可以是四路。宋朝中央政府就是利用这些办法，让各监司彼此之间相互牵制，加之让路之下的各州依然保持直接向中央奏事的权力，这样就使路不能成为严格意义的在州之上的一级政区，从而收到有效控制地方、加强中央集权的效果。

宋代地方行政区划层级可以说是二级半（权力角度看）或虚三级（政区角度看），如下图所示。

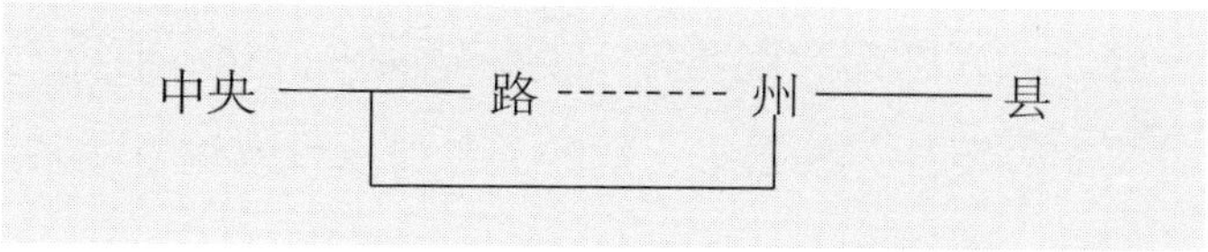

宋代政区层级示意图

宋代“强干弱枝”的优点是中央集权高度强化；缺点是地方处于无权或分权状态，使对外边防与对内治安能力大大减弱。北宋最终为金人所灭。而南宋政权在苦撑一个半世纪后，又亡于蒙古的铁骑之下。

辽代的地方行政制度与区划基本上承袭了唐代的制度，分全国为五道，下辖州县。金代在其发祥地仍然采取部族制度，但是在所占据的原来的辽、宋地区则承继的是北宋的制度，分路而进行治理。辽亡于金，而金又为元人所灭。

（三）第三循环（反循环）：元明清民国时期从多级制向二级制的简化

1. 元代复式的多级制政区

元代在地方上的最高一级行政区划上与前代有所不同，采用的是中书省、行中书省统辖制度。元灭掉南宋后，一共设有 1 个中书省和 6 个行中书省。

这七个省的区域，基本上是由军事行动的过程和路线所形成的，到了和平时期便显现出管理方面的不便，于是元朝中期时，便对这七个省的各自辖区重新进行调整，逐渐形成了 11 个省（1 个中书省与 10 个行中书省）的新格局。

元代创设的行省制度，是自秦汉以来中央集权制度的一个重大发展，也是我国历史上地方行政区划的一次重大改革。这一制度的确立不仅加强了元朝的中央集权统治，巩固了多民族国家的统一，而且对明、清以及后来地方行政区划也产生了很大的影响。元代以后，“行省”这个名称一直沿用下来。明代虽然改行省为布政司，但在当时的口语中仍如此称呼。另外，元代的行省划分，也初步奠定了今天我国的省区规模。

元朝在省之下，有路、府、州、县等多级地方行政区划。根据《元史·地理志》的记载，元代共有 185 路、33 府、359 州、1127 县。

另外，元代的政区还存在着复式的统辖关系。路、府除直接辖县外，同时还可以通过属州再领县。各层级之间的关系可以大致用下图表示。

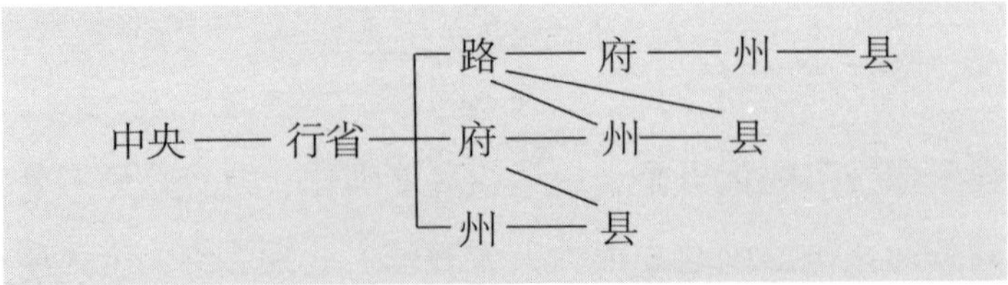

元代政区层级示意图

也就是说，元代的地方行政区划，除去省—路—府—州—县的层级顺序之外，还存在着省—路—州、省—路—州—县，省—路—县、省—府—州—县、省—府—县及省—州—县等多种层级形式。这种复杂的行政区划，在中国历史上是绝无仅有的。

另外，由于元代的行省大多辖区较广，中央政府时常感到鞭长莫及，因此，又往往分一省为两三大区，将离行省中心较远的划分为一道，设立宣慰司，负责协调临近路、府的军民事务，被当作省之下的一级准政区。

元末，宣慰使司道多改为“分省”，或进一步升置为行省。

2. 明代复式的三四级政区

明代建立后，对元代的行省制度作了很大的改革。明太祖朱元璋效仿宋代分路的做法，把一个行省的原有最高权力分散在都指挥使司（军）、布政使司（政）及提刑按察使司（刑）三个不同的官员手中。

另外，在区划上，朱元璋也让三司不完全一致，这在布政使司与都指挥使司的辖区划分上尤为明显。例如明朝设有辽东都指挥使司，而在明朝的 13 个布政使司中，并没有辽东布政使司，而把辽东都司的管辖地区划在了山东省的范围之内。

洪武十三年（1380），罢中书省，改原中书省的直辖区为“直隶”。宣德二年（1427）后，全国共有 13 个布政使司（山东、浙江、江西、福建、广东、广西、湖广、四川、陕西、河南、山西、云南、贵州）与两直隶，俗称为 15 省。

明代对两京十三布政使司之下的地方行政机构与区划进行了简化，取消了路的建制，只设府、州、县三级。再有，府、州、县除了隶属于布政使司外，还受布政使司、按察使司的派遣机构分守道、分巡道、整饬兵备道的节制。

明代复式的三四级政区（与元代不同之处：撤销了路的建置，改路为府，将州分为直隶州与属州），如下页图所示。

由于明代实行“三司”制度，使得地方权力分散，对外防御与对内镇压反抗的能力大大削弱，尤其不能应对处理地方的突发或重大事件。为了弥补这些

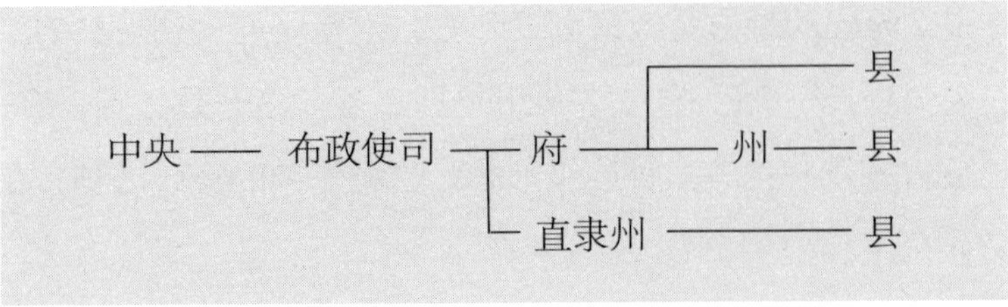

明代复式三四级政区示意图

不足，更好地协调处理地方上的事务，明代宣德年间以后，经常向各地派出总督、巡抚两类新型官员，负责处理所督与所抚地区内（与省的辖区往往不同）的行政、军事及监察等方面的事务，成为最高一级的封疆大吏，并由临时性的派遣变成长期的设置，管辖范围也变得相对固定，逐渐在都、布、按三司之外，形成了一套总督、巡抚的体制。

到了明代后期，最高一级地方行政区划事实上已从两京十三布政使司，变成了几十个总督、巡抚辖区。总督、巡抚逐渐成了地方上实际的最高军政官员。

3. 清代的省—府—县三级制

清代建立后，在地方行政区划上秉承明制，并有所调整。到了康熙年间，将一些省的范围再划小一些，全国一共设有 18 个省（直隶、江苏、安徽、山西、山东、河南、陕西、甘肃、浙江、福建、江西、湖北、湖南、广东、广西、四川、云南、贵州），也称“内地十八省”。这一格局，自康熙朝至同治朝 200 多年没有改变。

至光绪年间，清代加入版图的边区的一部分也设省，故至清代末年，全国共设立了 22 个省。

清朝不仅在省的划分上大体承袭明朝旧的区划，而且在官员的设置方面继承了明朝的制度。清朝以总督、巡抚作为地方上的最高一级行政长官，而且把总督、巡抚的辖区调整到与省界相一致。一般来说，清朝的每个总督统辖两三个省，主管军事，兼管民政和监察地方官员。清朝一共设立了八个总督（直隶、两江、闽浙、陕甘、湖广、两广、四川、云贵）。但山东、山西、河南三省只设巡抚。

巡抚通常只管辖一省，负责省内的民政事务。但直隶、四川及甘肃三省没有巡抚。因此，清朝的巡抚一共只有 15 个。

清朝省以下的地方行政区划分为府（直隶州、直隶厅）、县（散州、散厅）二级，又恢复了单式的三级制：省—府（直隶州、厅）—县（散州、厅）。

4. 民国的省县二级制

民国初年，将原来清代在全国范围内所设置的府全部废掉，把州、厅改置为县，由省直接统辖。但是由于省的地区太大，辖县又较多，于是又以道作为省与县之间的一级行政区划。后来，由于道缺乏作为行政区划存在的实际意义，在民国十七年（1928），又废除了道制，重新回到了省县二级制。1932 年起，又将一省分为若干行政督察区，设行政督察专员公署，作为省的派出机构，管理一部分县，在实际行政上是介于省县之间的一级，但在法制上不是一级政区。

（四）政区层级演变的规律

从中国历史上 2000 多年的行政区划的变迁中，大致可以总结出如下一些规律：

1. 数量由少到多，辖区由大到小，层级由高到低

县级以上的同一名称的政区，随着历史的发展，通常都会出现这样的现象，那就是数量越划越多，辖区越划越小，到了一定的程度，它的级别就会逐层降低，甚至走向消亡。我们从郡、州、省的设置与变化中可以清楚地看到这一点。

2. 最高一级行政区划大都由监察区、军区等转变而来

在行政区划的层级变化当中，可以看到，历代最高一级行政区划往往由监察区、军区等非行政区逐渐转变而来，最高一级政区的行政长官也大都由派遣在外的中央官演变而产生。两汉时期的州、唐后期的道（方镇）、元时的行省的设置与演变可以印证。

3. 三级制是历代政区的层级中最常用的一种形式

从历代行政区划层级演变的过程来看，2000 多年来，最常见的是三级制，只不过有时采用的是实三级，而有时则实行虚三级。

二、历代政区幅员的盈缩

政区的幅员就是指辖区面积的大小。历代对不同层级政区幅员的划分有一定的标准。下面我们分别从县级政区、统县政区及高层政区来看看是如何确定的。

（一）县级政区幅员的相对稳定

县是中央政府直接任命长官的基层政区，因此划定县的幅员是确定其他层次政区幅员的基础。秦汉时就对县的幅员划分有了基本的原则："县大率方百里，其民稠则减，稀则旷。"意思是说，以百里见方的面积作为县的幅员的基准，再以居民的数量作调节。在人口稠密之处，县的面积就要划小；在人口稀少之地，县的面积则可以适当划大一些。

这一原则为以后各代所遵奉，"百里之县"也就成了对县的习惯称呼。历史文献上没有记载为何以方百里的数字来划定县的幅员，推测是为了与当时的管理水平相适应。假定县城位于该县的几何中心，那么从这个中心到四边的距离都是 50 里。这样的距离，对于地方官员下乡劝课农桑，农民进城交纳租赋，当天来回，都是比较合适的。

虽然历史上对大部分县级政区的幅员没有记载，但我们可以根据在一定的地域范围内政区的幅员与数目成反比的原则（数目增加，幅员减少），由历代设县的数目，从侧面看出县的幅员变化。

历代县级政区数目变化表

时期	年代	县数	时期	年代	县数	县级政区数目
秦		约 1000	隋	607	1253	
西汉	约前 8	1587	唐	740	1573	
东汉	140	1180	宋	1102	1234	
三国	约 265	约 1190	元		1127	1324
西晋		1232	明		1138	1427
南北朝	580	1752	清	1815	1455	1549

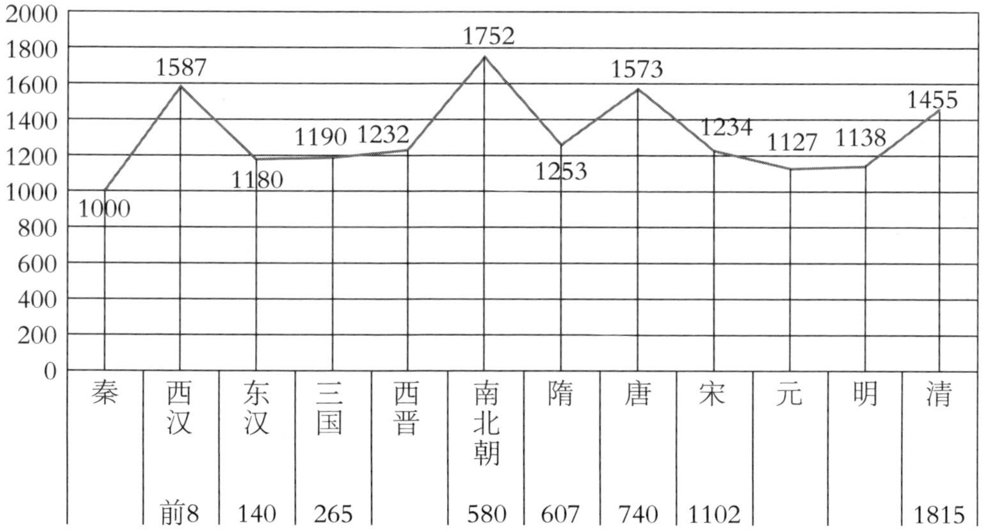

历代县级政区数目变化示意图

从上表及上图中可以看出，从秦到清，县级政区数量的变化不大，只增加大约 50%，而时间已经过去 2000 年，疆域也已经大大扩展。除去由外部疆域的扩大与境内统治空白（如一些偏远山区，本来没有控制，后来设县）的消失这两种情况而增加的新县外，其他的新县则多是从老县分出，这就必然要使老县的幅员减小。反之，原有县的撤销，也必然并入邻近的县，而使后者的幅员扩大。

历代的县数有一定的波动，反映了县级政区幅员的变化，但从总的方面说来，这种变化不大。这表明作为基层政区的县，其幅员大小是以行政管理的有效程度来确定的。不论哪个朝代，都要维持正常的农业生产，以保证王朝的长治久安。而县级政府正是直接管理百姓的基层组织，其施政范围不宜朝令夕改，频繁变动，否则会影响国家职能的正常发挥。

（二）统县政区幅员的缩小倾向

历史上，统县政区的幅员自秦至宋呈现出逐渐缩小的倾向，元代以后又经过一个先大后小的起伏。在这一不断变小的总趋势中，政治是其中最为关键的因素，体现出中央集权对地方分权步步强化的抑制。

不同于县级政区，统县政区已有足够大的幅员，其属县又有明确的地理位置，因此在历史地图上可以画出其地域范围来，幅员的大小一目了然。另一方面，统县政区的幅员还可由其所辖县数的多少来判断，一般情况下辖县越多，幅员越大，反之亦然。

若从具体面积分析统县政区幅员变化的总趋势，可能不太容易说清楚。下面用辖县的数量来看幅员的大小变化，则应该比较好理解。

历代统县政区所辖县级政区数目变化表

时期	西汉	东汉	三国	西晋	南北朝	隋	唐	宋	元	明	清
①县级政区数目	1587	1180	1190	1232	1124	1253	1573	1234	1324	1427	1549
②统县政区数目	103	105	158	172	508	190	328	351	319	179	276
① / ②	15.4	11.2	7.5	7.2	2.2	6.6	4.8	3.5	4.2	8	5.6

从上表可以看出，统县政区的幅员呈现出一波三折的变化。秦代以后，统县政区幅员直线下降，至南北朝末期达到最低点，隋代再次回升，之后又再度缩减，至宋代达到第二个波谷，元代以后又回升，至明代达到新的波峰，清代又开始下降，但仍比唐代为高。

从权力分配的角度看，统县政区的幅员就是该级政区长官的权力范围，这个范围的大小直接与地方分权的大小相关，尤其在实行二级制或虚三级制的朝代，中央政府更不希望统县政区的幅员过大，所以从秦到宋，政区幅员逐渐变小。而在实行三级制的时期，发生割据的危险是在高层政区，因此对统县政区幅员大小的考虑，便改为侧重行政管理效率方面了。这样，对元明清时期路、府一级政区允许有较大幅员的现象也就可以理解了。

（三）高层政区幅员的起伏变化

高层政区指的是不直接统县的政区。由于这级政区幅员最大，如果政区长官又兼有财政、军政大权，则必然会出现分裂割据的局面。因此，对这级政区，古代帝王极不愿意设，但又往往不得不设。这级政区的设立与否及其幅员的大小、界线的划定是历代最高统治者最为重视的问题。就幅员来说，历史上曾经作为最高政区的州、道、路、省，都经历了由大变小的过程。

1. 州的幅员变化

汉武帝正式把州当成监察区的名称，分全国为 13 个刺史部和一个司隶校尉部。其时的州，地域十分广阔。东汉末年，州成为正式的行政区划。到了南北朝时期，州的数目大幅度增加，幅员急剧减小。南北朝后期的州大多只有数百里见方了。于是，隋代只得把州降为统县政区，至元代更降为了县级政区。

2. 道、路的幅员变化

唐代以后，道逐渐代替了州的地位，成了新的高层政区。唐玄宗开元时期 15 个道的幅员与汉代的 14 个部大体相当。唐代后期，道又称方镇，变成州以上的一级行政区，其数目在四五十个之间变化，每道大致与秦郡幅员相近。

宋代的高层政区是路，元丰年间设立的 23 个路的幅员一般比今天的省区幅员还小。

3. 省的幅员变化

元代疆域广袤，而行省的数目又少，因此其幅员之大为任何朝代所不及。如此划定的原因主要是出于军事控制的需要。为了防止被征服民族的反抗，元代不得不把中枢权力分散于各处，建立起镇抚作用的军政区域。不过，随着统治的深入，大而无当的行省幅员得以缩小，元代中期遂形成 1 个中书省和 10 个行中书省的体制。

明代的省，幅员比元代小得多，元代的行省被一分为二或三，划分成 15 省，即两京十三布政使司，各省之间幅员较为均衡。

清代几乎全盘继承明代的行政区划体制，只是把江南、湖广、陕西三省各自一分为二，其他 12 个省基本不动。清代 18 个省的幅员与今天相应，各省幅员差别不大。

综合来看，在高层政区、统县政区及县级政区中，高层政区的幅员变化最大，统县政区次之，县级政区起伏最小。前两者的变化主要受政治因素的影响，后者则多数由于经济的发展而逐渐缩小其幅员。另外，从整体上来说，虽然统县与高层政区的幅员都呈缩小态势发展，但这种缩小都还是有一定限度的，再小就不成为与其地位相当的一级政区，而面临被降级取代的命运。

三、历代政区划界的原则："山川形便"与"犬牙相错"

边界也是政区的地理要素之一。对于政区的划界，历代统治者们大体遵循两大原则：其一，要以对集权统治有利为原则，因为政区本来就是中央集权制国家为行政管理需要而设置的；其二，农业经济的发展是维持中央政权的基础，政区边界划定时要注意政区与地理环境的相互一致。在这两种原则指导下，"犬牙相错"与"山川形便"这两条相互对立的划界原则便应运而生。在中国历史上，这两条原则是同时并用的，不过，越到后来，"犬牙交错"的原则越占上风，反映了中央对地方管控越来越严、中央集权程度日趋加强的客观事实。

（一）"山川形便"原则的运用

"山川形便"的意思就是以天然山川作为行政区划的边界，使行政区划与自然地理区划相一致。这一原则是最自然最直观的原则。在高山大川两边的地域，往往具有不同的地貌、气候和土壤，因而形成不同类型的农业区，也会产生不同的风俗习惯。所以，采用山川形便的原则即意味着政区的划分是在物质文化与精神文化同一化的基础上进行的。

秦统一天下后，分天下为36郡，就是以山川作为政区划界的基本依据。例如，今天山西省的边界在秦代就已大致形成，其东、南、西三面以太行山和黄河为界，在秦时也恰是太原、河东和上党郡的边界。

汉代郡的幅员比秦代缩小许多，又因为后来分割蚕食诸侯王国领域的结果，使部分郡与山川界线不一致，但南方的一些郡界仍与山川相符。其中最典型的是豫章郡，三面以山、一面以江为界，几乎与今江西省完全一致。

东汉魏晋以后的州界比起郡国边界来，要更符合山川界线。但是南北朝以后，州郡不断分割，政区划界已无一定之规了。

隋代不仅简化层级，省并州郡，而且郡界多以山川形势而定。如河东诸郡边界又复与黄河、太行山相吻合，回到秦时的状态，尽管郡的幅员比秦代要小。

唐代州界多与山川走向相一致。贞观年间设置的十道监察区又与自然地理区域相符合。这些界线的划定，奠定了后世不少政区边界的基础。

对中央集权制而言，虽然实行“山川形便”的原则有经济上的需要和文化方面的益处，但有一个很大的弊病，即完全以山川作为边界的政区，成了一个完善的形胜之区，如果这个政区的幅员足够大，而政区长官又有一定的权力，就可能出现凭险割据的现象。因此从秦代开始，统治者便有意识地采用“犬牙交错”的原则与之相抗衡。

（二）“犬牙相错”原则的运用

秦代划分郡界的基本原则是“山川形便”，但在局部地区（岭南地区）则以“犬牙相错”的原则作补充，以达到维护中央集权、严密控制地方的目的。不过，秦在运用这一原则时还只是使郡界和山川的走向不完全一致，尚未让二者完全背离。此后，“犬牙相错”原则为历代所沿用。但一直到唐，“犬牙相错”的原则还是处于从属地位的。这一原则在政区划界中发生根本变化并占据上风，还是元代。典型的实例是元代行省的划界。

元代行省幅员过于辽阔，为了防止分裂割据现象的发生，便只有利用“犬牙相错”的原则。元代的省一改过去汉州、唐道、宋路的划分方法，无视历来与划界密切相关的几条最重要的山川（秦岭、淮河、南岭、太行山）边界的存在，使得任何一个行省都不能成为完整的形胜之区。如陕西行省越过秦岭而有汉中盆地；河南江北行省则合淮水南北为一；中书省直辖地横跨太行山东西两侧，兼有山西高原、华北平原和山东丘陵三种不同的地理区域。行省这样划分就使所有山川之险完全消解。因此，元代行省幅员虽广，分权虽大，但是缺乏实行割据的地理基础，也就不容易产生分裂局面。不过，元代如此分省自然也会产生许多弊端，如地方无险可守、对农业经济发展带来不利、行政管理不方便，等等。

明代对元代行省的弊端有所改革，但并未放弃“犬牙相错”的原则，而是从统治的需要形成新的犬牙相错区域。例如明太祖故意让河南省领有黄河以北的属地，以和京师的南界构成犬牙相错的形态。

清代省界基本上沿袭明代而来，虽然没有大的变动，但仍有“犬牙相错”运用的实例。如在分江南省为江苏、安徽两省时，并未采取历史上横向划分以符合自然地理区域的做法，而是在纵向上将其分成东西两部分，使苏、皖二省都辖有淮北、淮南和江南三部分地区。这样做是为了使富庶的江南和稍次的淮南，以及经济上相对落后的淮北能够“肥瘠搭配”。如此做法虽然与山川形势相违，但也只能说是情有可原了。

四、小结

行政区划作为地方政治制度重要的组成部分，其创设与变迁，首先要服从于政治目的与需要，因而2000年来政区诸要素也就随着中央与地方轻重关系的变化而来回摆动，不曾停止。

政区层级最为明显地体现了中央和地方关系的变化。为了加强中央集权，中央政府总是尽力简化层级，不设高层政区；对于那些无法简化的，就使之虚化；无法虚化的，就使之成为不完善的形态，或者更进一步使政区层级与权力等级不相一致。

政区幅员的变化没有层级那么复杂，总体趋势是县级政区相对稳定，统县和高层政区在逐渐缩小趋势中有些波折，反映了在中央与地方的关系中，内重外轻倾向的逐步加强。

政区边界方面，起初是为了起到防范作用而有“犬牙相错”原则的制定。初期这一措施尚不妨害行政区划与自然地理区划基本一致的态势。但是越到后来，“犬牙相错”原则越居上风，“山川形便”原则逐渐居于次要地位，以致行政区域的划分与自然地理区划逐渐背离，这在高层政区表现得尤其明显。这种变化倾向也是由于内重外轻趋势的强化所导致的。

（讲座时间 2019 年）